法學[illegible]

中山大学法律评论

Sun Yat-sen University Law Review

第16卷·第1辑　Vol. 16, No. 1(2018)

邮　箱:sysulawreview@ 126. com;lawrev@ mail. sysu. edu. cn

网　址:http://law. sysu. edu. cn/research/research8/1

地　址:中国广州市新港西路135号　**邮　编**:510275

微　信:SUSYLawReview

微　博:新浪"中山大学法律评论"　**博　客**:http://sysulr. fyfz. cn

主　办　中山大学法学院

襄　助　中山大学法学院方圆学术基金

组　编　中山大学法学理论与法律实践研究中心
　　　　　中山大学司法体制改革研究中心
　　　　　中山大学法学实验教学中心

SUN YAT-SEN UNIVERSITY
LAW REVIEW

中山大学法律评论

中山大学法学院主办

第16卷 | 第1辑（2018年） Vol.16, No.1 (2018)

主 编 谢进杰
Editor-in-Chief Jinjie Xie

中国民主法制出版社
2018年·北京

图书在版编目(CIP)数据

中山大学法律评论. 第16卷. 第1辑/谢进杰主编
. --北京:中国民主法制出版社,2018. 12
ISBN 978-7-5162-1943-0

Ⅰ. ①中… Ⅱ. ①谢… Ⅲ. ①法学—文集 Ⅳ.
①D90-53

中国版本图书馆CIP数据核字(2018)第294956号

图书出品人:刘海涛
出 版 统 筹:乔先彪
责 任 编 辑:陈 曦 贾萌萌

书名/ 中山大学法律评论(第16卷第1辑)
作者/ 谢进杰 主编

出版·发行/ 中国民主法制出版社
地址/ 北京市丰台区玉林里7号(100069)
电话/(010) 63292534 63057714(发行部) 63055259(总编室)
传真/(010) 63056975 63292520
http://www. npcpub. com
E-mail:flxs2011@ 163. com
经销/ 新华书店
开本/ 16开 710毫米×1000毫米
印张/ 16. 5 **字数**/ 210千字
版本/ 2018年12月第1版 2018年12月第1次印刷
印刷/ 北京中兴印刷有限公司

书号/ ISBN 978-7-5162-1943-0
定价/ 45. 00元

目　录

主题研讨：规范、案例与裁判规则

论文

评论

争鸣

阅读经典

Table of Contents

Articles

Comments

Academic Debate

Reading of Classic Works

主题研讨 | 规范、案例与裁判规则

Symposium | Case, Legal Norm and Rule of Adjudication

国际法院对环境影响评价规则的新发展

——基于尼加拉瓜和哥斯达黎加两案的判决

邓华*

【提　要】　国际法院继其在2010年“乌拉圭河纸浆厂”案中认定环境影响评价义务“已经成为一般国际法”后，在2015年“尼加拉瓜在边界地区进行的某些活动”和“哥斯达黎加圣胡安河沿线修建道路”两案中进一步确认了环境影响评价规则的习惯国际法地位，并且在启动环境影响评价的“门槛”条件、国内立法与作为习惯国际法的环境影响评价规则之间的关系、履行环境影响评价义务的时间问题等三个方面作了进一步的澄清，而随着环境保护的迫切需求和国际环境法的发展，尽快形成能被国际社会共同接受的一套环境影响评价程序性规范显得尤为必要。

【关键词】　环境影响评价　国际法院　“门槛”条件　国内立法　履行时间

一、问题的提出

2010年11月18日，南美洲国家哥斯达黎加向国际法院(International Court of Justice)提起诉讼，称其邻国“尼加拉瓜的军队入侵、占领和使用哥斯达黎加领土”以及“使哥斯达黎加境内受保护的雨林和湿地遭受了严重的损害”，此案被称为“尼加拉瓜在边界地区进行的某些活动”案。2011年12月

---

* 作者邓华，女，中国社会科学院法学研究所博士后、助理研究员，中国人民大学法学博士，挪威奥斯陆大学访问学者，研究领域为国际公法，Email：denghua527@163.com。本文系作者主持的中国博士后科学基金项目(2018M630249)的研究成果。

22日，尼加拉瓜也向国际法院递交起诉书，控告哥斯达黎加采取单方面行动，在两国边界、紧靠圣胡安河（San Juan River）南岸修建了一条长达120公里的新公路，称此举“侵犯尼加拉瓜主权，对其领土造成重大环境损害”，此案被称为“哥斯达黎加圣胡安河沿线修建道路”案。2013年4月17日，国际法院发布两项单独的命令，将上述两个案件的诉讼程序合并。2015年12月16日，国际法院经合并审理两案后作出判决：一方面，国际法院承认哥斯达黎加对争议领土拥有主权，并要求尼加拉瓜就其在哥斯达黎加领土上进行的不法活动所导致的实质损害进行赔偿；另一方面，一致认定哥斯达黎加也违反了其在一般国际法规定下应承担的义务，即在圣胡安河沿岸建设新公路之前和期间，没有对相关环境影响开展评价〔1〕。这是国际法院继其在2010年“乌拉圭河纸浆厂”案中认定环境影响评价（Environmental Impact Assessment，也被译作环境影响评估，常被简称为EIA）规则“已经成为一般国际法”〔2〕后针对环境影响评价规则作出的最新最重要的判决〔3〕，它进一步澄

〔1〕 *Certain Activities Carried Out by Nicaragua in the Border Area* (*Costa Rica v. Nicaragua*) *and Construction of a Road in Costa Rica along the San Juan River* (*Nicaragua v. Costa Rica*), *Judgment*, *I. C. J. Reports* 2015, pp. 8, 9-10, 76-77, paras. 9, 10, 229.

〔2〕 *Pulp Mills on the River Uruguay* (*Argentina v. Uruguay*), *Judgment*, *I. C. J. Reports* 2010, pp. 82-83, para. 204. “一般国际法”既不等同于“普遍国际法”（universal international law），也不等同于“习惯国际法”，一般认为，一般国际法能够对大量的国家产生法律拘束力，能够被普遍地适用（See Jennings and Watts, eds., *Oppenheim's International Law*, 9th ed., Vol. Ⅰ, Introduction, Longman, 1992, p. 4.）。在形式上，一般国际法以习惯国际法或普遍适用的公约条款存在（See Shinya Murase, *International Law: An Integrative Perspective on Transboundary Issues*, Sophia University Press, 2011, p. 10, footnote 5.）。当然，关于“一般国际法”这一概念，目前在学界还存在着不同的观点（例如，禾木：《当代国际法学中的“一般国际法”概念——兼论一般国际法与习惯国际法的区别》，《中山大学学报（社会科学版）》2014年第5期，第165—175页），但囿于篇幅和主题所限，笔者不打算在本文对此展开进一步的讨论。鉴于针对环境影响评价规则迄今还没有可以普遍适用的公约条款，所以，笔者认为，国际法院在“乌拉圭河纸浆厂”案中认定环境影响评价规则作为一般国际法即指习惯国际法。

〔3〕 值得一提的是，在该案判决中，国际法院还裁定，如果双方当事国在判决书生效之日起12个月内未能就尼加拉瓜向哥斯达黎加的赔偿问题达成协议，经任何一方请求，将由国际法院判决赔偿问题，国际法院因此保留了“尼加拉瓜在边界地区进行的某些活动”案的后续程序以待进一步裁定。2017年1月16日，哥斯达黎加正式请求国际法院“裁断因尼加拉瓜非法活动造成环境损害而应对哥斯达黎加作出赔偿的问题”。2018年2月，国际法院对该案作出判决，裁定了尼加拉瓜对哥斯达黎加的具体赔偿金额，这也是国际法院历史上第一例环境损害赔偿案。See *Certain Activities Carried Out by Nicaragua in the Border Area* (*Costa Rica v. Nicaragua*), *Compensation owed by the Republic of Nicaragua to the Republic of Costa Rica*, *I. C. J. Judgment of* 2 *February* 2018, available at http://www.icj-cij.org/files/case-related/150/150-20180202-JUD-01-00-EN.pdf, last visited on 25 May 2018.

清和丰富了作为习惯国际法的环境影响评价规则的具体内容。

环境影响评价规则在环境法中的意义不言而喻。追根溯源，这一规则诞生于国内法体系，它是指在授权实施具有潜在环境损害的拟建项目之前即应对该项目进行全面的环境影响分析和评价，以免造成不可逆转的严重环境损害[1]，其包含了一系列程序性规则，如通知协商、保障公众参与、实施评价的时间、评价结果的考量、后续跟踪等[2]。继 1969 年美国《国家环境政策法案》(National Environmental Policy Act, NEPA)首次规定了环境影响评价规则之后，世界各国纷纷效仿，逐渐制定了本国的环境影响评价法律法规，迄今已有超过 100 个国家在国内立法中纳入了环境影响评价规则，如《中华人民共和国环境影响评价法》已于 2003 年 9 月 1 日起施行，并于 2016 年 7 月 2 日根据第十二届全国人民代表大会常务委员会第二十一次会议《关于修改〈中华人民共和国节约能源法〉等六部法律的决定》修正。在国际法层面，随着跨界环境污染问题的加剧，针对具有严重跨界环境损害风险的拟建项目实施环境影响评价，这一做法逐渐被一系列国际法律文书所规定，包括著名的《关于跨界背景下环境影响评价的埃斯波公约》(Convention on Environmental Impact Assessment in a Trans – boundary Context，常被称为《埃斯波公约》)[3]和欧盟指令《关于环境影

---

〔1〕 See Mary Sabina Peters, *Minimize Risk of Carbon Sequestration through Environmental Impact Assessment and Strategic Environmental Assessment*, *European Energy and Environmental Law Review*, Vol. 24, 2015, pp. 12-16; Vanessa Edwards, *Review of the Court of Justice's Case Law in Relation to Waste and Environmental Impact Assessment*: 1992—2011, *Journal of Environmental Law*, Vol. 25, 2013, pp. 515-530; Astrid Epiney, *Environmental Impact Assessment*, in *Encyclopedia of Public International Law*, Vol. III, Oxford University Press, 2012, pp. 580-592; Philippe Sands and Jacqueline Peel, *Principles of International Environmental Law*, Cambridge University Press, 3rd ed., 2012, pp. 601-623; Olufemi Elias, *Environmental Impact Assessment in Malgosia Fitzmaurice et al., eds. Research Handbook on International Environmental Law*, *op cit.*, 2010, pp. 227-242; Charles M. Kersten, *Rethinking Transboundary Environmental Impact Assessment*, *Yale Journal of International Law*, Vol. 34, 2009, pp. 173-206; etc.

〔2〕 参见吴宇《建设项目环境影响评价公众参与有效性的法律保障》，《法商研究》2018 年第 2 期，第 15—24 页。

〔3〕 Convention on Environmental Impact Assessment in a Trans boundary Context, Feb. 25, 1991, 1989 UNTS 310 (entered into force Sept. 10, 1997) (hereinafter Espoo Convention). More information is available at http://www.unece.org/env/eia/eia.html, last visited on 13 May 2018.

响评价的指令》(Directive 85/337/EC)[1],统一持续的国家实践逐渐形成,同时国家亦承认其法律拘束力,因此,迄今我们可以得出初步结论,在整体上要求一个国家针对具有严重跨界环境损害风险的拟建项目实施环境影响评价已经发展成为习惯国际法,其对全世界所有国家具有法律拘束力,违背这一义务即有可能导致国家责任的产生,尽管在如何具体实施这一义务的层面,各国仍然拥有相当大的自由裁量权[2]。而作为当今世上最具有普遍意义的国际司法结构,国际法院则是通过一系列的判例逐步承认并澄清和发展了环境影响评价规则,这些案件皆发生在20世纪90年代之后,包括1995年关于"请求按照国际法院1974年12月20日关于核试验案(新西兰诉法国案)的判决第63段审查局势"案[3]、1997年"加布奇科沃—大毛罗斯项目"案[4]、2010年"乌拉圭河纸浆厂"案[5]以及2015年"尼加拉瓜在边界地区进行的某些活动"及"哥斯达黎加圣胡安河沿线修建道路"两案[6],概况请见表1(国际法院对环境影响评价规则的发展)。

下文将基于2015年尼加拉瓜和哥斯达黎加这两个案件的判决,考察国际法院对环境影响评价规则的最新发展,包括:澄清"风险程度"是启动环境影响评价义务的"门槛"、明确国内立法不能豁免作为习惯国际法的环境影响评价义务、强调在拟建项目开始前即应实施环境影响评价义务。

---

[1] 这一指令只适用于欧盟成员国,从1985年的最初版本开始,其历经1997年(Directive 97/11/EC)、2003年(Directive 2003/35/EC)和2009年(Directive 2009/31/EC)三次修订,并于2011年被合并编纂(Directive 2011/92/EU),在此基础上于2014年又被进一步修改(Directive 2014/52/EU),《关于环境影响评价的指令》发展得愈趋成熟,在内容和程序的细化程度上甚至超越了《埃斯波公约》。关于欧盟《关于环境影响评价的指令》历次修改的详细内容,参见http://ec.europa.eu/environment/eia/eia - legalcontext.htm,访问时间:2018年5月25日。

[2] 参见边永民、陈刚《跨界环境影响评价:中国在国际河流利用中的义务》,《外交评论(外交学院学报)》2014年第3期,第17—29页;邓华:《环境影响评估制度在国际法中的演进和实施》,载谢进杰主编《中山大学法律评论》第13卷第3辑,广西:广西师范大学出版社,2015年,第129—148页;等等。

[3] *Request for an Examination of the Situation in Accordance with Paragraph 63 of the Court's Judgment of 20 December 1974 in the Nuclear Tests (New Zealand v. France) Case*, *I. C. J. Reports* 1995, p. 288.

[4] *Gabcikovo - Nagymaros Project (Hungary v. Slovakia)*, *Judgment*, *I. C. J. Reports* 1997, p. 7.

[5] *Pulp Mills on the River Uruguay (Argentina v. Uruguay)*, *Judgment*, *I. C. J. Reports* 2010, p. 14.

[6] *Certain Activities Carried Out by Nicaragua in the Border Area (Costa Rica v. Nicaragua) and Construction of a Road in Costa Rica along the San Juan River (Nicaragua v. Costa Rica)*, *Judgment*, *I. C. J. Reports* 2015, p. 1.

表 1:国际法院对环境影响评价规则的发展

年份	国际法院的案件	对环境影响评价规则的提及
1995	关于“请求按照国际法院1974年12月20日关于核试验案(新西兰诉法国案)的判决第63段审查局势”案	仅在请求书以及威拉曼特里法官和帕尔默专案法官反对意见中首次出现环境影响评价规则
1997	“加布奇科沃—大毛罗斯项目”案	在判决书中首次提及环境影响评价规则——国际法院在解释与此案相关的条约时似乎承认了国家有实施环评的国际法义务:“……为了评估环境风险,目前的标准必须被考虑进去……法院注意到,在环境保护领域,针对不可逆转的环境损害及其赔偿机制的内在局限性,谨慎和预防是必需的……”(第125段)
2010	“乌拉圭河纸浆厂”案	在判决书中以专门章节论述环境影响评价规则的一般国际法地位——“……在实施有可能造成重大跨界损害的工业项目之前实施环评,这一义务在近年来已经被如此之多的国家所接受,以至于可以认为这一规则已经成为一般国际法……”(第204段)
2015	“尼加拉瓜在边界地区进行的某些活动”及“哥斯达黎加圣胡安河沿线修建道路”案	国际法院直接援引了“乌拉圭河纸浆厂”案对环评规则的认定,并在本案中进一步澄清了环境影响评价规则的具体内容(第104段)

二、澄清“风险程度”是启动环境影响评价义务的“门槛”

(一)进一步确认环境影响评价规则的习惯国际法地位

在2015年“尼加拉瓜在边界地区进行的某些活动”及“哥斯达黎加圣胡安河沿线修建道路”案中,哥斯达黎加和尼加拉瓜都分别诉称对方违背了在一般国际法下实施环境影响评价的义务,鉴于此,国际法院在判决书中就双方诉求分别作出考察和判决。

这里需要注意的是,对于环境影响评价义务已经成为一般国际法这一点,无论哥斯达黎加、尼加拉瓜还是国际法院,都没有质疑,也没有重新论证,而是直接援引了“乌拉圭河纸浆厂”案中关于环境影响评价规则的性质认定,即“在实施有可能造成重大跨界损害的工业项目之前进行环境影响评价,这一义务在近年来已经被如此之多的国家所接受,以至于可以认为这一规则已经成为一般国际法"[1]。由此也可看出，虽然根据《国际法院规约》[2]第59条的规定，"法院之裁判除对于当事国及本案外，无拘束力"，但国际法院的判例，尤其是经典判例，其说理甚至结论，会对它此后的司法实践产生一种事实上(*de facto*)的影响——这也是我们通过研究国际法院的案例来考察国际法规则演进的意义之所在。

(二)对"风险程度"的认定

国际法院在"尼加拉瓜在边界地区进行的某些活动"案中指出，虽然它在"乌拉圭河纸浆厂"案中论及环境影响评价规则时仅针对"工业项目"(industrial activities)，但这一义务同样适用于有可能产生严重跨界环境损害的所有拟建项目，因此，国家有义务在实施上述项目之前即确认其是否存在严重跨界损害的风险(risk of significant transboundary harm)，即"风险程度"是启动环境影响评价义务的"门槛"。

因为哥斯达黎加认为在此案中应该启动环境影响评价的主要风险来源在于尼加拉瓜挖掘运河的行为会对科罗拉多河(Colorado River)水流及哥斯达黎加境内的湿地产生严重跨界损害，所以，国际法院集中考察了尼加拉瓜自2006年开始的挖掘项目是否存在足够重大的风险。在结合双方提交的证据和专家意见的基础上，国际法院认为，这一风险程度并没有达到启动环境影响评价的"门槛"，因此尼加拉瓜在此情形下无须履行环境影响评价义务[3]。

而在"哥斯达黎加圣胡安河沿线修建道路"案中，国际法院认为，虽然哥斯达黎加辩称其在修建道路的决定作出后实施了一项初步的风险评估，但它并没有提供证据证明这项评估的存在；至于修建道路会否导致严重跨界损害风险，国际法院则是从这一项目的性质、规模以及实施背景等因素进行考量，考虑到这项工程规模之大、其选址在圣胡安河沿线、跨过了哥斯达黎

[1] *Pulp Mills on the River Uruguay* (*Argentina v. Uruguay*), *Judgment*, *I. C. J. Reports* 2010, pp. 82-83, para. 204.

[2] See *Statute of the International Court of Justice*, English text available at http://www.icj-cij.org/documents/index.php?p1=4&p2=2&p3=0, Chinese text available at http://www.icj-cij.org/homepage/ch/icjstatute.php, last visited on 14 October 2016.

[3] *Certain Activities Carried Out by Nicaragua in the Border Area* (*Costa Rica v. Nicaragua*) *and Construction of a Road in Costa Rica along the San Juan River* (*Nicaragua v. Costa Rica*), *Judgment*, *I. C. J. Reports* 2015, pp. 45-46, 48, paras. 104-105, 112.

加境内一处具有国际重要性的湿地并非常临近位于尼加拉瓜境内的另一处受保护湿地，所以国际法院认定，哥斯达黎加这项修建道路工程会产生严重跨界损害风险，因此，启动环境影响评价义务的“门槛”已经达到，哥斯达黎加应当履行一般国际法下的环境影响评价义务[1]。

由此，国际法院在上述判决中进一步澄清了启动环境影响评价的“门槛”条件：

第一，在实施环境影响评价的对象方面，“乌拉圭河纸浆厂”案强调“工业项目”，此案则澄清了实施环境影响评价的对象适用于所有有可能产生严重跨界环境损害影响的拟建项目，当然也包括由国家自身实施的项目。

第二，至于何为“有可能产生严重跨界环境损害影响的拟建项目”，此案是从拟建项目的性质、规模以及实施背景等因素进行综合考察，结果在“尼加拉瓜在边界地区进行的某些活动”和“哥斯达黎加圣胡安河沿线修建道路”这两部分得出了截然不同的判断结论，笔者认为，这恰好也提供了一个鲜明对比的“范例”：首先，拟建项目必须很有可能对跨界环境造成影响，此处的“影响”应被视作一个整体，即任何有可能影响环境的因素都应该被考虑进去，包括动植物、空气、水源、土壤、气候变化、人类健康和安全，以及上述因素之间的相互作用等。其次，上述“影响”是很有可能会发生的，根据风险防范原则（Precautionary Principle）[2]，即“风险程度”应达到有充分的科学证据显示严重的跨界环境损害极有可能会发生，但对科学证据的要求没有必要达到百分之一百的肯定，因此，当“结合双方提交的证据和专家意见”都没有达到“充分的科学证据”这一“风险程度”时，国际法院即得出尼加拉瓜在此情形下无须履行环境影响评价义务的结论。最后，跨界环境受损的“影响”必须达到严重的程度，此处国际法院的标准是“这项工程规模之大、其选址在圣胡安河沿线、跨过了哥斯达黎加境内一处具有国际重要性的湿地并非常临近位于尼加拉瓜境内的另一处受保护湿地”——这些具体的要素无

---

〔1〕 *Certain Activities Carried Out by Nicaragua in the Border Area* (*Costa Rica v. Nicaragua*) *and Construction of a Road in Costa Rica along the San Juan River* (*Nicaragua v. Costa Rica*), *Judgment*, *I. C. J. Reports* 2015, pp. 56-60, paras. 146-162.

〔2〕 风险防范原则，有时也被称为风险防范方法，它的核心精神主要体现在1992年《里约环境与发展宣言》原则十五，但迄今为止，其内容和法律地位仍然存有争议。See Shinya Murase, *International Law: An Integrative Perspective on Transboundary Issues*, Sophia University Press, 2011, p. 9.

疑有助于界定哪些跨界环境损害影响是“严重的”，并且进一步澄清启动环境影响评价的“门槛”条件。

三、明确国内立法不能豁免作为习惯国际法的环境影响评价义务

(一)“乌拉圭河纸浆厂”案对环境影响评价规则国内法事项的保留

在“乌拉圭河纸浆厂”案中，国际法院认为，“从《乌拉圭河规约》(Statute of the River Uruguay)[1]第41条(a)款可以推导出实施环境影响评价的义务，而在实施有可能造成重大跨界损害的工业项目之前进行环境影响评价，这一义务在近年来已经被如此之多的国家所接受，以至于可以认为这一规则已经成为一般国际法；而且，如果在实施项目前没有针对界河机制和水质进行环境影响评价，那么也不能认为一国已经尽到了谨慎注意和防范的义务”；但是，国际法院也注意到，“无论是《乌拉圭河规约》还是一般国际法，都没有对环境影响评价规则的范围和内容作出具体的规定；而且，阿根廷和乌拉圭都不是《埃斯波公约》的缔约国……”因此，国际法院在“乌拉圭河纸浆厂”案中判决，“在每一案例中实施环境影响评价的具体内容应由各个国家的国内立法或决策程序决定，但评估必须在实施项目之前作出，而且在项目实施之后，如果有必要，评估应当贯穿项目始终，要配备后续的环境影响监测”[2]。

这段著名的判词不仅承认了环境影响评价规则的习惯国际法地位，而且强调了制定环境影响评价规则的具体范围和内容目前仍属于国内法的自由裁量范围。

(二)明确国内立法不能豁免环境影响评价规则的国际法义务

在“哥斯达黎加圣胡安河沿线修建道路”案中，哥斯达黎加辩称，其国内立法中规定的国家“紧急状态”(emergency)能豁免其履行环境影响评价的

---

〔1〕 “Statute of the River Uruguay (Between Uruguay - Argentina)”, Feb. 26, 1975, 1295 UNTS 340 (entered into force Sep. 18, 1976). The full text is available at https://treaties. un. org/doc/Publication/UNTS/Volume%201295/volume - 1295 - I - 21425 - English. pdf , last visited on 15 May 2018.

〔2〕 *Pulp Mills on the River Uruguay* (*Argentina v. Uruguay*), *Judgment*, *I. C. J. Reports* 2010, pp. 83-84, para. 205.

国际法义务,或至少能推迟其履行环境影响评价的国际法义务直至国家“紧急状态”终止。

针对于此,国际法院指出,虽然“乌拉圭河纸浆厂”案的判决认为一般国际法并没有对环境影响评价规则的范围和内容作出具体的规定,“在每一案例中实施环境影响评价的具体内容应由各个国家的国内立法或决策程序决定”[1],但是,这里提到的“国内立法”和一国应否实施环境影响评价并没有关系,因此,可能存在于哥斯达黎加国内法规定中的国家紧急状态豁免不影响其在国际法层面应承担的环境影响评价义务。此外,就本案而言,哥斯达黎加并无法证明国家紧急状态的存在,因此国际法院根本无须考察国家紧急状态能否豁免环境影响评价的问题[2]。

国际法院在此案中的立场非常明确,即任何国内立法皆不能豁免一国在国际法层面承担环境影响评价作为习惯法的义务——显然,此处环境影响评价规则是作为一般性规范被提及——除了一些基本要素已经形成共识,如确保公众参与、评估结果必须被纳入决策考量过程等,至于如何进一步具体实施这一义务,目前仍属于各国自由裁量的范畴,这些程序性规范如欲形成习惯国际法,则有待继续积累相关的国家实践。但是,尽管如此,针对有可能产生严重跨界环境损害影响的拟建项目,国家却有实施环境影响评价的义务。国际法院这一结论无疑符合国际法的基本法理,即国家不能以其国内法为理由拒不履行国际法义务。

四、强调在拟建项目开始前即应实施环境影响评价义务

作为一系列程序性规则的组合,实施环境影响评价的时间问题非常关键。国际法院在“哥斯达黎加圣胡安河沿线修建道路”案中继续分析了国家履行环境影响评价义务的时间问题。

它指出,虽然“乌拉圭河纸浆厂”案强调实施环境影响评价是一个持续的过程,评估应当贯穿拟建项目始终,但是,实施环境影响评价也要求对严

---

〔1〕 *Pulp Mills on the River Uruguay* (*Argentina v. Uruguay*), *Judgment*, *I. C. J. Reports* 2010, p. 83, para. 205.

〔2〕 *Certain Activities Carried Out by Nicaragua in the Border Area* (*Costa Rica v. Nicaragua*) *and Construction of a Road in Costa Rica along the San Juan River* (*Nicaragua v. Costa Rica*), *Judgment*, *I. C. J. Reports* 2015, pp. 56-60, paras. 146-162.

重跨界损害风险作出事前（*ex ante*）评估，这一点同样为“乌拉圭河纸浆厂”案的判决所承认[1]；在此案中，哥斯达黎加应当在修建道路之前即实施环境影响评价以确定这一项目的设计和执行能够减少严重跨界损害风险，而它在2012年、2013年和2015年分别实施的环境诊断评价（Environmental Diagnostic Assessment）及其他研究都是在道路修建之后所进行的事后（*post hoc*）评价，而且这些研究没有涉及对未来损害风险的评价。因此，国际法院判决哥斯达黎加这一修建道路行为没有遵守到一般国际法下的环境影响评价义务[2]。

必须注意的是，国际法院在“乌拉圭河纸浆厂”案中认为实施环境影响评价是一个持续的过程且应当贯穿项目始终，本案则特别强调了必须在拟建项目开始之前即应实施环境影响评价，否则，即使在项目开始后实施了评价，也同样被认为是违反环境影响评价的义务。而且，这一程序性规定被国际法院视为已形成习惯法的环境影响评价规则的组成部分，即针对有可能产生严重跨界环境损害影响的拟建项目在开始前就实施环境影响评价，这一细化义务也具有习惯国际法的效力，对所有国家具有拘束力。

五、结语

随着环境保护问题日益成为全人类的共同关切，环境影响评价规则也随之得到发展和完善，尽管相关程序性规范有待进一步积累国家实践，但在整体上要求一个国家针对具有严重跨界环境损害风险的拟建项目实施环境影响评价已发展成为习惯国际法，这就意味着，除非满足习惯国际法上“一贯反对者”（Persistent Objector）的标准，否则任何一个国家都有实施上述环境影响评价的国际法义务。国际法院在2015年“尼加拉瓜在边界地区进行的某些活动”和“哥斯达黎加圣胡安河沿线修建道路”两案中进一步确认了环境影响评价规则的习惯国际法地位，并且顺应国际社会的发展，在启动环境影响评价的“门槛”条件、国内立法与环境影响评价规则之间的关系、履行

---

〔1〕 *Pulp Mills on the River Uruguay* (*Argentina v. Uruguay*), *Judgment*, *I. C. J. Reports* 2010, pp. 83-84, para. 205.

〔2〕 *Certain Activities Carried Out by Nicaragua in the Border Area* (*Costa Rica v. Nicaragua*) *and Construction of a Road in Costa Rica along the San Juan River* (*Nicaragua v. Costa Rica*), *Judgment*, *I. C. J. Reports* 2015, pp. 56-60, paras. 146-162.

环境影响评价义务的时间问题三个方面作了进一步的澄清，这无疑对细化和发展环境影响评价规则是大有裨益的。特别值得注意的一点是，由于“是否存在严重跨界损害的风险”是启动环境影响评价的一个至关重要且不易判断的因素，如前文所述，国际法院在这两个案件中得出了不同的判断结论，它是依据个案情况的不同逐案作出分析，重点依托的是双方提交的证据和专家意见——在环境损害的国际诉讼中，科学和法律的复杂关系由此也可窥见一斑，而这一命题亦日益引起了国际法学界的关注。

诚然，国际法院既非国际社会的“立法机构”（legislator），亦非凌驾于其他国际司法机构之上的“世界法院”（world court），这就意味着，国际法院认定环境影响评价规则作为习惯国际法，并不意味着环境影响评价规则在国际法院之外也自动获得了习惯国际法的地位；而且，根据《国际法院规约》第59条的规定，无论从横向上对其他国家，还是从纵向上对以后的判决，国际法院认定环境影响评价规则作为习惯国际法这一结论，从理论上来讲不能被直接适用[1]。但是，毋庸置疑，国际法院的判例会对整个国际社会包括其他国际司法机构产生重要的影响，并会引导此后的国家实践[2]。因此，尽管目前我国还没有接受国际法院的强制管辖[3]，但是，一旦某项规则被国际法院认定为习惯国际法并得到国际社会的普遍认同，那么，当我国被“卷入”其他国际司法或准司法机制中时，该项习惯法规则也极有可能会被援引，这无疑会关涉我国的国家利益——尽管《中华人民共和国环境影响评价法》并未要求对建设项目和规划的境外环境影响实施评价，而且我国迄今也未加入《埃斯波公约》，但基于习惯国际法的法理，我国仍然会受到该项规则的约束。

---

〔1〕 参见邓华《国际法院对习惯国际法的“断定”：对象、手段和功能》，载江国青主编《中国国际法年刊(2017)》，北京：法律出版社，2018年，第128—155页。

〔2〕 譬如，希金斯法官认为，欧盟法院的不少案子都表明，它会直接引用国际法院认定的习惯国际法规则并把此作为一条论证捷径（See Rosalyn Higgins, *The ICJ, the ECJ, and the Integrity of International Law*, *International and Comparative Law Quarterly*, Vol. 52, Part 1, 2003, pp. 8-9.）。在国际刑事法庭（院）的司法实践中也是如此，譬如，在卢旺达国际刑事法庭“检察官诉Akayesu”案中，法庭认为，“无可否认，《防止及惩治灭绝种族罪公约》已被视为习惯国际法的一部分，国际法院在1951年关于《防止及惩治灭绝种族罪公约》保留问题的咨询意见中就说明了这一点……”（Case No. ICTR－98－44－AR72.4, *Decision on Interlocutory Appeal Regarding Application of Joint Criminal Enterprise to the Crime of Genocide*, 22 October 2004, para. 14.）

〔3〕 参见何志鹏《国际司法的中国立场》，《法商研究》2016年第2期，第45—55页。

无论如何,随着环境保护的迫切需求和国际环境法的发展[1],尽快形成能被国际社会共同接受的一套环境影响评价程序性规范显得尤为必要,国际法院在这一过程中又会扮演着怎样重要的角色,我们将拭目以待。

(初审:董淳锷)

---

〔1〕 习近平主席于2017年初在联合国日内瓦总部演讲时即强调,生态建设将成为国际社会构建人类命运共同体的重要方面,中国愿积极参与全球环境治理进程,坚定支持和落实《巴黎协定》,推动形成公平合理、合作共赢的国际环境治理多边体系。参见王毅《外交部部长王毅在〈世界环境公约〉主题峰会上的发言(2017年9月28日,纽约)》,载江国青主编《中国国际法年刊(2017)》,北京:法律出版社,2018年,第552—553页。

《超级基金法》土壤污染修复标准适用规则解析及启示

——从“美国诉美国阿左科涂料公司”案说起

魏旭*

【提　要】 美国《超级基金法》对于污染场地修复标准规定了“适当颁布”、“地方标准严于联邦标准”、“依法使用”或“相关及适宜”三项遴选要求,并以实际判例中对各要求的内涵进行严密论证和阐释。该适用规则对我国土壤污染修复标准遴选适用中解决掌握土壤质量的统一控制与地方具体修复需求、兼顾土壤污染修复效果的生态价值、经济价值与社会效应,具有积极示范意义。

【关键词】 超级基金法　场地污染修复　修复标准

一、问题、背景与视角

污染土壤修复标准是指被技术和法规所确立、确认的土壤清洁水平,通过土壤修复或利用各种清洁技术手段,使土壤环境中污染物的浓度降低到对人体健康和生态系统不构成威胁的法规可接受的水平。这些标准是衡量

---

* 作者魏旭,女,中山大学法学院博士研究生,华南农业大学法学系副教授,研究领域为环境与资源保护法,代表作有《气候变化视野中的自愿环境协议》《生态修复制度基本范畴初探》《土壤污染修复标准的法律解读——一种风险社会的分析思路》等,Email:jill_way@126.com。本文系广东省教育厅社科一般项目《广东碳汇交易立法及配套政策研究——以林业碳汇为例》(2013WYXM0018)和广东省软科学研究计划项目《广东省城镇化与产业转型中污染地块修复标准制度体系研究》(项目编号2017A070706018)的阶段性成果。

各污染点或污染场地经过人为修复后清洁程度尺度的表征[1]。从法律的角度,污染修复标准是整个污染修复义务的最终检验标杆,意味着责任分配量化的分界点,即土壤污染修复制度所确定的修复责任人应当对已经造成的土壤污染承担何种程度的修复责任,修复到何种清洁程度才符合法律要求。因此,研究已有土壤污染修复标准如何适用,关系到土壤污染修复责任主体的法定修复义务范围如何确定,也关系到相关利益主体的权益能否得以保障。

美国《超级基金法》(全称为《综合环境反应、赔偿与责任法》)[2]以其严格而广泛的场地污染修复责任(包括责任主体范围、修复范围及严格责任原则等)而著称,现有学界研究成果多关注其责任分配,但关注污染修复标准者却甚少。事实上,《超级基金法》在修复标准适用方面树立了一个兼顾国家与地方环境管理、修复责任主体利益与公众利益的范例。与一般的环境标准规定不同的是,该法并非直接规定数量化、具体化的修复启动水平和目标水平,而是规定具体地块修复实践适用何种修复标准,规定遴选适用的规则。对于土壤污染修复标准体系开始进入法治轨道的我国,这种标准适用的遴选规则值得我们深入探讨与借鉴。

《超级基金法》第121条(d)款规定,修复行为必须达到:(1)任何联邦环境法律(包括但不限于《有毒物质控制法》《安全饮用水法》《清洁水法》《海洋保护、研究与禁猎法》等)所规定的任何标准、要求、准则或者限制;(2)州已颁布的环境法或设备场地法中所规定的任何标准、要求、准则或限制(统称"标准")[3],该标准必须比任何联邦标准更为严格,已经颁布且及时送交总统确认,对涉案有害物质、污染物能依法适用,或对该涉案有害物质或污染物的排放或潜在排放威胁具有相关性和适宜性(ARARs)。故而,《超级基金法》规定适用的环境修复标准包括两大类:一是联邦任何环境法律所规定标准;二是州立法中满足一定遴选要求的标准。前者指向性明确,后者则在实践中产生一定的争议——州立法纷繁复杂,如何辨别应当适用

---

〔1〕 崔芳、袁博:《污染土壤修复标准及修复效果评定方法的探讨》,《中国农学通报》2010年第21期,第341—345页。

〔2〕 美国《综合环境反应、赔偿与责任法》建立了污染修复基金(即超级基金),用以保证长期污染修复行动,因此声名远扬,故该法俗称《超级基金法》。

〔3〕《综合环境反应、赔偿与责任法》确定的州标准缩写为ARARs,取自"Applicable or Relevant and Appropriate Requirements"的首字母集合。

的潜在标准？基于美国属于判例法国家，判例对法律规定本身不仅具有解析与辨别作用，更有可能在立法规定模糊时发挥法官立法作用，笔者拟选取与 ARARs 相关的“美国诉美国阿左科涂料公司”[1]一案为依托，探析《超级基金法》关于修复标准的确定准则。

二、案例、规则与标准

“美国诉美国阿左科涂料公司”一案（以下简称阿左科案）中，涉案污染场地玫瑰场（Rose Site）1983 年被列入“全国优先治理名录”（National Priority List），按照《超级基金法》规定应当启动场地污染修复。EPA（美国联邦环保署）经过筛选，1987 年公布了《修复调查与可行性研究报告》，提出包括土壤冲洗法在内的污染修复方案，并举行公众听证，根据听证结果在 1987 年 9 月发布《意见记录》，涉案地区密歇根州对《意见记录》并无异议。在《意见记录》发布之前，EPA 与潜在责任人启动关于修复责任的谈判，并于 1988 年 8 月达成和解协议，协议内容对原有《意见记录》做了改动——原计划 50000 立方码受污染土壤使用焚烧法，协议则将其减少至 25000 立方码，另外 25000 立方码则采用土壤冲洗法，以符合成本效益原则。1988 年 9 月，EPA 按照法定程序要求向美国密歇根东区联邦地区法院申请核准和解协议，并向公众公开说明和解协议与原有《意见记录》存在差异的具体原因。经过公众评议之后，EPA 又发布了第二份《意见记录》，正式确认土壤冲洗方法在修复方案中的适用。密歇根州向地区法院申请反对和解协议的生效，未获法院支持，随后美国密歇根东区联邦地区法院通过和解协议审核，并于 1989 年 8 月 9 日正式签发《意见和命令备忘录》，通过和解协议审核并批准其生效[2]。密歇根州等上诉人向美国联邦第六巡回上诉法院提起上诉，其中一项诉求认为，土壤冲洗法用于污染场地修复，废水渗透地下会导致地下水污染，EPA 与潜在责任人的和解协议并不符合密歇根州防止水质下降法[3]的要求，因而违反《超级基金法》关于地方标准（ARARs）的规定。该诉求的焦

---

〔1〕 United States v. Azoko Coatings of America, Inc. 949 F. 2d 1409; 1991 U. S. App.

〔2〕 具体案情详见 United States v. Akzo Coatings of America, Inc. , 719 F. Supp. 571 (E. D. Mich. 1989)。

〔3〕 阿左科案中，法官将涉及防止可用水域地下水水质下降的《密歇根州水资源委员会条例》及相应的行政法规[Mich. Admin. Code R. 323. 2201 (1980)]统称为防止水质下降法。

点之一是:密歇根州防止水质下降法的规定是否构成《超级基金法》第121条(d)款规定的ARARs?

如前所述,《超级基金法》关于污染修复标准两个层面的规定,联邦标准方面自不成争议,地方标准的适用必须符合三个遴选适用标准,即适当颁布标准、更严要求标准和合法适用或相宜标准。因此,该焦点问题的解答必须按照以下三个方面剖析。

(一)地方标准是否属于适当颁布?

"适当颁布"是为区分地方标准渊源的法律效力——只有经过正当程序予以颁布具有普遍适用效力的规范才属于适当颁布。EPA在《关于实施超级基金项目ARARs的暂行规定》中指出,《超级基金法》第121条规定的"(适当)颁布(的法律)"指"具有普遍适用性和合法可实施性的,由州立法机构制定的法律以及州行政机关制定的法规"[1]。"普遍适用性"排除了不具有法律强制约束力的建议、指南或者政策等文件中所确定的地方标准对污染修复责任的限制;而针对"合法可实施性",EPA曾明确界定,所谓合法可实施性是指"必须根据州程序法或州立法标准颁布,并包含具体的实施条款或州法律规定的其他可实施的条款"[2]。

阿左科案中上诉人与被上诉人双方在一审中对密歇根州有关水质下降的法律具有普遍适用性问题并无异议,二审中被上诉人提出密歇根州防止水质下降法缺乏数量化标准的规定,因此是"模糊而不具有合法可实施性的"。阿左科案主审法官援引"考兰德诉劳尔森"[3]一案中的判决观点,认为"如果一项标准的定义能够使普通人均可理解其中禁止何种行为,且不导致任意及歧视性的实施,则该标准并非本质模糊。并且,密歇根州防止水质下降法本身禁止任何使可用水域的地下水质比照当地背景地下水质(local background groundwater quality)下降的行为,因此该法具有确定性和可实施性"[4]。笔者认为,在合法可实施性要件的认定上,该案确立了宽松的判断

〔1〕 EPA. Superfund Program; Interim Guidance on Compliance with Applicable or Relevant and Appropriate Requirements; Notice of Guidance, 52 Fed. Reg. 32495, 32498 (Aug. 27, 1987).

〔2〕 EPA, National Oil and Hazardous Substances Pollution Contingency Plan. 40 C. F. R. §300.400(g)(4).

〔3〕 Kolender v. Lawson, 461 U. S. 352, 357, 75 L. Ed. 2d 903, 103 S. Ct. 1855 (1983).

〔4〕 United States v. Azoko Coatings of America, Inc. 949 F. 2d 1409; 1991 U. S. App.

标准，所谓的修复标准并不仅限于具体数字化的技术性规范。事实上，《超级基金法》颁布实施之后，各州均积极探索符合本地实际情况的标准体系，逐渐成熟的州标准甚至比联邦标准更为清晰、科学而确定。例如，密苏里州“修复行动水平”体系（Cleanup Action Level of Missouri）包含了分别针对住宅用地、商业用地和工业用地的不同标准；弗吉尼亚州采用了三个层次的立体标准体系：第一层确定比照的背景（环境质量）标准，第二层确定规范化标准（例如明确的最大污染物限制或水质标准）或基于风险评估的浓度控制标准，第三层则采用基于具体场地风险评估的方法标准[1]。这些州标准呈现多元化、灵活性强、体系化的适用范围不同具体污染修复问题的特点，在认定是否具有合法可实施性要件问题上，更多地注重其内涵明确及实施的规律性，至于采用何种存在方式（数字规范、技术规范等）并不严格拘泥。

但是，在 EPA 所树立的判断标准中，仍隐藏着另一个疑问：作为判例法国家，判例同样具有立法功能，地方标准的确定适用依据仅限于“州立法机构制定的法律及州行政机关制定的法规”是否有失偏颇？换言之，在判例中所确定的地方标准是否属于此处所指的“适当颁布的地方标准”？笔者认为，这一疑问的解答与美国司法独立性有关，立法、司法、行政“三权分立”的国家权力体系中，司法部门（法院）虽然具有通过判例造法的部分立法权，在对行政决定的审查上却谨慎遵守“任意性”判断标准（arbitrary and capricious），尤其在专业技术性很强的环境法领域，对诉讼请求的审查若涉及专业的适用标准，法院并不会“越俎代庖”的代替环保行政机构指定具体的适用标准，而只审查环保行政机构所作决定是否属于“任意的及反复无常的”，即只审查行政决定的程序是否具有瑕疵、依据是否合法等“外围”问题，至于案件应当适用哪一具体环境标准，法院并不染指。一旦发现环境行政机构的决定有误，法院则发回（remand）令其另行斟酌，重新作出行政决定。因此，在地方标准的适用问题上，法院的判例并不会涉及具体的判断标准，而只有州立法及相应的行政法规会对此作出规定，因此 EPA 的地方修复标准确定准则并非忽视或遗漏了地方判例的立法功能。

---

〔1〕 Linda K. Breggin, James McElfish, John Pendergrass, *State Superfund Programs an Overview of the Environmental Law Institute's (ELI's) 1998 Research*, *Albany Law Environmental Outlook Journal-Winter*, 1999.

(二)地方立法所确定的标准是否严于联邦标准?

判断联邦标准与州标准孰严孰松往往是很困难的——除非联邦标准与州标准具备相同的适用条件(相同的污染行为、污染类型、受污染环境介质等),且具有相同的计量依据(例如同为数量化的技术规范)。从上文分析可知,《超级基金法》对标准本身的定义很宽泛,它并非必须以数量化的形式存在,一旦以非数量化的形式表达,地方标准是否严于联邦标准的判断则并非易事,必须确立比较的规则。

针对这一问题,EPA 曾经规定"无可比拟"原则,即"针对某一化学物质、场地或行为,如果没有联邦标准而存在州标准,或者州标准比联邦标准的范围更广阔,则可认定州标准比联邦标准更为严格"。[1]对于前者,无与有的对比简单而确定;而后一情形中,如何判断"范围更加广阔"? 阿左科案很好地诠释这一问题:与案中密歇根州《防止水质下降法》所确定的相关标准[《水资源委员会法案》第6条(a)款]相对应的是联邦《安全饮用水法案》所确立的标准[Safe Drinking Water Act (SDWA), 42 U. S. C. § 300g-1(a)(2)]。本案法官认为,在适用范围上,联邦标准仅适用于有限的几种物质而密歇根标准则适用于"对公众健康造成或可能造成损害的任何物质"[2],从适用范围上密歇根标准明显较联邦标准更为广泛,因此认定密歇根州防止水质下降法所确立的标准符合严于联邦标准的要求。

由此可见,在"地方标准是否严于联邦标准"问题的认定规则上,针对涉案污染物、场地限制或行为限制是否同时存在地方标准和联邦标准、或者在同时存在地方标准和联邦标准的情况之下,以标准针对的污染物种类为横坐标、标准限制水平为纵坐标进行数量化对比,构成其判断符合"是否严于"要件的依据。对于修复责任主体而言,法定修复义务最终必定以地块修复后的污染物水平和场地环境风险几率等数量化的结果提交验收以判断是否符合法定要求,地方标准是否严于联邦标准的判断其实也可以从修复责任主体的负担假设中判断而出,即适用地方标准对修复责任主体的要求(包括修复的范围、污染物的种类、最终的修复水平和风险几率)高于联邦标准,则

[1] EPA, National Oil and Hazardous Substances Pollution Contingency Plan; Proposed Rule, 53 Fed. Reg. 1394, 51,438 (Dec. 21, 1988).

[2] M. C. L. A. § 323. 6(a).

地方标准符合严于联邦标准的遴选适用要求，反之则不符合而应当排除适用。

（三）修复标准对于涉案场地污染是否属于依法可适用或相关及适宜标准？

“依法可适用”是指“由联邦或州法律所规定直接适用于符合《超级基金法》规定的场地的有害物质、污染物、修复行为或其他情况”[1]，而“相关及适宜标准”则针对的是联邦或州法律规定的、并不直接适用于《超级基金法》所规定的修复行为，但与涉案污染情形相近似且其适于涉案污染场地修复行为采用的标准[2]。“相关及适宜标准”是对“依法可适用”标准的补充，即不存在可直接适用的标准时（包括州标准和联邦标准），参照适用与涉案场地污染相关、适宜的其他标准。

在确定何为“相关、适宜”问题上，EPA 对此解释为：“虽然并非‘可适用’，但所规定的问题或情况与超级基金场地[3]面临的问题或情况足够相似，故适用该标准能够良好切合涉案场地的情形。”[4]如何判断情况足够相似而构成案件相关性，阿左科案给出遴选示例。主审法官针对上诉人有关密歇根州防止水质下降法是否属于“普遍可适用”的法律问题提出，即便防止水质下降法不能被认定为对本案可适用的法律，其规定的标准也符合“相关及适宜标准”的要求——“在可选的考虑因素中，（该法所针对的）环境介质——地下水，污染物质类型——有害物质，潜在标准的适用目的——保护水域免受实际或潜在的水质退化危险均可认定为与本案相关的因素。而且，综合权衡上述考虑因素，可以认定密歇根州防止水质下降法非常适宜于运用在玫瑰场污染问题，因而对本案属于适宜的标准”[5]。EPA 曾在另一个修复案例的《意见记录》中指出，“（依法）可适用或相关及适宜标准应根

〔1〕 300 C. F. R. § 300. 6; Interim Guidance, 52 Fed. Reg. at 32497; NCP Final Rule, 55 Fed. Reg. at 8742.

〔2〕 300 C. F. R. § 300. 6; Interim Guidance, 52 Fed. Reg. at 32497; NCP Final Rule, 55 Fed. Reg. at 8742.

〔3〕 即符合《超级基金法》规定的污染场地，笔者注。

〔4〕 40 C. F. R. § 300. 5.

〔5〕 United States v. Azoko Coatings of America, Inc. 949 F. 2d 1409; 1991 U. S. App.

据的化学物质、备选方案、场地地点等具体场地情况而确定"[1]。可见，相较于"依法可适用"标准，《超级基金法》设定"相关及适宜"标准的灵活选择权，交由作出修复决定的行政机关（EPA）在未有直接可适用的法律规定时根据实际污染修复需要行使自由裁量权，但这种自由裁量权并非毫无限制，立法明确其认定时应当考虑污染物、修复方案、场地等关键因素和依据。

综上所述，《超级基金法》关于污染修复标准的遴选规则采用联邦标准与州标准比较适用的原则，对州标准限定严格适用条件，并对直接适用的法律标准缺位时规定参照适用的兜底条款，形成完整的中央—地方修复标准适用规则体系。加之经过几十年的发展之后，无论是联邦标准还是地方标准均已全面建立、逐步完善，突出地方特色和实践修复需要的地方修复标准与联邦修复标准相得益彰，按照遴选适用规则形成有序的、具有实际修复效果的修复标准制度。

三、启示、比较与借鉴

正如吕忠梅教授所言，"外国环境法的汉语文本绝对解释不了、也解决不了中国的环境法实践与理论问题，不仅是因为东西方的学术思考逻辑不同，而且制度资源有巨大差异"[2]。对《超级基金法》修复标准适用规则的研习，必须以回归到我国法律体系与实践情况为终极目标，否则将是无根之木、无源之水的纯粹学术观望。

（一）我国土壤污染修复标准及其适用规则

我国并没有冠以"土壤污染修复标准"为名的专门标准类别。现有土壤污染修复效果评价存在两种标准类型：一是以环境效果质量为导向的限值

[1] EPA, *EPA Superfund Record of Decision Amendment: SOL LYNN/INDUSTRIAL TRANSFORMERS.* 登载于"美国环境保护局"，网址：http://www.epa.gov/region6/6sf/pdffiles/sol_lynn_amended_rod_2004.pdf，访问时间：2018年1月19日。

[2] 吕忠梅：《环境法学研究的转身——以环境与健康法律问题调查为例》，《中国地质大学学报（社会科学版）》2010年第4期，第27页。

型标准[1]，明确单位土壤中的污染物浓度水平限制，以数字规范作为表达；二是以风险评估与管控为导向的风控型标准[2]，以风险调查、评估为内容，综合分析污染场地土壤的背景值、污染物暴露等因素及受体等因素确定污染地块的风险水平限制。目前，国家层面已经初步建立农用地适用限值型标准、建设用地适用风险型标准的双层标准体系，地方政府亦开始重视土壤修复标准，上海、宁夏、北京等地的土壤修复标准已经在紧锣密鼓地制定之中，以风险控制型标准为主要类型。

关于环境标准的适用规则，我国环境保护法仅有第15、16条规定环境质量标准与污染物排放标准的国家标准与地方标准的制定与衔接[3]，确立地方标准应当严于国家标准的适用准则。然而，随着修复实践不断推进，修复标准体系必将不断更新、发展、丰满，仅针对环境质量标准与污染物排放标准的适用规则已经不能满足修复实践需要。单就目前的标准体系而言，风控型标准既不是环境质量标准，更加不是污染物排放标准，生态环境部颁布的风控标准与地方风控标准之间如何确定适用规则？此外，风控标准与限值型标准并立，虽然生态环境部关于土壤污染修复标准的分类适用思路已经比较明确[4]，但目前标准体系建设远远落后于实践需要，修复标准适用更

---

〔1〕 包括《土壤环境质量 农用地土壤污染风险管控标准（试行）》《土壤环境质量 建设用地土壤污染风险管控标准（试行）》《食用农产品产地环境质量评价标准》《温室蔬菜产地环境质量评价标准》《拟开放场址土壤中剩余放射性可接受水平规定（暂行）》等。

〔2〕 包括《污染场地土壤修复技术导则》《污染场地风险评估技术导则》《场地环境监测技术导则》《场地环境调查技术导则》。

〔3〕 《中华人民共和国环境保护法》第15条规定："国务院环境保护主管部门制定国家环境质量标准。省、自治区、直辖市人民政府对国家环境质量标准中未作规定的项目，可以制定地方环境质量标准；对国家环境质量标准中已作规定的项目，可以制定严于国家环境质量标准的地方环境质量标准。地方环境质量标准应当报国务院环境保护主管部门备案。国家鼓励开展环境基准研究。"第16条规定："国务院环境保护主管部门根据国家环境质量标准和国家经济、技术条件，制定国家污染物排放标准。省、自治区、直辖市人民政府对国家污染物排放标准中未作规定的项目，可以制定地方污染物排放标准；对国家污染物排放标准中已作规定的项目，可以制定严于国家污染物排放标准的地方污染物排放标准。地方污染物排放标准应当报国务院环境保护主管部门备案。"

〔4〕 2018年6月生态环境部颁布了《土壤环境质量 农用地土壤污染风险管控标准（试行）》及《土壤环境质量 建设用地土壤污染风险管控标准（试行）》两部新的土壤环境质量标准，作为原《土壤环境质量标准》的替代。结合2014年环保部连续出台的《场地环境调查技术导则》（HJ 25.1—2014）等一系列适用于污染场地（建设用地）的风控型标准系列可以看出，生态环境部对土壤污染修复标准体系的设计蓝图是按照农用地适用限值型标准，建设用地适用风控型标准的思路展开的。

是处于相互交叉的混乱局面。

土壤污染具有特殊性，不同地区的土壤生态背景各具特色，针对具体地块的情况因地制宜适用相应的修复标准，对于保证土壤修复方案及其效果的科学性是关键；全国范围的土壤污染控制目标的实现又是目前我国土壤污染修复及治理的迫切要求，如何在二者之间建立平衡，不仅有赖于土壤修复标准体系本身的规范和完善，更加需要在法律上建立科学有效的修复标准适用规则。虽然中美两国存在政治体制、法律传统等诸多不同，在面对土壤污染问题上却有惊人相似〔1〕。自1980年实施至今三十多年的《超级基金法》，虽然其许多机制受到多方诟病与质疑，其治理效果是值得肯定的〔2〕。其土壤污染修复标准的甄别与遴选适用规则对我国未来土壤污染修复标准体系的建立具有重要借鉴意义。

（二）《超级基金法》地方标准适用规则的借鉴意义

1. 一个前提：修复标准的宽松形式限制与规范本质甄别

《超级基金法》修复标准适用规则的"适当颁布"要求，表面上看似乎是对适用的标准范围进行限定，在笔者看来，其实质是通过法定限制要件承认多种标准的可适用性。以EPA对"适当颁布"的解释来看，"普遍适用性"和"合法可实施性"两大因素指向共同的本质——法定性标准。即所适用的修

〔1〕 20世纪美国面临的土壤问题十分严重，先是20世纪30年代的"黑风暴"事件，由于美国拓荒使其开垦土地造成的植被破坏，风暴将干旱的土壤刮起，掠过美国2/3的土地，3亿多吨土壤被刮走；70年代又爆发了"拉夫运河事件"，胡克公司在废弃的拉夫运河上大量倾倒有毒工业废弃物，后经填埋又开发做房地产，导致当地居民大量疾病产生，美国民众逐渐开始关注土壤污染，《超级基金法》等一大批有关土壤污染治理和修复的法律开始产生。这种社会背景与我国如今面临的土壤污染问题十分相似，2005年国务院启动全国土壤污染状况调查，调查结果显示，"全国土壤环境状况总体不容乐观，部分地区土壤污染较重，耕地土壤环境质量堪忧，工矿业废弃地土壤环境问题突出"（引自原环境保护部、国土资源部2014年4月17日发布的《全国土壤污染状况调查公报》）。北京宋家庄地铁站2004年、2006年因土壤毒气和重金属污染导致施工中毒事件、武汉三江地产高价黄金住宅用地因土壤污染无法开发只能退地赔偿等"毒地"事件以及因土壤重金属污染导致的食品安全问题频频爆发，都与《超级基金法》的立法背景极为相似。

〔2〕 例如，美国联邦环保署公布的数据显示，单是2013年一年中EPA根据《超级基金法》修复、清理了6560万立方码（cubic yard，1立方码=0.7645536立方米）受污染土壤，足以覆盖1.2万个足球场（每个足球场以3英尺厚度为标准）；以及6.896亿立方码受污染的地下水，足以填满将近21万个奥林匹克标准尺寸的游泳池。数据来源：EPA，*Cleanup Enforcement Program FY 2013 Accomplishments.*，登载于"美国环境保护局网站"，网址：http://www2.epa.gov/enforcement/cleanup-enforcement-program-fy-2013-accomplishments，访问时间：2018年6月10日。

复标准应当是经过法定程序颁布、具有法律约束力的标准。阿左科案对“合法可实施性”进一步解释为“确定且可以实施的”,这一要素放在我国的法律框架之下,即为要求污染地块修复所援引适用的标准应当明确、规范、法定。换一个角度来看,只要是经过法定程序符合标准制定权限而制定颁布的修复标准,均可以适用于土壤污染修复。《超级基金法》规定的修复标准适用规则透露出“以不变应万变”的立法意图:一方面,并未将修复标准仅限于常见的数据化技术规范,而包含联邦或州法律规定的“任何标准、要求、准则或限制”[1],以宽松的适用规则克服制定法对无法穷尽实际适用情况的内在局限,同时课以“适当颁布”的适用前提,即须经法定程序予以颁布、具有普遍适用效力的标准方才适格,以此牵制、防止地方立法中出现修复标准泛化及地方保护主义倾向。另一方面,设定参照适用相关、适宜标准的规则,明确相关性、适应性判断依据,以应对没有直接适用的法律标准的情况,事实上进一步拓宽修复标准的形式范围。

限值型标准在土壤环境治理中长期一统天下。限值型标准“对标准所规定的所有土壤均统一适用,即便有分级分类规定,对于同一类土壤统一适用相同的污染限值——对于所有同一类的修复对象,法律所规定的修复达标水平都是“一刀切”的模式,并不考虑地块与地块之间的特征差别,也不考虑修复过程中随时可能出现的其他因素的影响,甚至并未考虑标准适用时对于不同背景值的地块达标的可能性。”[2]2014 年原环保部颁布风控型标准系列,土壤污染修复标准在一元化走向多元化的道路上前进一大步,初步形成了农用地与建设用地分别适用限值型标准和风控型标准的标准适用思路,这是土壤污染修复制度化可喜的一步。但是,目前的修复标准体系距离多元化、多层次标准的理想状态仍有很大距离。以风控型标准为例,现有的污染场地风险控制系列标准被归入“环境监测方法标准”[3]。按照学者的

---

[1] 《超级基金法》原文用词是:“any standard, requirement, criteria, or limitation under any Federal environmental law, … or any promulgated standard, requirement, criteria, or limitation under a State environmental … law.” 见 42 U. S. C. § 9621(d)(2)(A)。

[2] 魏旭:《土壤污染修复标准的法律解读——一种风险社会的分析思路》,《法学评论》2016 年第 6 期,第 122 页。

[3] 参见原环境保护部科技标准司关于环境标准的分类,登载于“中华人民共和国生态环境部网站”,网址:http://kjs.mep.gov.cn/hjbhbz/bzwb/trhj/trjcgfffbz/index_1.shtml,访问时间:2018 年 6 月 19 日。

观点,"环境监测方法标准、环境标准样品标准、环境基础标准只有国家标准"[1]。然而,许多地方以本行政区域的实际情况为基础出台或拟出台相应的土壤污染修复标准,例如,北京市《污染场地修复技术方案编制导则》、浙江省《污染场地风险评估技术导则》、重庆市《污染场地环境调查与风险评估技术导则》和《污染场地环境风险筛选值》等,均为污染场地修复风控型地方标准。正是因为上位法未能正视风控型标准、未能合理构建专门的修复标准类型并明确其效力等级等规范内容,国内现有的风控型标准只能以推荐性标准的形式"犹抱琵琶半遮面"。按照《中华人民共和国标准化法》,对于推荐性标准,法律不作强制实施要求,国家只是"鼓励企业自愿采用"[2]。"地方标准"与"推荐性标准"双重嵌套身份使跃跃欲试的土壤污染修复地方标准建设遭遇尴尬局面:对于属于地方修复实践特有的风险管控,如果生态环境部污染场地风控型标准系列中未予明确、或者其修复启动的风险触发值与完成的效果值并不适合地方修复实践需要时,地方风控型标准只能鼓励修复责任人自愿采用,则完全不能体现法律约束力;如果各地的风控型标准并不能体现地方修复实践的特殊需要,则纯属对生态环境部风控型标准系列的重复而难免流于形式和浪费。

因此,笔者认为,《超级基金法》所确立并经阿左科一案诠释的适当颁布标准可为我国土壤污染修复标准制度未来发展指明总体方向:一方面,承认并鼓励多元化土壤污染修复标准的存在和发展,不拘泥于标准以何种形式存在(限值型、风控型),整合现有标准体系,建立专门的土壤污染修复标准类别,与原有的土壤环境质量标准、环境监测方法标准并行,尤其直面新生的风控型标准,明确其作为土壤污染修复标准的地位及不同等级标准之间的效力契合关系;另一方面,将"适当颁布"标准内化为土壤污染修复标准的法定性要求,尤其在立法法将立法权适当下放到地方之后,土壤污染治理领域地方立法热情高涨,配套的修复标准制定与备案需要进一步明确具有可操作性的规范要求。原环保部出台的《国家环境保护标准制修订工作管理办法》[3],专门针对国家环境保护标准的制定、修改作出规范性要求,地方标

〔1〕 汪劲:《中国环境法原理》,北京:北京大学出版社,2000年,第132页。
〔2〕 参见《中华人民共和国标准化法》第2条。
〔3〕 参见原环境保护部2017年2月22日《关于发布〈国家环境保护标准制修订工作管理办法〉的公告》(国环规科技〔2017〕1号),登载于"中华人民共和国生态环境部网站",网址:http://www.zhb.gov.cn/gkml/hbb/qt/201703/t20170301_397977.htm,访问时间:2018年3月4日。

准的制定、修改、备案等法定要求也亟待立法进一步明确和规范，上位法应当从“支持各地开展地方环境保护标准制定工作，加强对地方环境保护标准制(修)订工作的指导”[1]角度提供制度支撑。

2. 核心要领：土壤污染修复标准体系中的中央与地方权力耦合

土壤污染既危及人身财产利益，又减损土地作为生产资料的经济产出。土壤污染修复达到何种效果，关系到国家土地质量安全和经济发展；但土壤治理的因地制宜特性明显，过于统一的标准设定无非盲目地“一刀切”。土壤污染修复标准设定的高低，对国家土壤质量统一监控与地方具体修复要求二者均应协调平衡，此为土壤污染修复标准适用中的中央和地方分权基础。《超级基金法》对这一问题的诠释是，污染修复标准必须适用联邦标准，或严于联邦标准的地方标准。阿左科一案对《超级基金法》地方修复标准是否严于国家标准问题进行细致的解析，构架认定标准“严于”的坐标体系。

如何认定地方标准严于国家标准问题，总体原则上无论是借鉴他国做法还是借鉴现有环境质量标准及污染物排放标准的国家与地方标准关系处理规则，土壤污染修复国家标准理应成为最低要求。但是，我国目前并没有明确如何认定“地方标准严于国家标准”的判断准则。唯有原环保部《地方环境质量标准和污染物排放标准备案管理办法》关于污染物排放地方标准必须严于国家标准的解释可做相宜参照：“严于国家污染物排放标准，是指对于同类行业污染源或者同类产品污染源，采用相同监测方法，地方污染物排放标准规定的污染物项目限值、控制要求，在其有效期内严于相应时期的国家污染物排放标准。”[2]即污染物项目限值与控制要求是判断“严于”的依据。

笔者认为，在上位法中明确土壤污染修复的全国标准与地方标准之间的适用关系是整合我国现有的标准适用混乱局势的根本举措。《超级基金法》及阿左科一案所设定的“地方标准严于联邦标准”的适用规则，融入我国土壤污染修复标准实际应当以修复效果为判断地方标准是否严于全国标准的依据：一方面，承认风控型标准作为独立修复标准类型的法律地位，重视

〔1〕 蒋蕾蕾：《环境标准制订怎样走向规范化？》，《中国环境报》2010 年 4 月 23 日，第 2 版。

〔2〕 原环境保护部：《地方环境质量标准和污染物排放标准备案管理办法》，登载于“中华人民共和国生态环境部网站”，网址：http://www.zhb.gov.cn/gkml/hbb/bl/201002/t20100208_185585.htm，访问时间：2018 年 3 月 5 日。

人群风险、暴露途径和土地用途等因素在判断地方标准与国家标准宽严问题上的坐标意义，采用更加谨慎的风险判断思路，如果按照地方修复标准的评估，所得风险几率（而非污染物浓度限值）高于国家标准即应启动土壤污染修复，最终修复效果判断也应当在全国风控标准与地方风控标准之间取更低风险控制值为验收准据；另一方面，限值型标准已长期存在并有明确的等级效力法律规定，但风控标准与限值型标准之间一旦出现差距时，关于地方标准与国家标准之间孰严孰松如何判定？笔者认为，正如阿左科一案中法院判决所揭示的判断规则，修复标准对应的修复效果要求，应当以目标污染物范围、浓度、风险值、暴露人群范围等为要素，在地方标准与国家标准（包括各自的限值型标准与风控型标准）进行比对之后确定地方标准是否严于国家标准进而确定是否适用于具体地块修复。一般而言，“从污染环境修复要尽可能地使污染环境恢复到未污染以前的功能这一最终目标来看，环境质量标准应是污染环境修复后应达到的最高标准”〔1〕，换言之，如果存在严格按照法定要求经过备案的地方土壤环境质量标准，意味着地方土壤环境治理已有比国家土壤环境质量标准更加严格的要求，一旦风控型标准的修复要求与之相比有出入的，应当认定地方环境质量标准为严于国家标准的修复要求。

当然，讨论国家标准与地方标准宽严比较与适用的前提是国家与地方均具备科学、立体、多元化、切合实际且具有适当超前意义的标准体系，国外污染场地修复立法多采用分层、分类、以场地健康风险评估为导向的标准体系，例如德国《联邦土壤保护与污染场地条例》将污染修复标准细分为触发值、行动值和预防值，分别课以不同的法律义务〔2〕，值得我国未来完善环境标准体系借鉴，从技术层面全面审视和更新现有标准体系。

3. 必要补充：适当弹性化的标准适用规则

土壤污染与其他污染不同——土壤本身具有强大的容纳能力，又有巨大的污染风散风险。土壤受到污染后含重金属浓度较高的污染土容易在风力和水力作用下，分别进入到大气和水体中导致大气污染、地表水污染、地

---

〔1〕 周启星、魏树和、张倩茹等编著：《生态修复》，北京：中国环境科学出版社，2006年，第163页。

〔2〕 李雨锡：《我国污染场地再利用污染防治法律问题研究》，兰州：兰州大学硕士学位论文，2013年，第19页。

下水污染和生态系统退化等其他次生生态环境问题[1]。土壤污染的修复治理是一项庞大的工程，涉及的污染类型、污染物种类及污染物相互之间的衍生物复杂多样，且随着具体环境条件、科学技术的发展，新的污染层出不穷，法定标准的制定者无法对未来展开无所不包的预见，这是制定法不周延性特征的典型表现[2]。从标准角度尽力克服这一缺陷的对策，除了增加风控型标准之外[3]，非常有必要在上位法中增加比较弹性的类推适用条款。土壤污染修复治理实践的繁复多样特点与合同实践类似，合同法中关于无名合同参照适用合同法分则及其他法律最相类似的规定[4]的立法设计意图与《超级基金法》ARARs 关于"依法可适用及相关适宜"标准的规定有着异曲同工之妙：以确定的适用规则做兜底式的参照适用指向，同时确定参照适用的要件（依法、适宜、相关），为修复地块的无限可能构筑弹性化的标准适用规则。

笔者认为，这一做法同样值得我国未来土壤立法借鉴与参考，在修复标准适用规则中确立"依法适用及相关适宜"标准，设定开放、灵活而弹性化的标准作为兜底条款，将认定"相关""适宜"因素的自由裁量权交由环保部门确定，作为对主要标准适用规则的必要补充，能够使土壤污染修复标准的适用更趋于合理和有效。

4. 有效保障：修复标准适用中的环境民主

《超级基金法》非常注重污染修复过程中的公众参与以确保修复结果的公正，在第 117 条中明确规定了修复计划拟定方案、确定修复方案 EPA 的信息公开义务及修复方案出现变动需要及时向公众解释差异及其原因的义务，公众参与的方法和范围，甚至明确规定国家为公众参与污染场地修复的

---

〔1〕 熊严军：《我国土壤污染现状及治理措施》，《现代农业科技》2010 年第 8 期，第 294 页。

〔2〕 关于制定法的局限，有学者提出了通过确立法律原则、制定法律解释、确立类推制度、设立一般条款、建立判例制度等加以克服（参见徐景波《制定法缺陷的有效弥补方式》，《黑龙江省政法管理干部学院学报》2006 年第 4 期，第 13—15 页）。这些观点对本文关于修复标准适用规则的宽松限制、没有直接适用标准时参照适用最相类似标准等观点的形成都具有积极的启发意义。

〔3〕 风控型标准并不事先设定污染地块修复的启动和效果污染物浓度限值，而是设置风险概率计算公式及计算方法，适用风控型标准的过程事实上就是将具体污染地块的目标污染物、曝露途径、敏感人群等因素代入标准中设置的模型而得出风险几率的过程。因此，比起事先设置修复目标限值的限值型标准，风控型标准更加灵活。

〔4〕 《中华人民共和国合同法》第 124 条规定："本法分则或者其他法律没有明文规定的合同，适用本法总则的规定，并可以参照本法分则或者其他法律最相类似的规定。"

专业技术性保障提供资金支持(即对公众获取与污染场地相关信息所依赖的技术支持提供一定限额的拨款)[1]。尤其在EPA选择与潜在责任人达成和解协议(Settlement Agreement)的方式实现修复目标时,特别规定和解协议必须申请法庭审核并开放公众评议渠道[2]。笔者认为,高度透明的修复方案确定过程,对修复标准适用遴选的官方解释,是减少修复过程社会阻力的利器。阿左科案深刻体现了《超级基金法》项下公众对于修复标准适用的参与和监督——EPA对于采用何种修复手段达到何种修复效果、适用何种修复标准及其原因均通过公众评议及先后形成的两份《意见记录》进行信息公开、与公众交流。这种与公众交流的良性互动过程,是双向、平等、诚信、动态的公众参与过程。

公众参与是我国环境保护法乃至全世界环境保护中的大势所趋,土壤污染修复制度对公众参与有特别的制度需求:一方面,土壤污染修复往往历时久远,必须分阶段进行[3],其间有可能发生各种不确定因素而影响修复标准的选择和修复方案的确定,公众对修复工作的参与必须是持续、动态、双向的交流。另一方面,土壤污染修复是一项专业技术性极高的工程,对于可行性修复目标的设定、修复标准的选择,需要专业知识和技术才能理解并权衡不同的标准适用效果,普通公众单凭一般生活常识和自身感官体验往往无法真正理解相关术语、技术内容并提出意见,如何既保证其参与的途径畅通,又确保参与的有效性,防止公众参与制度沦为阻碍土壤污染有效修复及再开发利用的堂皇借口,需要谨慎的制度构建。反观我国现有的公众参与环境保护制度,公众参与均是一次性、静态、单向参与[4],加上政府信息公开被动与不足,远不能满足我国土壤污染修复标准适用及整个污染修复制度的实践需要。

《超级基金法》对公众参与制度的关注可成为我国未来土壤污染修复立法的榜样:强化政府土壤污染修复方案及适用标准的信息持续公开义务,对

---

〔1〕 42 U. S. C. § 9617.

〔2〕 42 U. S. C. § 9622 (d) (2).

〔3〕 例如,阿左科案中EPA在第一阶段将危险物质移除以避免直接、紧急的污染后果,在第二阶段计划历时十年甚至更久对已经造成的较为缓和的污染后果进行清理和修复。

〔4〕 笔者无意对我国环境法中公众参与机制的制度内容及其实施展开长篇大论,在整个环境法现有立法资源中,在公众参与方面发展最快的莫过于环境影响评价制度,即便如此,环评制度中的公众参与也因为"走过场""线条化""法律责任缺位"等现状多为学界和社会公众所诟病。

修复方案的实质性变动均应做及时、充分、如实的说明与解释，对公众异议应予以回应，明确公众对修复方案的评议权利及平台，引入司法监督（例如，《超级基金法》第122条规定EPA与潜在责任人达成修复和解协议，应经过公众评议并申请法院核准生效，总检察长根据公众评议向受理核准申请的法院提出书面异议），在专业技术问题为公众参与提供专家鉴定或信息查找支持，对土壤污染修复目标的设定、标准的适用、修复效果评估形成持续、动态、高效的公众参与机制。

四、结语

近年来，土壤污染治理及“土十条”（《土壤污染防治行动计划》）成为国内各界热议话题，全国人大环境与资源保护委员会副主任委员袁驷提出，“土壤污染问题已经成为继大气污染、水污染之后引起全社会会高度关注、继续解决的重大环境问题”[1]并确定大气、水和土壤三大治污战场。美国《超级基金法》确立了形式要求宽松、中央地方适当分权、确定适用规则与兜底条款并存的修复标准遴选规则，在场地土壤污染修复领域已沉淀了多年实践探索经验，并经过司法实践反复斟酌而形成一套行之有效的修复标准适用规则，我国未来土壤污染修复标准遴选规则的构建可从中汲取有益制度经验，采用宽松的标准适用范围，确立标准适用的法定性前提要件，整合、更新土壤污染修复标准类型并规范其效力等级，明确无直接适用标准可用时类推适用相关、适宜的其他标准及其认定规则，力求推进全国土壤污染修复制度的全面展开。

（初审：丁建峰）

---

〔1〕《四位全国人大相关负责人就“人大立法工作”答问》，登载于“新华网”，网址：http://www.xinhuanet.com/politics/2016lh/zhibo/20160310a/wzsl.htm，访问时间：2018年5月3日。

上市公司控制权争夺中独立董事的义务

——以万华之争为例

张宁珊*

【提　要】 已经沉寂了的舶来品——独立董事制度，又被万华之争激起千层浪。这场因大股东的意志与管理层的利己主义相对抗引发的室内型商战，让我们意识到独立董事在控制权争夺时保持独立、忠实、勤勉何等重要。独立董事面对室内型控制权争夺，易陷入个人好恶与法律义务相冲突的窘境中。然而，由于控制权争夺易导致公司经营混乱，加之信息不对称，外部股东难以监督，上市公司更加需要独立董事作出善意理性的判断以维护整体利益。因此，独立董事在控制权争夺时，较于公司正经营时负有更严格的义务，该义务体现为更加关注决策与监督过程的操作细节。

【关键词】 控制权争夺　忠实义务　勤勉义务　独立性

自2015年7月始宝能系频繁举牌，万科就面临"门口的野蛮人"入侵的危险。后期华润与深圳地铁的加入，使宝万之争演变成万华之争，共同将这场争夺控制权的战役推向风口浪尖。这持续了一年多的控制权争夺堪称经典商战，双方不仅是在运用金融技术，也是在运用法律技术。2016年6月17日董事会这场戏剧性的表决[1]，让独立董事重回聚光灯之下成为焦点。独董张利平以与表决内容存在关联关系为由回避表决，而这一票甚至成为万科与华润争执表决是否有效、结果是否通过的关键，他的独立性受到了广泛

---

* 作者张宁珊，女，中国政法大学民商经济法学院法律（法学）金融法方向研究生。感谢缪因知教授对本文的指导。

〔1〕《万科企业股份有限公司：第十七届董事会第十一次会议决议公告》，登载于"万科集团网"，网址：http://www.vanke.com/upload/file/2016-07-01/73aac55b-4f85-49ab-8015-ae07d6cdffcc.pdf，访问时间：2018年9月4日。

争议；华生破天荒五度发声，对外披露董事会决议过程中“魔鬼的细节”，企图打破“花瓶独董”的形象，但华生一再声明独董投票的目的是将议案顺利地移送股东大会由股东自己决定，其投票时的内心确信有待考证；海闻已于2015 年年底提出辞职，万科却久未选任新独董，本次董事会会议海闻并未出席，而是全权委托华生进行投票，使得人们质疑其勤勉情况。万科大股东与管理层间展开的室内型控制权争夺，让公众认识到独董在博弈中举足轻重的地位，也为学界探讨独立董事义务提供了新视角。

一、独立董事的概念、功能与义务

(一)独立董事的内涵与外延

对独立董事概念的界定经历了从抽象宽松到具体严格的过程。“独立董事”一词由美国 1934 年《证券交易法》中“非雇员董事”发展而来[1]。伴随着公司治理中代理问题日益严重，内部人控制机制逐渐蔓延到现代企业，人们便更加关注独董的独立性，通过补充独立性的规定使独立董事的概念界定逐渐清晰起来。最早系统阐述独立董事概念的是 1992 年英国《凯得伯瑞报告》[2]。各国界定独董一般围绕独立性、专家性、客观公正性与兼职性的法律特征[3]，重点均是保证独董工作上的非执行性和身份上的独立性。我国证监会 2001 年发布的《关于在上市公司建立独立董事制度的指导意见》(以下简称《指导意见》)采用概括式规定独董在所受聘的上市公司的任职仅限于董事，独董的独立客观判断不受上市公司及其主要股东妨碍，列举式规定不具有独立性的情形，即不得担任独董的条件。

与独立董事概念相近的有外部董事、非执行董事、执行董事，它们相互联系，又互有区别。美国根据董事来源与独立性的不同，将董事分为内部董事和外部董事，外部董事不全是独立董事，还包括受到人情牵连或存在利害

〔1〕 See The Code of Federal Regulations, 17 C. F. R. § 240. 16b - 3(b). 仅排除了有权作出重大决策的高级管理层、员工和其他附属人员。

〔2〕 See The Cadbury Report(Financial Aspects of Corporate Governance), § 4. 10 - 4. 17. 也有译为卡德伯里报告。虽使用的是非执行董事一词，但实际上阐述了独立董事的具体内涵。要求非执行董事除了收受董事酬金和股权外，不得因公司业务或其他关系产生经济利益而影响其在管理决策中保持中立，且依最佳经营准则，应具备足够能力使其意见在董事会决策中受重视。

〔3〕 参见马更新《独立董事制度研究》，北京：知识产权出版社，2004 年，第 4—6 页。

关系的非独立外部董事,因其与公司的界限是模糊的,故又称灰色董事或关联董事。英国和英联邦国家则常使用非执行董事的说法,实际上内部非执行董事(例如:非管理层的公司普通员工担任董事会成员)的情况极少,执行董事与内部董事、非执行董事与外部董事的重合度极大,因此学界许多人认为二者是可以等同的。简单地说,独立董事是外部董事或非执行董事中具有独立性的董事。

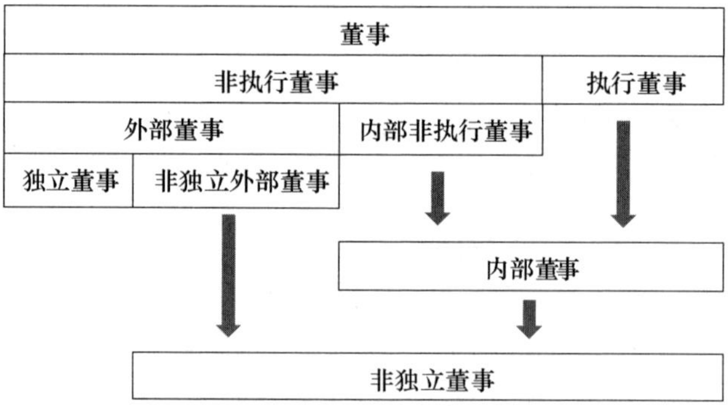

图1 独立董事与相关概念的关系

(二)独立董事的功能

独董作为董事会成员,理论上应具有一般董事战略决策、监控评价、激励选聘的功能,但其核心价值应是监督经理、审核决策和社会资源。其一,监督经理方面,独立董事是公司所有者与经营者间的重要枢纽,被期望以顾全公司的长远利益、普惠全体股东、增进社会效益为目标,监督和控制公司的管理层,减少股东与管理层的利益冲突。因此,有学者表示独董薪酬的本质是上市公司中小股东为购买信息真实性所支付的成本[1]。其二,审核决策方面,由于独董不同执行董事般具有常勤性,且其所处的行业与所服务的上市公司主业领域可能不一致,故不应对独董"懂事"地制定决策有过高期待。独董的存在是为保证执行利益仲裁的过程公允,而不是利益仲裁本身。即使独董会参与决策,丰富内部决策思维,那也是作为董事会成员需要履行的职责,不是独董的特长[2]。保证董事会决策透明公允才是设置独董的初

〔1〕 参见徐滇庆《独立董事是干什么的?》,《CO. 公司》2004年第11期,第17页。
〔2〕 参见吴炯《公司治理》,北京:北京大学出版社,2014年,第292页。

衷,公司需要独董利用所拥有的专业技能和丰富经验,来判断决策是否代表公司整体利益,而不是个别股东的特殊利益,确保公正更难能可贵。这也许可以解释为何有实证研究表明独董对提高公司绩效的效果不是特别显著。其三,社会资源方面,被任命为独董的一般为名声很好的业内专家,具有良好的声誉,且独董在公司的人际网络关系之外,其个人的信息资源、关系资源、品牌资源等与公司资源重叠性小冗余度低,对拓展公司业务以及帮助公司度过困难或敏感期带来潜在的可能,且通过其个人影响可增加公司与外界的联系,也有利于树立公司的形象。

(三)独立董事义务的内容

明确独立董事的义务有助于其履行职责与发挥作用。独立董事是特殊的董事会成员,二者是相辅相成的,董事会职能是独董功能的前提和基础,独董功能是董事会职能的落实和补充[1]。独立董事因具有相较于一般董事更高的独立性与专业性,法律除了赋予一般董事的基本义务外,还赋予其特殊义务。

1. 独立董事的保持独立性义务

独立性是独立董事的根本属性,一旦失去独立性便不可称其为独董。独立性体现为两方面:一是对象独立,即独董及其家庭成员与公司或管理层间不得存在可能干预董事会成员客观判断的预先利益关系[2];二是内容独立,即上市公司本身不会对独董作出独立客观判断产生影响,其经营业务与独董间不存在经济利益关系。需要指出的是,独立性是相对的。笔者作如下区分:一是显性因素,即能够被量化的经济关系,以及因亲友关系、长期任职等产生深度交情的较强伦理关系;二是隐性因素,即年龄相仿[3]、共同的母校、同一籍贯等[4]较弱的社会关系。独董作为社会人,一定会与周围环境产生互动。隐性因素难以衡量且影响细微,在转化为显性前,应当包容它存

---

〔1〕 参见王天习《公司治理与独立董事研究》,北京:中国法制出版社,2005 年,第 149 页。

〔2〕 See NASDAQ, Listing Rules. § 5605(a)(1).

〔3〕 CEO 与薪酬委员会成员年龄越相近则薪酬越高。See Brian G. M. Main & Charles A. O'Reilly Ⅲ & James Wade, *The CEO, the Board of Directors and Executive Compensation: Economic and Psychological Perspectives*, *Indus. & Corp. Change*, 4(1995), pp. 319-320.

〔4〕 这些社会联系会使当事人产生认同感,共同的经历会增加对彼此的好感。See Byoung - Hyoun Hwang & Seoyoung Kim, *It Pays to Have Friends*, *J. Fin. Econ*, 93(2009), pp. 140-141.

在。另外,目前就任独立董事的人数难以满足上市公司的需求,“僧多肉少”造成不少独董一身多任[1],而且上市公司董事会下普遍设多个专门委员会,独董在委员会内也是身兼数职[2]。对此便有学者表示上市公司设立独董是为了监管之需而非治理之需[3]。鉴于独董的社会关系复杂和董事会决议的内容多样,讨论独立性只能因时因事加以甄别。

2. 独立董事的信义义务

忠实义务是消极义务,要求董事不得依靠职务的便利,为谋求一己私利而牺牲公司利益或放弃公司的最佳利益。忠实义务是道德性的要求,产生来源是公司经营管理主体与公司之间的委任关系[4]。独立董事产生之初,人们就期望独董在决策层面凭借专业判断去避免错误,以及纠正一般董事不正当的管理行为,维护公司与中小股东利益,以致会要求其具有更高的忠实度。但在具体操作中,很难凭借良好美德去判断忠实程度或者界定独立董事应该比一般董事更加忠诚,只能说倘若独立董事不忠诚将比一般董事不忠诚的后果恶劣。因为假使作为监督者的独立董事忠实性受到质疑,那么无论是自身还是受独董监督的其他主体所履行的职务都会受到影响,独董的忠实性需要被重新审视,不良影响的覆盖面更广,削弱公司的发展信心。此外,损公肥私的行为势必导致独董因经济利益关系无法在公司中保持中立,丧失发挥监督作用所需的关键的独立性。

勤勉义务是积极义务,要求董事在其位谋其职,履行合理的注意义务,勤勉谨慎地为公司增进利益。首先,独立董事须发表关于公司管理和发展重大事项的独立意见。勤勉尽职是发表独立意见的前提。独董不同于常勤的能够跟踪了解公司情况的执行董事,他们对公司而言是兼职人员,他们对

---

〔1〕 据统计,截至2012年年底沪深两市有2494家上市公司,8225个独立董事职位,5972名独立董事在岗。其中兼任3家上市公司的独董311名,兼任4家上市公司的独董167名,兼任5家上市公司的独董52名。参见中国上市公司协会《上市公司独立董事履职情况报告》,《董事会》2014年第1期,第35—36页。

〔2〕 《关于在上市公司建立独立董事制度的指导意见》规定:“如果上市公司董事会下设薪酬、审计、提名等委员会的,独立董事会应当在委员会成员中占有二分之一以上的比例。”我国平均每家上市公司聘任3.3名独立董事,几乎所有上市公司董事会都设有好几个专门委员会,而每个委员会人数也都不少于3人。

〔3〕 在指导意见颁布后独立董事占董事会人数的比例突然攀升,然而都是刚好压“三分之一”的红线,因此有人指出建立独立董事制度在本质上是行政性要求。See Donald C. Clarke, *The Independent Director in Chinese Corporate Governance*, *Del. J. Corp. L* 31(2006), pp. 197-200,208.

〔4〕 参见赵旭东《新公司法制度设计》,北京:法律出版社,2006年,第162页。

公司的义务具有间歇性的特点,只需要保证对公司的重要业务和商业策略进行关注[1]。为保证履职效果,有的国家规定了最低工作时间标准。其次,由于独立董事一般都是与企业业务相关的专家、法律专家、财务专家,他们的知识结构和工作经验高于一般董事。根据勤勉义务以"董事所有的一般知识、技能和经验"为判断标准的原则,独立董事在以统一标准承担勤勉义务时,责任更大。最后,独董对与表决有关的公司信息享有知情权,独董可以要求公司提供真实充分的信息,除非独董没有合理理由怀疑信息的真实性和充分性,在尚未了解真实充分的信息前作出表决或发表意见,都是过失的表现。

(1)我国法下独立董事的信义义务

实践中独董承担法律责任多因未尽勤勉义务。笔者对中国证券监督管理委员会(以下简称证监会)2015 年和 2016 年作出的涉及独董的行政处罚决定进行梳理,发现独董被追究行政责任均归于所服务的公司信息披露违法,皆因违反勤勉义务所致,暂无因违反忠实义务被查处。

独董非执行性与非常勤性的固有特点和勤勉义务判断标准较高是造成该现象的原因:第一,违反忠实义务的行为一般通过介入公司经营完成,可是独董的身份决定了不得参与经营,违反忠实义务的前提无法满足,独董也无故意违法的必要。第二,由于独董不介入公司日常管理,从外部难以发现公司因内部失灵、公司治理问题等系统性隐蔽导致的造假行为;作出独立判断是基于公司提供的材料,此举本身就隐含了独董受他方意思干涉的可能,因为公司筛选向独董递送的信息这一过程就蕴含着公司的意思。第三,公司法就独董制度仅有委任性规定,其他可操作性的规范散见于部门规章与证券交易所的规范性文件中,所以问责标准主要由证监会确立。证监会往往以独董是否在违法报告中签字作为认定行政责任的唯一标尺,[2]这种结果导向的严格责任问责标准,使内部董事故意隐瞒导致不知情、审计机构未发现错误、缺少财务专业背景等都不能成为免责事由。法院也采用同样的

---

〔1〕 See Roberta S. Karmel, *Is the Independent Director Model Broken*, *Seattle U. L. Rev.* 37 (2014), pp. 789-790.

〔2〕 参见傅穹、曹理《独立董事勤勉义务边界与免责路径》,《社会科学》2011 年第 12 期,第 111 页。

标准,支持证监会的认定理由。[1]

表1 2015年和2016年受证监会行政处罚的独立董事[2]

独立董事姓名	公司名称	案号	处罚事由	法律责任	处罚方式
王龙彪、钱明杰 路志鸿	潍坊北大青鸟华光科技股份有限公司	〔2015〕7号	未尽勤勉义务	《中华人民共和国证券法》(下表简称《证券法》)第63、66、193条	警告并罚款
庞乾骏、崔少梅 谢文杰	上海超日太阳能、科技股份有限公司	〔2015〕10号	未尽勤勉义务	《证券法》《上市公司信息披露管理办法》	警告并罚款
刘　维、李　敏	承德大路股份有限公司	〔2015〕11号	未尽勤勉义务	《证券法》第63、67、68、193条	警告
陈颖洲、卢太平 陈大铮、张永泰	安徽皖江物流(集团)股份有限公司	〔2015〕21号	未尽勤勉义务	《证券法》第63、66、67、193条	警告并罚款
汪月祥、毕凤仙 佟　鑫	上海创兴资源开发股份有限公司	〔2015〕25号	未尽勤勉义务	《证券法》第63、67、193条	警告并罚款
张　宁、张　勇 赵鲁平	华锐风电科技(集团)股份有限公司	〔2015〕66号	未尽勤勉义务	《证券法》第63、193条	警告并罚款
韩伯棠、祝　卫 陈静茹、郭民岗 荆林波、夏维朝	中科云网科技集团股份有限公司	〔2015〕84号	未尽勤勉义务	《证券法》第63、193条	警告并罚款
陈　亮	深圳零七股份有限公司	〔2015〕91号	未尽勤勉义务	《证券法》《上市公司信息披露管理办法》	警告并罚款
刘　钊、殷广智 蔡文浩、郑金铸	海南亚太实业发展股份有限公司	〔2016〕12号	未尽勤勉义务	《证券法》第63、193条	警告并罚款
潘亚岚、蒋衡杰 章　程	浙江步森服饰股份有限公司	〔2016〕22号	未尽勤勉义务	《证券法》第13、63、189、193条	警告
宋丽萍、蒋光福 赵春年	丹东欣泰电气股份有限公司	〔2016〕84号	未尽勤勉义务	《证券法》第63、193条	警告并罚款
胡　润、毛小威 宓秀瑜	上海大智慧股份有限公司	〔2016〕88号	未尽勤勉义务	《证券法》第63、193条	警告并罚款
朱小平、于逸生 李一军、赵世君	黑龙江北大荒农业股份有限公司	〔2016〕102号	未尽勤勉义务	《证券法》第63、193条	警告

---

〔1〕 2015年10月22日最高人民法院发布的经济行政典型案例中周可添、魏达志、陈凤娇、何祥增诉中国证券监督管理委员会行政处罚案的争议焦点为独董是否具有免责事由,北京市高级人民法院认为上诉人审议通过了含不真实、不准确、不完整信息的年度报告,说明上诉人未对公司问题年报提出异议,未对“代持股”问题实施必要、有效的监督,驳回上诉。

〔2〕 该数据由笔者根据证券监督管理委员会行政处罚决定公开目录统计。

(2)美国法下独立董事的信义义务

相比之下,美国是“诉讼式”的监管体制,认定信义义务的标准一般掌握在法院手里,所以涉及独董的司法案件较多。1933 年《证券法》与 1934 年《证券交易法》针对上市公司及其交易行为,在构建美国证券监管体系中具有里程碑的意义。美国在后者的基础上设立了美国证监会,使证券监管由“纯法院”单一模式转变为“行政与法院配合”的模式[1]。美国证监会根据法律授权,查处证券违法行为,对违法者进行行政处罚,还可就操纵市场、内幕交易与证券欺诈行为直接向法院提起民事诉讼。但涉案行为严重,违法主体须承担较重责任的,必须向法院起诉。由于美国证监会不得介入公司治理领域,董事是否遵守信义义务不属于它的监管范畴,故监督董事履行义务与矫正董事失职行为的责任便由法院肩负。而且当事人为获得更多程序上的权益,也偏好向法院起诉。

(3)英国法下独立董事的信义义务

英国是“监管式”的监管体制,董事信义问题不多。英国严格限制反收购措施,若收购交易参与方对收购过程持有异议,可向收购委员会请求裁决。法院虽对该裁决有司法审查权,但基本都不干预,尊重收购委员会的决定[2]。另外,依《收购与兼并城市法典》采取反收购措施的权利在股东大会手中,董事会能采取的积极行为非常有限,更多的是协助股东作出是否接受收购要约的决定[3]。权利回归股东,管理层通过董事会控制公司抵抗“门口野蛮人”以攫取利益的途径被截断,加之法律对收购方有强制要约与大额持股披露的严格规定,共同推动了收购过程的透明公正,减少了代理人信义问题[4]。

二、独立董事在上市公司控制权争夺中的义务

(一)控制权争夺的内涵

近年资本市场上演控制权争夺已屡见不鲜。敌意接管本就是未经目标

---

〔1〕 参见陈志武《媒体、法律与市场》,北京:中国政法大学出版社,2005 年,第 155 页。

〔2〕 See John Armour & David A. Skeel, *Who Writes the Rules for Hostile Takeovers, and Why? - The Peculiar Divergence of U. S. and U. K. Takeover Regulation*, *Geo. L. J.* 8(2007). pp. 1761-1762,1787-1788.

〔3〕 See The City Code of Takeovers and Mergers. Rule 7, 21.

〔4〕 参见张巍 2017 年 2 月 15 日在“比较公司治理”微信公众号上发表的《英美大 PK,中国站哪边?》,网址:http://mp. weixin. qq. com/s/wfM_WcoJGUjvxCcxCKwpXg,访问时间:2018 年 9 月 4 日。

公司董事会同意的强行收购,衔尾相随的通常是董事会成员和经理人员的更迭,故公司内部会采取措施防御收购,可预见的结果使公司内部会采取措施防御收购,控制权争夺便就此展开[1]。据不完全统计,2016年共有127次举牌,涉及73家上市公司[2]。其中面临控制权之争的上市公司有13家[3]。由此可见,目前控制权交易在资本市场上较为活跃,这是证券市场诸多因素共同作用的结果。具体原因如下:

1. 股权结构分散与股东利益差异

2012年以来上市公司大股东持股比例平均值逐年下降,股权结构趋于分散,一股独大的现象逐渐减少[4]。上市公司股权分散则会给予外部资本可乘之机,提高举牌和收购的可能性,增加争夺控制权的风险。从举牌主体来看,私募基金、投资公司等是举牌次数最多的主体[5]。专业机构投资者在股票市场上成为重要的参与者,持有上市公司股票的市值和公司家数稳步上升[6]。随着大股东持股比例下降,机构投资者持股比例上升,上市公司的股权结构也朝着多元化方向发展。机构投资者一般都"受人之托,终人之事",当持股达到一定比例时则会形成规模经济效应,对被投资企业产生盈利的压力[7]。不同类型的股东的持股目的与利益诉求有所差异,矛盾日益突出则易诱发控制权争夺。

2. 股东积极主义抬头

《中华人民共和国证券法》与《上市公司收购管理办法》要求投资者及其

---

〔1〕 参见蔡锐、孟越《公司治理学》,北京:北京大学出版社,2013年,第143—144页。

〔2〕 笔者在同花顺数据中心输入关键词"被举牌公司",再按举牌公告日期进行统计得出此数据。2013年有42次举牌,涉及28家上市公司;2014年有67次举牌,涉及35家上市公司;2015年有160次举牌,涉及91家上市公司;2016年有126次举牌,涉及73家上市公司。此外,笔者还发现2015年后半年举牌的情形显著增加。

〔3〕 李春平:《约13家上市公司面临控股权"大战"》,载《新京报》2016年12月5日,第B06版。

〔4〕 参见《2015上市公司法律风险指数报告:大股东持股比例下降》,登载于"法制网",网址:http://www.legaldaily.com.cn/zt/content/2016-10/23/content_6846578.htm,访问时间:2018年9月4日。

〔5〕 参见朱振鑫、栾稀《举牌上市公司逻辑全梳理:现状、方向与影响》,登载于"澎湃网",网址:http://www.thepaper.cn/newsDetail_forward_1563758,访问时间:2018年9月4日。

〔6〕 近年险资入股受到关注,保险公司举牌的次数减少,但鉴于直接投资上市公司比例上限放宽,持股投资风格趋于多元,未来有增长回升潜力。

〔7〕 参见伊志宏、李艳丽《机构投资者的公司治理角色:一个文献综述》,《管理评论》2013年第5期,第66—67页。

一致行动人持有上市公司股份每变动达到5%就进行权益披露[1]，因此，无论是在二级市场交易抑或协议收购都不是一蹴而就的，必须进行报告、公告。此外，稳定型机构投资者对企业绩效的有益影响被认可[2]，市场约束机制也使得越来越多的机构投资者改“用脚投票”的投资方式为“用手投票”。为了谋取长期和稳定的收益，机构投资者会想方设法地表达权利主张，并不遗余力地参与公司治理，影响公司经营管理策略。股权积极主义极端情况下，投资者基于对上市公司投资价值的判断，就会采取市场化投资策略争夺控制权[3]，而频繁增持并举牌既是行使股东权利的象征，又成为控制权争夺的前兆。

3. 公司价值被低估与壳资源受追捧

我国上市公司中不少企业的市场价值被低估，股民也饱受低迷股价的烦恼，然而逐利的敌意收购者便嗅到机会，并以较低的股价收购这些市价被低估的目标公司来获取收益。另外，由于我国实行核准制，股票首次公开发行条件严格，上市资格是一种稀缺资源，一些中小企业想直接进入资本市场，快速扩充资本较难，而借壳上市或买壳上市便成为省事省力又省财的捷径。收购方取得目标公司的控制权后，通过清壳、注壳迂回上市，这也是控制权交易活跃的原因。

（二）控制权争夺中的董事特殊义务

控制权争夺时不同利益激烈对抗，一方面法律要求董事基于公司整体利益公正不阿地履行义务，另一方面董事也是感性的，有个人好恶，对推选自己的知遇者有“报君黄金台上意”的情感。目标公司与收购方的争斗，易使公司陷入经营混乱的局面，由是，加重董事的信义义务对保证收购期间其行为的严谨性和合理性很有必要。美国公司法发展得较为成熟，收购实践也非常丰富，笔者在此借助特拉华州经典判例，阐释董事特殊义务。

---

〔1〕《中华人民共和国证券法》第86条与《上市公司收购管理办法》第13、14条。

〔2〕参见李争光、赵西卜、曹丰、卢晓璇《机构投资者异质性与企业绩效——来自中国上市公司的经验证据》，《审计与经济研究》2014年第5期，第86页。

〔3〕参见杨桦、周军等《变革与突破：中国资本市场发展研究（上册）》，北京：中国财政经济出版社，2014年，第188页。

1. 优尼科公司与梅萨石油公司案[1]

持有优尼科公司13%股份的股东梅萨石油公司向优尼科公司发出双层要约收购,企图先按每股54美元以现金方式收购,待持股达51%后,转以劣后债方式收购。优尼科公司召开董事会,董事会有8名外部董事与6名内部董事,董事们与做估值报告的财务顾问、做法律问题报告的法律顾问交流后,认为梅萨石油公司的要约低估了优尼科公司的股价。董事会决定采取反收购措施:(1)梅萨石油公司持股达51%后,优尼科公司会以每股72美元进行回购;(2)梅萨石油公司持有的股票不在回购范围内。于是,梅萨石油公司认为董事违反信义义务和回购行为存在歧视,向法院起诉请求禁止该反收购措施。

上诉法院确立了"双叉测试"。法院肯定了董事在控制权争夺中存在固有的利益冲突后,规定适用强化的商业判断原则条件是:(1)董事合理地认为收购对公司的经营方针和经营活动造成了威胁;(2)防御措施对于抵抗威胁而言程度是合理的。为满足第一个构成要件,董事须证明自己对收购成功和采取防御给公司带来的长远经济利益都已进行调查分析,已获得充分信息据以甄选何者更好。第二个构成要件,则须证明防御措施与潜在损害符合比例,法院列举了分析合理性的因素,如:要约价格的充分性、要约的性质和时间等。法院在该案中并不干预董事的决策,而是表示若能证明"威胁"则可洗脱董事被固有利益绑架的嫌疑,以及收购中董事肩负何种责任,引导董事形成意见前应对收购方的要约进行充分考虑。

2. 露华浓公司与麦克安德鲁斯和福布斯控股公司案[2]

露华浓公司对敌意收购采取了"毒丸"和回购的防御措施。潘迪普瑞登公司与露华浓公司不断竞价,价格由45美元升至56.25美元,双方仍无法达成友好收购协议。后来露华浓公司同意福斯特曼公司按每股57.25美元以杠杆收购,给予福斯特曼公司许多特权。潘迪普瑞登公司向法院起诉,请求禁止福斯特曼公司的锁定选择权,解除露华浓公司的防御措施,以每股58美元收购。

上诉法院认为公司被收购已不可避免时,董事会的角色由公司守护者转变为公司的拍卖者,应在公司出售时为股东谋取最大收益。目标公司收

---

〔1〕 See Unocal v. Mesa Petroleum Co., 493 A. 2d 946 (Del. 1985).

〔2〕 See Revlon, Inc. v. MacAndrews & Forbes Holdings, Inc., 506 A. 2d 173 (Del. 1986).

到要约后，董事会应当积极寻找“白衣骑士”，争取以更高的价格使股东利益最大化。法院确定了露华浓规则的适用前提是公司出售与拆分的必然性，董事会在收购完成后离职也成必然，因此董事与股东的利益冲突势必存在。在拍卖阶段适用该规则，实际上隐含着商业判断规则对利益冲突的包容，即只要董事会考量交易价格与确定性后，选择价高者就是履行了信义义务。

3. 米尔斯收购公司与麦克米伦公司案〔1〕

麦克米伦公司为反收购采取员工持股计划、金色降落伞进行资产重组，将资讯部和出版部剥离，罗伯特·M. 巴斯集团仍迎头向前没有放弃收购。之后，巴斯集团以麦克米伦公司未平等对待全体股东为由向法院申请暂时禁止令。禁止令发出后，多家公司参与要约竞争。麦克米伦公司另寻 KKR 集团作为“白衣骑士”，赋予其锁定选择权，并为其提供未公开的财务资讯。麦克斯维尔以锁定选择权无效为由向法院起诉。

上诉法院对露华浓规则进一步解释，加强了露华浓案确立的董事义务，提升了优尼科案确立的司法审查标准。控制权出价竞价时，目标公司董事会应当公平地对待所有竞价者，董事会想免责须自证采取的防御措施有利于增加股东利益，与给予的特权待遇或威胁股东利益的行为成比例。本案规定了董事会不应片面地追求最高股价。若发出要约的收购方是享有良好声誉、负责任的，董事会应从股东利益出发，选择合理相信的能够达到的最高价。

4. 百乐门通信公司案

百乐门公司的案件有两个。百乐门公司与时代公司案中，〔2〕时代公司董事会听取管理层有关报告后，批准与华纳公司的合并。股东大会召开前，百乐门公司提出要约收购，而时代公司董事会认为 175 美元的收购报价不充分，就绕过股东会将原合并计划改为友好杠杆收购。百乐门公司提高报价至 200 美元，时代公司董事会仍坚持价格不充分，认为与华纳公司合并更有利于公司长远利益，因此便被起诉。法院认为目标公司的股份仍是流动的，不处于待售的状态，不触发露华浓规则适用，只适用优尼科规则。虽百乐门公司是现金收购不构成威胁，但时代公司与华纳公司协议保留目标公司原有企业文化并拓展杂志期刊业务与公司长远利益相符，相比之下，百乐门公

---

〔1〕 See Mills Acquisition Co. v. Macmillan, Inc., 559 A. 2d 1261 (Del. 1991).

〔2〕 See Paramount communications, Inc. v. Time, Inc., 571 A. 2d 1140 (Del. 1989).

司企图在收购后分解目标公司就构成威胁。合并也不影响以后敌意收购，所以防御与威胁成比例。法院指出收购价格不是董事会考虑的唯一因素，董事会具有经营决策权应当从公司稳定存续与长期经营战略出发，无须为短线投资者的投资回报牺牲大局。

QVC公司与百乐门公司案中[1]，角色有些变化，百乐门公司欲与维亚康姆公司合并，却面对QVC公司的恶意收购。QVC公司与维亚康姆公司多次竞价，前者报价显著高于后者。最终百乐门公司还是接受维亚康姆公司的要约，二者的并购协议约定了禁止招揽条款、分手费与锁定选择权，合并成功后维亚康姆公司控股股东将取得百乐门公司的控制权。法院认为该案目标公司的股份将由分散转向集中，相当于出售公司控制权，触发露华浓规则适用条件。原股东在公司出售前拥有最后一次获得控制权溢价的机会，那么董事会就应当为股东选择价格与条件最有利的方案。

（三）控制权争夺中的独立董事义务

1. 美国法下控制权争夺中的独立董事义务

谈美国独立董事义务离不开公司收购，尤其是敌意收购，在利益冲突最激烈的时刻，信义问题最易暴露。收购方或股东认为目标公司采取的反收购措施不当时，通常以目标公司董事违反信义义务为由，向法院起诉，请求解除收购防御措施。董事会的行为成为反收购成功与否的关键，与董事中心主义密切相关。董事单方的积极作为经常扩大上市公司与股东的信息不对称，给股东造成损害，因而法院为保护全体股东就会重点关注董事会的行为。但是，法院对介入公司治理是审慎的。优尼科案后，法院将商业判断规则应用于兼并领域，一般都尊重董事的经营判断，独董行为诚实善意逐渐成为推定董事会决策诚实善意的重要依据，除非决策显著不合理，否则司法不介入。

独董审核决策的作用凸显，人们也更关注独董在收购中的角色。有学者指出，公司成为收购目标时，外部董事负有特别注意义务，该特别注意义务要求外部董事对决策过程细致审查，创造竞争要约的机会，聘用第三方辅助判断收购交易是否公平，对那些会完全阻止敌意收购要约的防范性措施

---

〔1〕 See QVC Network, Inc. v. Paramount communications, Inc., 635 A. 2d 1245 (Del. Ch. 1993).

进行限制,违背该义务将收到法院反收购防御措施的禁令或向股东支付赔偿[1]。实践中美国法院尊重收购过程中公司间的竞争行为,认同公司控制权市场对公司管理者的逆向选择[2],所以反对在控制权争夺时外部董事对敌意收购采取完全的防御措置或者彻底锁定某一偏爱的要约方,只有外部董事决策是善意而为才行。

独董忠实勤勉是美国法院推断董事会是否属于有理由相信公司面对威胁,并据以善意实施防御措施的原因之一。强化的商业判断规则将独董意见视作矫正管理层利己主义的良方,允许法院审查看似合理却缺乏独董专业公正意见的防御措施。只要独董忠实勤勉地作出决策,就能弥补董事会暗含私益的决策呈现出的不合理性。相反,独董失职将导致商业判断规则不予适用[3]。因此,我们常看到目标公司胜诉的判例提到"董事会与独董深度交流、独董占比大、独董聘请顾问、独董充分评估"等[4],收购方胜诉的判例提到"独董具有漠不关心、不负责任、疏忽大意、不干预自我交易等重大过失、不忠实行为"等[5]。

2. 我国法下控制权争夺中的独立董事义务

我国法律对上市公司并购中独立董事的义务也作了特别规定。其一,《指导意见》要求独董对可能损害中小股东权益等重大事项发表独立意见,为有效行使该职权,《指导意见》强调上市公司应保证独董知情权、积极提供协助、承担中介费用等。其二,《深圳证券交易所主板上市公司规范运作指引》将重大资产重组方案明确列入应发表独立意见的重大事项中,细致规定独立意见应包括意见的依据、重大事项合法合规性、公司措施是否有效等内容,强调对上市公司重要事项未提交董事会审议等损害股东合法权益行为

---

〔1〕 See Bernard S. Black, *The Core Fiduciary Duties of Outside Directors*, *Asia Business L. Rev.* 7(2001), pp. 3, 26-30.

〔2〕 See David I. Waker, *The Manager's Share*, *Wm. & Mary L. Rev.* 11 (2005), p. 605; See Jeffery N. gordon, *The Rise of Independent Directors in the United States*, 1950-2005, *Stan. L. Rev.* 4 (2007), pp. 1507-1508.

〔3〕 See Robert Bruce Ajemian, *Outside Directors and the Modified Business Jugement Rule in Hostile Takeovers: A New Test for Director Liability*, *S. Cal. L. Rev.* 62(1989), pp. 683-684.

〔4〕 See Timothy R. Dudderar & Jaclyn C. Levy, *Delaware Insider: Delaware Supreme Court Confirms Viable Path to Dismissal of Lawsuit Against Independent Directors*, *Bus. L. Today.* 6(2015), pp. 1-2.

〔5〕 See E. Norman Veasey & Christine T. Di Guglielmo, *What Happended in Delaware Corporate Law and Governance from* 1992-2004? *A Retrospective on Some Key Developments*, *U. Pa. L. Rev.* 153 (2005), p. 1451.

的调查和报告义务。其三,《上市公司独立董事履职指引》明确规定独董应重点关注上市公司并购重组,过程中独董应核查董事会决议内容、关注报道及信息,必要时进行书面质询和自行调查。其四,《上市公司收购管理办法》规定独董占董事会人数二分之一以上的上市公司才能进行管理层收购,且须取得三分之二以上独董同意,聘请独立财务顾问是独董出具独立意见的必要前提。

在并购重组中赋予独董特殊职能,意味着独董在关键时期承担比董事更重的义务。我国股权集中,大董事大股东的偏好几乎决定了独董的提名与选任,他们自然地将独董视为己方势力,并希望独董忠于自己,在关键时刻扭转乾坤。这种现象情有可原,董事的行为具有一定的利己性是固然的,为满足股东要求竭尽所能增加公司利益以求自己不被股东解职的私欲,对公司发展是具有积极作用的[1]。需要注意的是,控制权争夺时公司易手迫在眉睫,利益冲突尤为激烈,尽可能保证私欲对行为的激励是正面的,需要独立的外部力量减小管理层的追求与股东利益目标之间的偏差,来自外部的独董便被寄予这样的期望。从法律要求独董出具独立意见,就可看出法律默认了只有独董能做到公正决策。社会观念和法律都期待独董在此期间发挥更强大的监督和决策作用,相应的,独董承担的义务更重。

控制权争夺期间是上市公司的敏感期,上市公司内部暗流涌动,很可能一个意见或一次表决就决定着是峰回路转还是江山易主。独董已被寄予期望,便应肩负起一些特殊的义务:第一,忠实义务层面,在控制权争夺时独董应秉承公司利益至上的理念,独董应意识到自己不是大股东也不是中小股东某一方的代言人,而是以公司整体利益为出发点作出表决。独董以全体股东利益优先,将为股东带来高的回报率,从而吸引更多的投资,提高企业整体的经济效益[2]。第二,勤勉义务层面,控制权争夺白热化期间也正是最需要独董凭借其专业知识作出公允判断的时刻,在表决前更应当充分了解本公司和收购方充实真实的信息,切莫在没有形成内心确信时即表决,必要时可聘请顾问辅助判断。涉及反收购措施的,可考虑是否存在威胁、措施与

---

〔1〕 See Johnson v. Tureblood, 629 F. 2d 302(3d Cir. 1993), 292.

〔2〕 以股东利益优先将传递“投资本公司是安全的”信息,会受到更多投资者追捧,股价因此抬升,公司能从证券市场得到更多融资。股东对公司享有剩余请求权,更关注公司的效益,这种关注又会督促公司经营水平的提高。See Bryan Ford, *In Whose Interest: An Examination of the Duties of Directors and Officers in Control Contests*, *Ariz. St. L. J.* 26(1994). p. 136.

威胁是否相当两点,务必做到决策依据充分和关注过程中的操作细节。第三,独立性层面,独董本身就应当不偏不倚,确保独立性后,有利于公司的决定要敢于发声,不能为所谓的“贤臣择主而事”做闷声“花瓶”,如若有人情或利益关系应当回避。

三、万华之争中独立董事义务的新面向

(一)万华之争的概述

2015 年 1 月起宝能系入股万科,并先后四次举牌成为第一大股东,意图收购万科的野心路人皆知。期间,华润有过一次增持行为重夺第一大股东,但好景不长,很快又被宝能赶超了。尔后,深交所向钜盛华发关注函,战场转至港股市场。12 月 17 日王石内部讲话流出,表示不欢迎宝能系成为第一大股东,翌日万科临时停牌。2016 年 3 月 13 日,万科发布公告称拟向深圳地铁发行新股收购深圳地铁目标公司的股权,以实现重大资产重组让深圳地铁成为万科长期的重要的股东。2016 年 6 月 17 日,万科董事会就举牌与重大资产重组事宜召开正式会议,被预计投赞成票的华润却反对与深圳地铁战略合作,自此万华之争登台唱戏。万科表示,华润已同意万科提出的在确保华润第一大股东下另寻国企参与重组的议案,如今却突然反对令人不解。华润解释,不同意股权重组是担心摊薄股东权益。最终,以 7 票同意,3 票反对通过议案。事后,双方围绕表决合法性争论,深交所就此特发问询函关注。

万科与华润的对抗是室内型控制权争夺。宫斗主角一方是创始企业的管理层,为建立现代企业管理模式放弃股权,专心做职业经理人,正是分散而均衡的股权成就了我国最大房地产企业。现管理层为避免出现敌意收购后遭到撤换的预期结果,欲引入战略投资者,保持在企业中的特定控制权[1]。另一方是支付对价的大股东,欲颠覆万科治理结构,改变以往不干预的作风,意识到自己不控制别人也会被控制,想要同其他入股上市公司的国有企业般掌握企业控制权。纵使在董事会中表决有私心,那也属所有权人

〔1〕 特定控制权指通过契约授权给职业经理人的经营控制权,掌握控制权可以满足经营者三方面的需要:施展才能后的自我实现,控制他人后的优越感,以及享受职位特权等正规报酬外的物质利益。参见刘彦文、张晓红《公司治理(第 2 版)》,北京:清华大学出版社,2014 年,第 121 页。

的意志，企业应当尊重大股东的意见。通常情况下，拥有股份越多意味着对公司的实际控制越强，但万科管理层凭借在董事会的影响力控制公司大部分决策，进而有能力与大股东争夺控制权。在大股东正常的利益诉求与创始人对企业占有欲的冲突下，董事会就成为双方争夺实际控制权的舞台。无论情怀派还是规则派，均旨在市场更加公开公正。权力转移的威胁与外部舆论的监督下，室内型控制权争夺在某种程度上，是防止企业内部某一方过于权威，在缺乏约束时私欲膨胀，使董事会成为一方的代言人。

（二）万华之争中独立董事的争议情形

宝万之争中体现的独立董事问题是目下上市公司独立董事问题的缩影。万科的公司治理结构一度被奉为商业典范，体现着我国上市公司股权结构与治理结构的趋势。商业版“权力的游戏”上演，万华搭台独董唱戏。其中争议的独立董事义务问题并不是个案，不过因万科规模巨大与创始人王石作风高调，被新闻渲染得分外突出罢了。万华事件中独董引发的争议各有不同：

1. 海闻是否涉嫌未尽勤勉义务

早在2015年12月22日海闻已向万科递交辞呈[1]，但他的辞职会导致董事会中独董人数低于法定要求，因此辞职未成功，直至下任独董填补缺额辞职才能生效。参与万科室内的利益争夺非海闻所愿，奈何万科没有及时召开董事会改选，海闻便不得不被动地超期服役。海闻没有出席戏剧性的董事会会议，而是口头委托华生代他表决，既没有书面委托也没有载明委托内容。消极的处事态度让公众思考海闻是否对公司负有义务，若仍有义务，其行为是否符合勤勉义务的标准。

2. 张利平是否涉嫌未尽中立义务或勤勉义务

张利平2015年入职黑石集团，据本人声明称黑石集团与万科正洽商，由万科的全资子公司及其合作方成立联合收购平台，收购黑石基金作为大股东的一家大型商业地产平台公司96.55%的股权，但未正式签署收购协议。张利平认为董事会是否接纳深圳地铁决定了万科是否能够从传统住宅开发

[1] 参见《万科企业股份有限公司：关于海闻先生辞去独立董事职务的公告》，登载于“万科集团网”，网址：http://www.vanke.com/upload/file/2015-12-22/4d0fb470-2b2d-4ff1-9df5-e3bbebe76024.pdf，访问时间：2018年9月4日。

商转型为城市配套服务商,因此董事会审议的预案很大程度上决定了黑石商业收购项目是否通过,所以本着审慎原则选择回避表决[1]。不少人围绕张利平的独立性大做文章,认为既然他与万科业务已存在利害关系就不再具备独董的资格。关联关系是否成立、张利平是否具备独立性、是否属于"花瓶独董"等值得商榷。

3. 华生是否涉嫌未尽忠实义务

万科召开董事会会议后,华生洋洋洒洒在《上海证券报》连刊五篇文章披露信息,在独董界可谓独领风骚。文章不仅披露了董事会会议的细节,还阐述了自己投票表决的原因。枪打出头鸟,很快公众便怀疑他以个人名义披露信息的合法性和表决原因的合理性。华生将知悉的会议过程披露给公众,详细记录万科与华润解答的内容,许多信息是非与会人员无从获取的,故有人称华生侵犯商业秘密、透露内幕信息。针对华生担心股价下跌、交股东自己决定等表决理由,有人指出该声明流露出表决时信念不坚定、考虑的不是公司整体利益。

(三)万华之争中独立董事是否适当地履行义务

1. 海闻未尽勤勉义务

海闻未出席董事会会议且委托华生投票是他的失职。独董不仅要履行一般董事职权,还要对特定事项发表独立意见。尽管独董具有非常勤性,但在公司控制权争夺之际,董事会的决议与上市公司现实和长远利益密切相关,况且本次会议涉及重大资产重组,属于应当发表独立意见的范畴。据华生披露,董事会会议上华润、万科方面是在华生一再追问下才解释许多关键性问题的[2],这些信息不是由公司或管理层在董事会会议前主动披露的,海闻未出席会议自然不得而知,那么其委托投票究竟表示的是自己的判断还是华生的判断？正是因为独董之间不存在集体决策机制,各自应当基于上市公司的整体利益,凭借专业知识作出的判断,连接着股东大会和管理层,

---

〔1〕 参见《万科企业股份有限公司关于深圳证券交易所〈关于对万科企业股份有限公司的重组问询函〉许可类重组问询函〔2016〕第39号的回复》,登载于"万科集团网",网址:http://www.vanke.com/upload/file/2016-07-01/83f08abf-03c6-4449-974d-ba709eae8bf8.pdf,访问时间:2018年9月4日。

〔2〕 参见华生《我为什么不支持大股东意见:作为独立董事就万科董事会投票立场的说明(上)》,载《上海证券报》2016年6月24日。

外部股东才会对其意见更加信赖[1]。董事会会议是董事会行使权力的手段,是董事会进行战略管理、考核管理和风险管理的实现形式[2],对董事而言,出席董事会会议是履行勤勉义务的最低要求,因此《指导意见》才会要求上市公司撤换连续三次未出席董事会会议的独董。

纵使海闻不情愿地被绑在万科战车上,也应当"做一天和尚撞一天钟"。虽然公司法没有明令禁止董事全权委托[3],但海闻的行为却违反了《上市公司治理准则》、《深交所上市公司规范运作指引》和《上市公司独立董事履职指引》[4]。海闻非但没有"书面委托",更别谈"明确对每一事项发表同意、反对或者弃权的意见"了。海闻的委托范围不明确且无表决意向,华生在董事会会议上代替海闻作出的表决实际上是一人二票。海闻若想早日解甲归田,他可以联合其他独董提议召开董事会讨论人选或者临时股东大会选举新人,也可以要求公司披露诉求或者向监管机构报告[5],而不是无所作为,毕竟委托投票并不能免责。

2. 张利平已尽独立性义务和勤勉义务

独董的独立性是相对的,个案中存在利害关系不构成违背担任独董的条件[6]。根据万科的回复函可知张利平是先担任独立董事,后为关联人士,其在任职时具备独董任职条件,尔后虽黑石商业收购项目尚未签署,但张利平担心影响独立商业判断最终选择了回避。笔者认为,该行为可以看为独董对独立性的维护。根据现有的法律法规[7],回避制度的目的均在防止出现应当回避却未回避、应披露却未披露的情形,张利平担心独立的商业判断受到影响,在存在有失独立的可能性时自主回避,是经过审慎思考的[8]。独立性是独立董事制度的核心与灵魂,没有独立性将使独董名不副实。在个

---

〔1〕 See Eric M. Fogel & Andrew M. Geier, *Strangers in the House: Rethinking Sarbanes – Oxluy and the Independent Board of Directors*, *Del. J. Corp. L.* 32(2007), pp. 60-61.

〔2〕 参见闫周秦《企业法律事务管理应用全书》,北京:中国法制出版社,2012年,第99页。

〔3〕 参见《中华人民共和国公司法》第112条。

〔4〕 参见《上市公司治理准则》第35条,《深圳证券交易所主板上市公司规范运作指引(2015年修订)》3.3.3,《上市公司独立董事履职指引》第8条。

〔5〕 参见马传刚《万科董事会的神秘"配角"》,《董事会》2016年第8期,第79页。

〔6〕 参见姜朋《独立董事相对论》,《中外法学》2015年第6期,第1535—1539页。

〔7〕 参见《中华人民共和国公司法》第124条,《深圳证券交易所股票上市规则(2014年修订)》10.2.1,《深圳证券交易所主板上市公司规范运作指引(2015年修订)》3.5.1。

〔8〕 参见缪因知《万科董事们的命运将会怎样》,载《经济参考报》2016年7月6日。

案中所审议的事项影响张利平的独立性，他为了保证独立意见不偏不倚选择回避是勤勉尽职的体现。

在我国独董“独”与“懂”的矛盾并不少见，期待着向独立与专业变形。有良知的独董在行使职权时可能会处处碰壁，非但得罪现任管理层或实际控制人，甚至卷铺盖走人，而无原则的独董就“懂事”地顺应管理层，最后“声名鹊起”“钱途无量”。影响独立性的因素有很多：第一，独董的选拔机制，独董由股东大会选举产生，大股东控制下的控股股东或者内部人控制下的管理层都可能干预独董的选任，大家都更愿意选择符合自己利益需求的独董，双方难免没有间接的社会关系，这也就不难理解为何第一大股东易手后，万科迟迟未选任新独董接替海闻；第二，独董的薪酬机制，独董的薪酬由上市公司给予，据统计 2015 年主板独董薪酬平均为 7.5 万元，最高的为宝安地产 42 万元[1]，一方面，相比动辄几百万的执行董事，这样的薪酬显得略低，另一方面，若薪酬占个人收入比例过大，收人钱财替人办事，恐怕想“不懂事”也难；第三，独董的声誉约束，我国尚未建立透明的职业经理人市场，独董来源相对单一，类似“走穴”性质的工作导致声誉约束作用不佳；第四，独董的法律责任，我国独董兼任情形较多，且大多是精英中的精英，干不好就退出做回老本行照样风生水起，没有沉重的机会成本导致不勤勉忠实的可能性增大。

3. 华生的忠实义务存在瑕疵

一方面，华生作为独董以个人名义在公司停牌时披露与投资者决策相关的非商业秘密的活跃举动实为罕见，这在一定程度上解决了控制权争夺的信息不对称问题。基于如今公司经营权与所有权分离，大多数股东未直接参与公司治理，尤其是在控制权争夺等重大事件中，应该保证股东的决策是在获取了真实、准确、完整的信息后作出的。然而董事会会议记录不是法定披露的内容，公司公告通常不会很详尽，外部人一般难以知晓细节，终究是雾里看花、隔靴搔痒。因此，我们不妨将华生的披露行为视为忠实义务的派生行为：就独董了解的公司情况向外披露，让股东得到可靠的信息以作出理性决策。只要该行为是独董基于公司最大利益考虑，该内容无涉不可公开的内幕信息，则该披露行为合理和合法。独董本就有权发表独立意见，在

〔1〕 参见曾斌、陈彬《从独立董事表决情况谈我国独立董事制度的完善》，《清华金融评论》2017 年第 1 期，第 48—49 页。

外部股东缺乏直接信息渠道时，独董对外披露信息也是在监督上市公司信息公开化[1]。因此，美国学者甚至将披露义务界定为第三种核心信义义务[2]。

另一方面，华生强调自己投赞成票是为了不剥夺中小股东自己决定的权利[3]。独董在董事会中的角色应该是异议者而非襄助者[4]。独董服务于公司，根据专业知识和已知信息来权衡利弊，只靠公司利益导向作出判断。独董应当担当起为公司利益作决策的责任，而不是在表决时缩手缩脚，未能形成内心确信就赞成方案交股东大会决定，冠冕堂皇地表示是股东的选择，实际上是不敢承担责任，成了敷衍塞责的借口[5]。既然华生已意识到重组属于万科与深铁深层合作，且"轨道 + 物业"模式有利于万科的发展战略[6]，那么身为独董就应当秉承这一信念进行表决。如若独董对妥善投票缺乏信心，可以聘请第三方机构出具意见作为辅助。总之，独董决策的标准应为决策是否符合公司股权价值最大化[7]，不应以股价下跌等短期利益为重，也不得以交还股东决定权来为自己辩护。这也是在履行忠实义务，独董不畏投反对票而得罪实际控制人被辞退，也不畏投赞成票而为控制权争夺的结果推波助澜，而是会议前充分了解情况，会议中通过审慎核查议案的可靠性，才表决交由股东大会，名正理顺即是尽职，不找借口推脱。

（四）小结

万科大股东主张的经营战略威胁了管理层对企业的特定控制权，爆发室内型控制权争夺。独董个人好恶与忠实义务的冲突不可避免，在情怀与规则间难以抉择。管理层与股东都希望独董在公司敏感期力挽狂澜，独董

---

〔1〕 See Jeffery N. Gordon, *The Rise of Independent Directors in the United States*, 1950—2005, *Stan. L. Rev.* 4(2007), pp. 1541-1543.

〔2〕 See Bernard S. Black, *The Core Fiduciary Duties of Outside Directors*, *Asia Business L. Rev.* 7(2001), pp. 18-26.

〔3〕 参见华生《我为什么不支持大股东意见：为公众股东争取发言和表决权而投票（中）》，载《上海证券报》2016年6月25日。

〔4〕 参见缪因知《董事投票应坚守内心确信》，载《经济参考报》2016年7月1日。

〔5〕 参见张巍2016年6月19日在"比较公司治理"微信公众号上发表的《万科：算术题承托不住之重》，网址：https://m. sanwen8. cn/a/hpsaroo. html，访问时间：2018年9月4日。

〔6〕 参见华生《我为什么不支持大股东意见：为公众股东争取发言和表决权而投票（中）》，载《上海证券报》2016年6月25日。

〔7〕 参见俞铁成《万科董事应有自己的专业判断》，载《第一财经日报》2016年7月19日。

要扮演好法律预期的公平公正、平衡利益的角色，就必须克服人情本性遵守法律义务。但矛盾具有普遍性，如何使双方处于平衡状态值得思考。万科事件引起公众关注投票目的、内心确信、出席会议、委托投票、回避事由等可能影响独董履行义务的因素。警示独董若想不被追究法律责任，在操作细节上应一丝不苟地履行独立、忠实、勤勉义务。尤其在公司停牌使股票脱离市场定价机制的情况下，不得有半点怠慢，应发挥最大的积极性。此时，更要出勤表决，做到通过多方调查确保信息的充分性，对公司真实价格作出详尽的说明，凭借专业知识衡量利益对抗双方方案的利弊，利用独立性这一职业特性减少管理层私益对决策合理性和有效性的影响，维护公司整体利益。

四、上市公司控制权争夺中独立董事履行义务的完善

独董能通过帮助公司避免错误和重新构建可行但有错误的计划来促成公司的成功，可以反映投资者意见和潜在疑虑，并通过采取矫正措施来限制被错误引导或自利的管理行为[1]。有许多因素影响着独董刚正不阿地履行义务，削弱独董制度的实施效果。欲解决该问题，需要证监会指引、交易所管理、行业协会自律与公司章程自治共同作用。笔者在此提出几点建议，以期待对制度的发展与完善有所裨益。

(一)规范独立董事选任机制

独董的选任应独立于控股股东或管理层。选任是“专家”迈向“独董”的第一步，只有先实现选任上独立，讨论后续问题才有意义。我国股权集中是普遍情况，依当前的选举机制，大股东可凭借其在股东大会中压倒性的股份优势干预独董的选举与更换，或者加入分期分级董事会条款压制中小股东对选举独董的影响，所以应当注重保护中小股东在选举方面的权利。证监会、交易所和行业协会的管理办法中可以考虑规定：一定比例的独董人选由中小股东推荐；控股股东回避股东大会中关于选举独董的议案；由董事会提名委员会披露对独董的提名政策等，将对中小股东的保护和对控股股东的

〔1〕 参见［加拿大］布莱恩·R. 柴芬斯：《公司法：理论、结构和运作》，林华伟、魏旻译，北京：法律出版社，2001 年，第 650—652 页。

约束以强制性的成文的方式固定[1]。增大中小股东对选任的影响力，减少大股东大董事施压独董要忠于自己的砝码，让控制权争夺时独董失去具体的效忠对象，面对情感与义务冲突时因固有人性带来的煎熬随之减少。

增加具备担任独董条件人选的基数。上市公司一般都压线确定独董人数，可知上市公司对独董制度寄予希望不大，设置独董主要是为了满足监管部门的要求。日常经营时不受重视，却期望在控制权争夺时能扭转乾坤，恐怕有的独董已习惯了依阿无心，难堪此大任。董事会中独董占比小，部分独董担心站在内部董事控制权的对立面会成为众矢之的。此外，我国任职的独董以有知名度和社会影响力的学者、专家居多，这本身就是稀缺资源，纵使在控制权争夺中违反义务，失衡的供需市场也会让失职独董成为上市公司追捧的对象。可从增加独董人选的供给着手，证监会应当加强对独董的培训和后续教育，建立“人才资料库”以实现独董人选的汇集共享与流动，加大人力资本市场的外部约束。

公司应尽快填补独董空缺。万科事件折射出上市公司对独董改选没有强制补缺的急迫感，久拖不决对海闻的失职存在过错。控制权争夺关乎公司存亡安危，独董的判断本就应尽可能体察入微、面面俱到，超期服役带来的消极态度将大大削弱勤勉的可能性。为防止独董超期服役的情况出现，相关法规应当设定填补缺额的最低期限，具体期限由公司自行确定并记载于章程，以督促上市公司在独董递交辞呈后尽快酝酿选举新人，给上市公司补缺的压力。也可以考虑在部分上市公司设立“候补独立董事制度”试点，候补独董对现任独董进行监督，当现任独董失职时，候补独董可提议召开股东大会罢免该独董，也可由股东大会定期讨论候补独董上任问题[2]。

（二）完善独立董事激励措施

限制独董的兼职情况。独董同时任职的公司家数偏高，即便有些独董的本职不是朝九晚五需要指纹考勤，但兼任数量过高也难免分身乏术、出勤不易。上市公司一般规模大且业务繁多，日常经营就时常需要咨询专业意

---

〔1〕 参见中国上市公司协会独立董事履职指引编写课题组《独立董事作用显著，提升空间仍较大》，载《中国证券报》2014年1月16日。

〔2〕 参见陈睿、王治、段从清《独立董事“逆淘汰”效应研究》，《中国工业经济》2015年第8期，第159页。

见,控制权争夺就更加需要独董摸透公司的情况,大大小小的决定都关乎公司的发展战略甚至存亡。许多独董仅在出席董事会前了解公司情况,时间少任务重,最后干脆放任自流。因此,限制兼职的公司数量对保证独董忠诚勤勉履职很有必要。上市公司应与独董约定兼职数量,独董应承诺有足够的时间与精力投入履行独董职权与义务。由自律组织建立兼职情况的档案,鼓励聘用兼职少的独董,对兼职数量多的独董履职情况特别关注。

修改薪酬机制。毕竟津贴由上市公司派发,出具否定意见会得罪实际控制人〔1〕,何况控制权争夺时否定意见的结果是让实际控制人出局,实际控制人此期间当然越发牵制独董的行为。独董拿人手短,担心失去工作,屈意顺从,所以应当断开独董与上市公司的直接薪酬联系。可规定上市公司将薪金上交给独董委员会或者证监会指定的自律机构,再由该组织转交独董个人,以避免上市公司直接操控薪酬,因私人恩怨随意克扣津贴或公报私仇寻借口罢免独董。上市公司不再用薪酬作要挟,独董也得以敢于直言指出董事会决策暗含的私心。另外,可以考虑按工作效果好坏来派发薪酬。需要说明的是,工作效果不等同于公司经营绩效,应为是否履行了独董的义务,薪酬应与能力与诚信正相关。对控制权争夺期间完全履行义务的,证监会或自律性组织可以给予奖励。对兼职较多的独董应重点考察,忙得不可开交草率办公的,进行报告后扣除一定工资。

(三)加强对独立董事的约束

发挥声誉机制的约束作用。独董一般具有一定的社会地位,比较爱惜自己的羽毛,可根据此特点,利用人力资本市场的声誉机制监督独董履行职责。在人力资本不能被市场识别时,独董需要信息来证明自己的价值〔2〕,个人职业、公司业务领域与勤勉敬业三个维度的声誉共同构成公众评价独董价值的信息〔3〕。有一定水准的专业人士都会看重社会评价,建立个人信用评价体系,既让独董因担心未尽义务留下不良信用记录而影响执业,又让上

〔1〕 参见李俊强、徐丹《出具否定意见的独立董事能够连任吗?》,《财经问题研究》2016年第8期,第42—43页。

〔2〕 参见吴炯《公司治理》,北京:北京大学出版社,2014年,第296页。

〔3〕 参见宁向东、崔弼洙、张颖《基于声誉的独立董事行为研究》,《清华大学学报》2012年第1期,第130—131页。

市公司清楚地知晓独董的信用情况以防范风险。提高声誉激励效用有赖于透明的职业经理人市场。只有在市场环境下,独董才更奋力地追求更高的人力资本价值,他声誉的好坏才能被市场识别并记住[1]。最佳状态是,市场普遍认可控制权争夺期间最能检验独董能力,此期间尽职的独董被视为业务素质过硬,享有极高的个人荣誉,反之,市场否定此人担任独董的能力,任职独董再无可能。

加强独董的日常管理。欲使独董在控制权争夺千钧一发之际能成架海金梁,离不开日常约束。独董的性质决定了其游离于上市公司,如何对独董进行管理才能督促其独立忠诚勤勉?上市公司应当提供配套的信息查询服务,让独董能够快捷便利地获取与议案审议相关的重大信息,以获得独董更有价值的提议。独立董事委员会应当为独董提供一个交流平台,加强对独董的培训和管理,强化自律意识,目前看来该组织比较鸡肋,没有很大的作用。独立董事委员会作为上市公司协会的下属机构,应重视它的作用,"上市公司协会应当以独立董事委员会为依托构建独董一条龙式的服务和管理"[2]。

区分责任保险制度承包范围。鼓励公司为独立董事投保,通过保险制度减轻或免除善意、勤勉的独董的赔偿责任,分散独董直言不讳后所承担的风险,促使他们最大限度地发挥才智和决断能力,积极监督公司规范运作。独董责任保险应对违反忠实义务和违反勤勉义务的情况加以区分。对违反忠实义务和具有主观故意、重大过失的行为不承保,只对因一般过失造成上市公司经营决策和信息披露违法的行为承保[3]。严格界定承保范围有助于独董树立履行义务的意识,也让责任保险市场发挥反作用帮助甄别和淘汰无所作为的独董。

(四)明确并强化独立董事职责

运用责任机制确保独立与审慎。我国上市公司的数量与规模不断扩

---

〔1〕 参见吴炯《公司治理》,北京:北京大学出版社,2014年,第297页。

〔2〕 包括独董资格认证与持续培训、建立独董人才库、编制独董工作指引、开展独董履职评价。中国上市公司协会独立董事履职指引编写课题组:《独立董事作用显著,提升空间仍较大》,载《中国证券报》2014年1月16日。

〔3〕 参见陈九振《独立董事制度的理论与实践》,北京:知识产权出版社,2010年,第258页。

大,控制权争夺不断增多,其中一定不乏失职行为,我国涉及独董的司法案件极少,证监会对独董的处罚也是基于上市公司信息披露不真实。控制权争夺中独董履行义务情况的监督更多的是停留在问询函阶段,法律责任欠缺,权责不相符,独董不履行义务也不会付出沉重的成本,日后应构建行政责任为主、民事与刑事责任为辅的法律责任机制[1],以促使独董在其位谋其职,不沦为"橡皮图章"。

引入商业判断规则。一旦上述法律责任机制建立,独董受到追诉的风险将大大增加,允许商业判断规则作为抗辩理由,司法审慎介入,有利于鼓励必要的商业冒险。法院审理控制权争夺引发的案件时,倘若涉案上市公司独董严格遵守义务,其意见应当受到重视。一方面,独董帮助法院判断上市公司反收购行为正当与否,另一方面,司法的重视推动公司对独董工作的监督,同时约束独董审慎行为以避免公司自治被干预。在此过程中,独董应采取多方调查获取充分信息,必要时聘请第三方作顾问,进而判断公司是否面临威胁、反收购措施与威胁是否成比例,才能受到商业判断规则保护。相反,不忠实和重大过失行为则抗辩不成立。

五、结语

控制权争夺易使公司陷入经营混乱,内部董事对公司存在固有利益,信息不对称外部股东难以监督,上市公司更需要独董作出善意理性判断,帮助股东作出最优的选择,以维护整体利益,所以独董应比公司正常经营时恪守更重的义务。万华之争中独董表现出的表决无信心、未亲自出席、回避等问题折射出独董在履行忠实、勤勉、独立义务时的现实困境。大股东与管理层的室内型控制权争夺,使独董陷入个人情感与法律义务相冲突的窘境中。欲让独立董事真正做到"在其位,谋其职",需要他律与自律结合,具体为规范选任机制、完善激励措施、加强约束、明确职责。独立董事的运行尚有缺陷,只有审问之,慎思之,才能完善之,让万华之争作为经典案例警钟长鸣。

（初审:董淳锷）

---

〔1〕 王保树主编:《商事法论集(2012 总第 21 卷)》,北京:法律出版社,2012 年,第 548 页。

“正在通过人行横道”的解释与适用

——贝汇丰诉海宁市警察大队道路交通管理行政处罚案评析

李德旺*

【提 要】 贝汇丰案生效判决认为认定行人是否“正在通过人行横道”应当以特定时间段内行人一系列连续行为为标准，而不能以某个时间点行人的某个特定动作为标准，不仅发展了《中华人民共和国道路交通安全法》（以下简称《道路交通安全法》）第47条第1款的规范内涵，也极大地影响了现实中机动车和行人在斑马线上相遇时的处理模式。根据“正在通过”的文义解释、对“正在通过人行横道”的行人行为形态及其法律效果分析，还可以补充以下三条适用规则：行人在“通过”人行横道的过程中的“自我保护行为”应当受到法律的保护；机动车遇行人正在通过人行横道，“应当停车让行”义务的履行具有主动性，机动车的主动让行义务应当采取严格标准；行人在通过人行横道的过程中，可以示意机动车先行通过，但“示意”需要具有明显的外观且仅具有相对性。此外，该案判决也引发了“人行横道”的范围、机动车让行义务的细化等一系列值得深思的法律适用问题。

【关键词】 道路通行权 正在通过 人行横道 机动车 礼让义务

《道路交通安全法》第47条规定了机动车在遇到“行人正在通过人行横道”时“应当停车让行”的义务，但实际行政执法当中，如何认定“行人正在通过人行横道”，却是判断机动车驾驶人是否违法的关键难题。“贝汇丰诉海

* 作者李德旺，男，上海师范大学宪法学与行政法学硕士研究生，研究领域为宪法与行政法，Email：965946566@qq.com。

宁市公安局交通警察大队道路交通管理行政处罚案”作为一起因机动车遇人行横道未礼让行人被行政机关处罚而提起行政诉讼的典型案例[1]，其生效裁判通过司法判决的形式给出了认定行人是否“正在通过人行横道”的判断标准，不仅发展了《道路交通安全法》第47条的规范内涵，也极大地影响了现实中机动车和行人在斑马线上相遇时的处理模式。本文尝试以“贝汇丰诉海宁市公安局交通警察大队道路交通管理行政处罚案”为对象，通过整理并解读判决书中法官的裁判思路，进一步探讨《道路交通安全法》第47条中“正在通过人行横道”的规范内涵、判断标准与机动车礼让义务的认定等该条规定的解释与适用问题。

一、案件的基本情况

（一）案情概要

2015年1月31日，贝汇丰驾驶案涉车辆沿海宁市西山路行驶，遇行人正在通过人行横道，未停车让行。海宁市公安局交通警察大队（以下简称海宁交警大队）执法交警当场将案涉车辆截停，核实了贝汇丰的驾驶员身份，适用简易程序向贝汇丰口头告知了违法行为的基本事实、拟作出的行政处罚、依据及其享有的权利等，并在听取贝汇丰的陈述和申辩后，当场制作并送达了公安交通管理简易程序处罚决定书，给予贝汇丰罚款100元，记3分。贝汇丰不服，于2015年2月13日向海宁市人民政府申请行政复议。3月27日，海宁市人民政府作出行政复议决定书，维持了海宁交警大队作出的处罚决定。贝汇丰收到行政复议决定书后于2015年4月14日起诉浙江省至海宁市人民法院。

原告贝汇丰诉称：其驾驶案涉车辆靠近人行横道时，行人已经停在了人行横道上，故不属于“正在通过人行横道”。而且，案涉车辆经过的西山路系海宁市主干道路，案发路段车流很大，路口也没有红绿灯，如果只要人行横道上有人，机动车就停车让行，会在很大程度上影响通行效率。所以，其可

---

〔1〕 其典型性可以通过该案影响进行判断。该案曾入选最高人民法院“2015年度推动法治进程十大案件”，并获得了第三届全国青年法官优秀案例评选活动一等奖，在学界和社会中均影响巨大。具体判决内容来源于浙江省海宁市人民法院（2015）嘉海行初字第6号行政判决书、浙江省嘉兴市中级人民法院（2015）浙嘉行终字第52号行政判决书。

以在确保通行安全的情况下不停车让行而直接通过人行横道，故不应该被处罚。海宁交警大队作出的简易程序处罚决定违法，请求撤销海宁交警大队作出的行政处罚决定。

被告海宁交警大队辩称：行人已经先于原告驾驶的案涉车辆进入人行横道，而且正在通过，案涉车辆应当停车让行；如果行人已经停在人行横道上，机动车驾驶人可以示意行人快速通过，行人不走，机动车才可以通过；否则，构成违法。对贝汇丰作出的行政处罚决定事实清楚，证据确实充分，适用法律正确，程序合法，请求判决驳回贝汇丰的诉讼请求。

（二）法院裁判

一审海宁市人民法院认为，当行人以通过为目的行走在人行横道上时就应当认定为正在通过；即使中途有停顿，也应当认定为正在通过，原告应当停车让行，并于2015年6月11日以（2015）嘉海行初字第6号行政判决驳回贝汇丰的诉讼请求。宣判后，贝汇丰不服，提起上诉。

二审嘉兴市中级人民法院认为：（1）人行横道是行车道上专供行人横过的通道，是法律为行人横过道路时设置的保护线，在没有设置红绿灯的道路路口，行人有从人行横道上优先通过的权利。机动车作为一种快速交通运输工具，在道路上行驶具有高度的危险性，与行人相比处于强势地位，因此必须对机动车在道路上行驶时给予一定的权利限制，以保护行人。（2）认定行人是否“正在通过人行横道”应当以特定时间段内行人一系列连续行为为标准，而不能以某个时间点行人的某个特定动作为标准，特别是在该特定动作不是行人在自由状态下自由地做出，而是由于外部的强力原因迫使其不得不做出的情况下。（3）机动车和行人穿过没有设置红绿灯的道路路口属于一个互动的过程，任何一方都无法事先准确判断对方是否会停止让行，因此处于强势地位的机动车在行经人行横道遇行人通过时应当主动停车让行，而不应利用自己的强势迫使行人停步让行。上诉人驾驶机动车行经人行横道时遇行人正在通过而未停车让行，该行为直接违反了《道路交通安全法》第47条的规定。嘉兴市中级人民法院于2015年9月10日以（2015）浙嘉行终字第52号行政判决驳回贝汇丰上诉，维持原判。

（三）争点归纳

概括上述案情概要和判决的主要内容，可知本案主要争点为：本案行人的中途停顿是否属于"正在通过人行横道"？从理论上概括案件争点，可以进一步提升为《道路交通安全法》第 47 条第 1 款中机动车"遇行人正在通过人行横道，应当停车让行"中"正在通过人行横道"应如何解释和适用。其中对该句中的"正在通过"这一不确定法律概念的解释是其核心问题。

二、法院的裁判思路

本案争议的核心在于法律的适用问题，即针对《道路交通安全法》第 47 条第 1 款规定的"正在通过人行横道"是否包括行人在通过人行横道过程中的"停步"等特定动作以及该特定动作的性质是什么，由此产生出"正在通过人行横道"的判断标准和该条款的适用问题。

本案生效判决即二审判决的论证逻辑主要分为三个层次：首先，对人行横道的性质和《道路交通安全法》第 47 条第 1 款的立法目的进行确认和解读；其次，明确"正在通过人行横道"的判断标准；最后，对判断标准的成立进行论证加强。

（一）人行横道的性质和第 47 条第 1 款的立法目的

1. 人行横道的性质

或许由于《道路交通安全法》第 47 条第 1 款的规定法律关系确定，法律规范清楚，之于个案适用所牵涉的更多的是解释立场即立法目的理解角度问题，故一二审法院并未运用文义解释的方法进行解释。从判决书看，一审法院未从对人行横道的性质以及《道路交通安全法》第 47 条第 1 款的立法目的切入进行分析。而二审法院则采取了这种方法，并得到了最高人民法院的认可[1]。二审法院认为：人行横道线是行车道上专供行人横过的通道，是法律为行人横过道路时设置的保护线，在没有设置红绿灯的道路路口，行

---

〔1〕 指导性案例的"裁判要点"是最高人民法院从原裁判中提炼出来的一般规范。从内容上看，迄今发布的指导性案例（行政），其"裁判要点"有：①制定法规定的强调性重申；②解释立场的明确；③解释基准的定立；④法律漏洞的填补四类。这四类"裁判要点"都承载着最高人民法院推动行政法治的政策性意图。参见王天华《案例指导制度的行政法意义》，《清华法学》2016 年第 4 期。从最高人民法院公布的指导案例"裁判要点"看，其基本采纳了二审法院对《道路交通安全法》第 47 条第 1 款的解释立场。关于这点，后文将展开论述，在此不赘。

人有从人行横道线上优先通过的权利[1]。二审法院将人行横道的性质解释成为“行车道上专供行人横过的通道”，是“法律为行人横过道路时设置的保护线”，并且由此推导出“在没有设置红绿灯的道路路口，行人有从人行横道线上优先通过的权利”。二审判决通过对人行横道性质的认定，确认了行人在“没有设置红绿灯道路路口”的优先通行权。

2. 第47条第1款的立法目的

二审法院对《道路交通安全法》第47条第1款的规定作了目的解释：机动车作为一种快速的交通运输工具，在道路上行驶具有高度的危险性，与行人相比其处于强势地位，因此必须对机动车在道路上行驶时给以一定的权利限制，以保护行人。正是基于此，《道路交通安全法》第47条规定：“机动车行经人行横道时，应当减速行驶；遇行人正在通过人行横道，应当停车让行。机动车行经没有交通信号的道路时，遇行人横过道路，应当避让。”[2]

通过该裁判内容可以看出，二审法院认为《道路交通安全法》第47条的目的在于对在道路上行使的机动车“给以一定的权利限制，以保护行人”，其原因在于“机动车作为一种快速的交通运输工具，在道路上行驶具有高度的危险性，与行人相比其处于强势地位”。

由此二审判决认为：

上诉人驾驶案涉车辆轿车行经案发路口人行横道时，行驶速度虽然不快，却没有明显的减速现象，仍然以较低的速度匀速向前行驶。而此时行人正在以较快的步频行走在人行横道线上，且在上诉人驾驶的车辆接近人行横道线时已经走至道路的中央也即上诉人所驾车辆的前方，该条道路中间并无绿化带或行人休息区，当行人发现上诉人所驾车辆并无明显减速且没有停下来的趋势时，才逐渐放慢脚步并最终停在了道路中央。可见，当上诉人驾驶车辆行经案发路口人行横道线时，行人“正在通过人行横道”，上诉人此时应该停车让行，而不应直接通过[3]。

如果将二审法院的该段论述分为认定该案中的行人是否“正在通过人行横道”和认定机动车是否未“停车让行”而违法两个部分，表述会更加简

〔1〕 浙江省嘉兴市中级人民法院（2015）浙嘉行终字第52号行政判决书。

〔2〕 浙江省嘉兴市中级人民法院（2015）浙嘉行终字第52号行政判决书。

〔3〕 浙江省嘉兴市中级人民法院（2015）浙嘉行终字第52号行政判决书。

明。第一部分,通过对行人“以较快的步频行走”“已经走至道路的中央”“发现上诉人所驾车辆”“才逐渐放慢脚步”“最终停在了道路中央”等内容,判断此时行人“正在通过”人行横道,行人的行为表现落入了《道路交通安全法》第47条“行人正在通过人行横道”的规范射程之中,构成机动车“应当停车让行”义务履行的生效要件。第二部分,对上诉人“行驶速度虽然不快”“没有明显的减速现象”“仍然以较低的速度匀速向前行驶”等事实内容判定:该案机动车驾驶人在“应当停车让行”义务履行的生效要件实现时,并未根据法律规定的要求作出“停车让行”的行为,没有履行法律义务,违反了《道路交通安全法》第47条的规定。

(二)“正在通过人行横道”的判断标准

一审法院对认定行人是否“正在通过人行横道”采取了三个标准:主观标准、客观标准和例外标准。一审法院认为:“当行人以通过为目的行走在人行横道上时就应当认定为正在通过;即使中途有停顿,也应当认定为正在通过。本案中,当原告驾驶案涉车辆靠近人行横道时,应当停车让行。”[1]其言外之意认为:行人以通行为目的行走在人行横道上是法律规定的“正在通过人行横道”。笔者认为,一审法院对如何“正在通过人行横道”形成了两个判断标准:第一,主观标准,即以“通行”为目的;第二,客观标准,即行为外观为“行走”。从“即使”一词,可以看出,在这两项标准之基础上,一审法院作了一个衍生判断:即使行人中途有停顿也应当认定为属于正在通过。

但一审法院的说理并未形成逻辑自洽。原因在于:一方面,如果说“行人中途有停顿属于正在通过”的话,虽然可以满足“以通行为目的”,但是却和“行为外观为行走”之间产生了极大的语义冲突,很难将行人的“停顿”纳入到(以“通行”为目的、“行走”为外观为要件的)“正在通过”的结构中来。另一方面,如果行人以“通行”为目的、行为外观为“行走”作为“行人正在通过人行横道”的一般情况,行人中途有停顿属于“正在通过”的例外情况,那么这种例外情况的成立理由是什么?一审法院并未对之作充分说明。而这一问题又恰恰是本案的争议焦点所在。如果作这种理解的话,一审法院并

---

〔1〕 浙江省海宁市人民法院(2015)嘉海行初字第6号行政判决书。

未充分完成其证成义务。

二审判决相对于一审判决最大的不同是：二审判决以不同的思路对《道路交通安全法》第47条“机动车遇行人正在通过人行横道时，应当停车让行”的规范内涵进行了重新解读，尤其是对其中“正在通过”这一不确定法律概念给予了更大程度的阐释，也由此重新建构了“正在通过人行横道”的判断标准，其相比一审判决而言，对规范的内涵解读更具有说理性与合理性，也由此获得了最高人民法院的认可。

与一审法院给出的主观、客观、例外三标准不同，二审法院判断标准主要有二：一是时间标准。即认定行人是否正在通过人行横道应当以特定的时间段内行人的一系列连续行为而非以某个时间点的行人的某个动作为标准。二是行为标准。即认定行人是否正在通过人行横道应当以特定的时间段内行人的一系列连续行为而非以某个时间点的行人的某个动作为标准，更不能以行人由于外部强力迫使其不得不作出而非是其在自由状态下作出的特定动作为标准。在二审法院的判断标准中，言外之意认为：如果行人由于外部强力迫使其作出某些（看似不是“正在通过”）特定动作，仍旧需要将该特定动作置于“行人在特定时间段内一系列连续行为”整体中看待，将其认定为“正在通过”人行横道。

由此，二审法院认为：

具体到本案，案发时行人以较快的步频走上人行横道线，并以较快的速度接近案发路口的中央位置，当看到上诉人驾驶车辆朝自己行走的方向驶来，行人首先是放慢了脚步，以确认上诉人所驾车辆是否停下来，但此时行人并没有停止脚步。当看到上诉人所驾车辆没有明显减速且没有停下来的趋势时，才为了自身的安全不得不停下脚步。如果此时上诉人的车辆有明显减速并停止行驶，则行人肯定会连续不停止地通过路口。可见，在案发时间段内行人的一系列连续行为充分说明行人“正在通过人行横道”，行人在通过人行横道过程中之所以停下脚步的直接原因不是上诉人所称的示意车辆通过，而是基于自身安全考虑而采取的自我保护行为[1]。

在二审法院的认定中，案发时行人“以较快的步频走上人行横道线”“以较快的速度接近案发路口的中央位置”“看到上诉人驾驶车辆”“放慢了脚

〔1〕 浙江省嘉兴市中级人民法院（2015）浙嘉行终字第52号行政判决书。

步”等行为都属于“一系列连续行为”。行人“为了自身的安全不得不停下脚步”中的“停下脚步”属于行人在“通过人行横道”中受到外部强力压迫而采取的非自由的特定动作，这种特定动作是为了“自身的安全”，属于迫不得已的“自我保护行为”，并没有破坏也不影响行人这种情况下“正在通过”人行横道的认定。

（三）对判断标准的成立进行论证加强

二审判决指出：

机动车和行人穿过没有设置红绿灯的道路路口属于一个互动的过程，任何一方都无法事先准确判断对方是否会停止让行，因此处于强势地位的机动车在途经人行横道遇行人通过时应当主动停车让行，而不应利用自己的强势迫使行人停步让行，这既是法律的明确规定，也是保障作为弱势一方的行人安全通过马路、减少交通事故、保障生命安全的现代文明社会的内在要求[1]。

二审判决认为机动车和行人在穿过“没有设置红绿灯的道路路口”属于一个“互动的过程”，在这一过程中，“任何一方都无法事先准确判断对方是否会停止让行”。可以认为这句话包含两个比较重要的判断：在没有设置红绿灯的道路路口，机动车和行人都可以给对方让行；机动车和行人是否会给对方让行存在不确定性。在之基础上，二审判决推导出“处于强势地位的机动车在途经人行横道遇行人通过时应当主动停车让行，而不应利用自己的强势迫使行人停步让行”。笔者认为这句话意在对机动车应当停车让行的补充说理，进一步说明了机动车在面对行人正在通过人行横道时应当停车让行的正当性和合理性，是在对前文认定行人是否“正在通过人行横道”判断标准的论证加强。另外需要说明的是，最高人民法院在最终公布的该案裁判摘要中，在这句话又补充了一句话——“除非行人明确示意机动车先行通过”。从二审判决的这段表述来看，行人也可以对机动车让行，在最高人民法院在最终公布的该案裁判理由中，又进一步明确了“行人可以以明确示意的方式让机动车先行通过”。最高人民法院补充的内容是对二审判决的

---

〔1〕 浙江省嘉兴市中级人民法院（2015）浙嘉行终字第52号行政判决书。

内容进一步的明确揭示,其实二者具有逻辑上的一致性[1]。

这段说理,一方面展示出机动车由于本身具备的强势地位法律要求,因此互动过程中机动车具有"主动"停车让行的义务。另一方面也说明行人在"互动的过程"中,也可以放弃自身的通行优先权,礼让机动车;并由法规范层面上的权利义务要求揭示出《道路交通安全法》所追求的"保障作为弱势一方的行人安全通过马路、减少交通事故、保障生命安全的现代文明社会的内在要求"[2]。在其论述中隐含地结合了《道路交通安全法》第1条和第62条的相关规定来综合理解第47条第1款的规定。这也使得二审判决对该条款解释在方法上展现出了体系解释的某些特征。

三、"正在通过人行横道"的学理分析

(一)"正在通过人行横道"的规范解释

《道路交通安全法》第47条第1款规定,"机动车行经人行横道时,应当减速行驶;遇行人正在通过人行横道,应当停车让行。"此款条文根据针对情形不同可以分为两个部分:一个是机动车"行经人行横道时"的规范,另一个则是机动车"遇行人正在通过人行横道"时的规范。该案主要涉及最后一个规范,因此下文主要针对"正在通过人行横道"进行解读。在后一规范中,机动车"应当停车让行"的义务履行的前提条件是"遇行人正在通过人行横道"。其中"正在通过"作为一个极为关键的不确定法律概念对整句涵义确

〔1〕 但是单从《道路交通安全法》第47条第1款规定看,"机动车……遇行人正在通过人行横道时,应当停车让行",并未说明行人需要对机动车让行。形式上看,二审判决的内容和最高人民法院补充的内容似乎和道路交通安全法第47条第1款的规定并不一致。那么这种不一致是否造成对法律规定的冲突呢?笔者认为这种不一致并不会造成对法律规定的冲突,理由主要有三:第一,在未设置红绿灯等交通信号的道路中,机动车和行人都具有在人行横道区域(同时也作为行车道的一部分)通行的权利。但道路交通情况十分复杂,机动车和行人都需要对彼此行为外观进行综合判断。第二,行人享有放弃自身优先通行权的权利,换句话说,行人可以根据道路交通状况(抑或是单纯根据自身自由意志选择)采取一定的"自我保护行为"。《道路交通安全法》第62条规定:"行人……通过没有交通信号灯、人行横道的路口,或者在没有过街设施的路段横过道路,应当在确认安全后通过。"其中立法对行人"确认安全"义务行为的规定,可以作为行人在"确认安全"的过程中根据道路交通情况采取一定的自我保护行为权利来源。第三,机动车和行人的道路通行权具有位阶差,在人行横道区域,法律优先保护行人的道路通行权和法律规定机动车对行人优先让行是一致的。

〔2〕 浙江省嘉兴市中级人民法院(2015)浙嘉行终字第52号行政判决书。

定具有重要影响。因此欲完整理解什么是"遇行人正在通过人行横道",需要尽量把"正在通过"的规范内涵及其涵盖范围作比较精细的解释,以厘清其具体的语义范围。

在解释方法上,人们一般运用文义解释、体系解释和目的解释等方法解释法律的规范内涵。在法释义学中,文义解释是首先需要考虑应用的。"解释的标的是'承载'意义的法律文字,解释就是要探求这项意义。假使要与字义相连接,则'解释'意指,将包含于文字之中,但被遮掩的意义'分解'、摊开并且予以说明。"[1]

1. "正在通过"的文义解释

在汉语表达体系中,"正",由"一"和"止"组成,意为"一以止"[2],形象地意指行为从始到终的中间部分,侧重表时态。"在","存也"[3],表示动作的进行,侧重表状态,即强调所处情形。"正在"将"正"和"在"结合,指的是一主体所处一种进行当中的情形。但"在"字在汉语体系中是一个多义词,其中与该条款相关的涵义有两个:一个表示动作的进行(偏时间点);另一个作为介词表示所处情形(偏时间段)。由此便引发了对该条款相关的另外一个问题,即对行人是否"正在通过人行横道"应该以时间点为标准,还是以时间段为标准。对"在"字多义性的不同理解,造成了两种不甚相同的观点。本案当中,原告贝汇丰驾驶案涉车辆行经人行横道时,行人停在了人行横道上。就笔者理解,原告对行人停顿的动作偏于时间点的理解,故此认为行人停顿的动作不属于"正在通过"人行横道。而二审法院认为"通过"指通行、穿过,从一端到另一端。具体到这条规范中来看,就是指行人处在以道路横向方向的一边为起点通行至以另一边为终点的情形之中。由于行人穿行马路需要花费一定的时间才能完成,必须将"正在"结合"通过"一词的含义进而放置特定时间段内来把握。

由此分析,具体到该条款中,便可将对"正在通过"人行横道的不同理解作两种观点的划分。一种认为行人"正在通过人行横道"是指行人处在"正在通过人行横道"的情形之中,是一种需要花费特定一段时间的行为,具有

---

[1] [德]卡尔·拉伦茨:《法学方法论》,陈爱娥译,北京:商务印书馆,2003年,第194页。

[2] [汉]许慎:《说文解字》(卷二下),[宋]徐弦注,《钦定四库全书荟要》卷三千三百五十五(经部)。

[3] [汉]许慎:《说文解字》(卷十三下),[宋]徐弦注,《钦定四库全书荟要》卷三千三百七十六(经部)。

一定的法效果，这种观点可以将之称为“特定时间段判断说”。另一种则认为行人“正在通过人行横道”可以将之截取为若干个片段动作，通过对某个动作单纯地分析其是否属于“正在通过”[1]，这种观点可以将之称为“特定时间点判断说”。由此看来，二审法院将“正在通过”人行横道认定为一种连续性“行为”显然是这种“特定时间段判断说”的立场的；而贝汇丰所称“行人已经停在了人行横道上，故不属于‘正在通过人行横道’”的主张可以划定为“特定时间点判断说”。

对“正在通过”这一法律概念的解释和涵义的确定，除了对其一般日常语言含义加以剥离，还需要通过对立法目的及规范的意义脉络的相互关照情况得以论证。就解释方法上来看，这就需要我们除了考虑“在”字本身的多义性多引发的条款解释的多义性，还需要综合条款的“意义脉络”进行目的解释和体系解释，来共同确定案涉条款的规范内涵。如果继续这种分析，可以看出“特定时间段判断说”明显在解释“正在”时偏向于对于“在”字作为一种介词考虑，即将“正在”进行的行为作为一种时间段中的行为来理解。这种理解无疑更能照应到《道路交通安全法》的整体意义脉络，更为符合立法目的和社会生活实际。

2. “正在通过人行横道”的行为形态及其法律效果

根据二审判决观点，该案中“行人在通过人行横道过程中之所以停下脚步的直接原因……是基于自身安全考虑而采取的自我保护行为”[2]。行人以通行道路为目的在通过人行横道时采取一定的“自我保护行为”的正当性和法理依据在于：对行人在穿过道路的时候附加其适当的安全注意义务是确保道路交通安全之必须[3]。值得说明的是，如果行为者不是“以通行道路为目的”，尽管其出现在人行横道上，也有可能引发其自身法律定位的模糊，

[1] 宽泛地看，“行为”和“动作”本身并没有明晰的界限区分，甚至在生活语言当中也是互为同义词作彼此解释来运用。只不过是法律采用“行为”来作为调整对象，“行为”便有了规范的内涵。法律上的“行为”是指具有法律效果的举止行动。细微地看，“动作”作为一种主体五官位置、角色肢体位置等举止变化更为微小，在能够产生法效果的时候，便可转化为或者说综合转化为“行为”。

[2] 浙江省嘉兴市中级人民法院(2015)浙嘉行终字第52号行政判决书。

[3] 正如《道路交通安全法》第1条将“维护道路交通秩序，预防和减少交通事故，保护人身安全，保护公民、法人和其他组织的财产安全及其他合法权益，提高通行效率”作为立法目的。第62条规定，行人通过道路，是否安全除了根据道路交通信号的指示外，还需要行人自身根据实际情况加以判断。

遭遇是否属于行人的法律诘难。试举一例,如某甲在人行横道上久久驻足而不通行,又或其尽管明确示意过往车辆通过,看似其具有行使放弃自身通行权的外观,但基于立法目的考量,却不宜将之作为行人看待,而需要作为干扰道路通行安全行为处理。因此,在《道路交通安全法》第47条的规范之中,一方面,行人在通过人行横道的过程中,可以根据道路安全情况作出一定的自我保护行为;另一方面,行人在通过人行横道的过程中,除通行行为外所采取的行为也只能是一定的自我保护行为,而其他与通行道路无关的行为则不应适用该条款进行分析。

该自我保护行为性质及法律效果究竟为何?二审法院并未作出具体阐述,甚至在最高人民法院公布的指导案例文本中对这一重要问题予以了删除。笔者认为,"自我保护行为"这一理论问题却对《道路交通安全法》第47条第1款的整个规范内涵具有重要影响。基于这种考虑,笔者尝试作出以下分析。根据行为采取的原因不同,自我保护行为可以分为被动性的自我保护行为、主动性的自我保护行为。(1)被动性的自我保护行为是行人在通过人行横道的过程中,受到外力强力迫使其不得不作出的。例如在本案当中,当机动车在"遇到行人正在通过人行横道"没有停车让行,违反交通安全法律的时候,行人的通过行为可能因为机动车强势介入而被动地暂停"通过"行为而停步观察。这个时候,行人"通过"人行横道的过程虽然遭到机动车的违法介入,造成行人通过人行横道的中断,但是并不能影响行人"正在"通过人行横道这一行为的时态整体性的认定。本案中,二审法院便是持这一观点,这也构成了对行人"正在"通过人行横道事实认定的基础性价值判断。(2)主动性的自我保护行为是行人在通过人行横道的过程中,根据道路交通安全所主动作出的。这种自我保护行为根据行人是否放弃优先通行权可以分为两类情况:一类是行人为放弃"优先通行权的等待行为"。例如,有些行人(如年老、体弱、疾病等)对道路交通安全的判断标准可能相较于一般人的认知低一些,可能在机动车尚未对之造成现实危险时,便采取的停步观察、等待等行为。另一类是行人"放弃优先通行权的等待行为"。例如最高人民法院的观点认为,行人在通行人行横道的过程中可以示意机动车先行通过。

在上述三种行为中,由于行人被动性的自我保护行为以及未放弃优先通行权的等待行为均为破除行人"正在通过"人行横道这一行为的时态整体性的认定,因此机动车在这两种情况下未履行停车让行义务,都需要被认定为违反《道路交通安全法》第47条第1款“停车让行”规定。只有机动车遇到行人采取放弃优先通行权行为，明确示意机动车先行通过，才能真正使机动车停车让行的义务得到免除。或许这也是二审法院认为认定行人是否“正在通过人行横道”应当“以特定时间段内行人一系列连续行为为标准，而不能以某个时间点行人的某个特定动作为标准，特别是在该特定动作不是行人在自由状态下自由地作出，而是由于外部的强力原因迫使其不得不作出的情况”这一标准的真正用意。

但是，这里需要对自我保护行为和与道路通行无关的行为作以区分。如果行人在道路通行过程中主动性地采取和及时通行道路无关的行为，如长时间逗留、打闹玩耍等，既有可能归属为一般行为自由，也有可能属于滥用自身道路通行权。这些行为是否会变质为违法行为，主要是需要看其对道路交通安全、秩序造成的影响，然后进行判断。一审法院的判决在这里似乎具有一定的合理性，即“通过人行横道”作为行人的目的，行人必须将之目的通过行为外观显现出来，这也是机动车判断其是否依法履行停车让行义务的起点。但是，行人在人行横道上的违法行为，是否能够阻断机动车“应当停车”义务的履行，由于没有相关判决的支撑，也学理上的探讨，这一问题目前尚未有定论。笔者认为，如果行人在通行过程中可能违法逗留，其占道不走妨害交通之时，机动车和行人发生道路通行权争议时可能并不属于《道路交通安全法》第47条第1款的调整范围，而需要另外的法律责任评价机制进行调整，如依赖交警部门的行政裁量[1]等。

之所以需要对自我保护行为作详细的区分，一方面为了更加准确地界定行人行为的法律性质以及区分由此引发的法律效果，另一方面也在于道路交通安全法律对机动车道路通行权的严格抑制。其原因在于“机动车作为一种快速交通运输工具，在道路上行驶具有高度的危险性，与行人相比处于强势地位”，因此“必须对机动车在道路上行驶时给予一定的权利限制，以

---

〔1〕 当然，是否允许机动车和行人之间进行私力协调，也是存疑的。在交警部门看来，“如果行人已经停在人行横道上，机动车驾驶人可以示意行人快速通过，行人不走，机动车才可以通过”（见最高人民法院公布的本案基本案情中“被告辩称”部分内容。需要说明的是，该内容并非一二审判决书中的内容，而是最高人民法院公布的文本中增加的内容）。但是，在最终裁判理由中，并未寻见对该理由的回应，故该问题是存疑的。

保护行人"便成了道路交通法律的立法出发点[1]。在行人正在通过人行横道时,机动车应当停车让行的法律表述当中,对于机动车来说,当行人"正在通过"人行横道时,机动车就有了"应当停车让行"的义务。如果没有停车或者没有及时停车让行,便违反了该条规定,形成违法行为,应当受到法律的负面评价。

(二)"正在通过人行横道"条款的适用规则

总结"正在通过人行横道"的一般适用规则,无论是在日常道路交通行政管理活动中,还是在相关司法诉讼活动中便显得尤为重要。通过上述分析,笔者认为"正在通过人行横道"条款的适用规则主要如下:

一是,认定行人是否"正在通过人行横道"应当以特定时间段内行人一系列连续行为为标准,而不能以某个时间点行人的某个特定动作为标准。按照最高人民法院的观点,判断行人是否正在通过人行横道需要以"特定时间段"为时间标准、以行人行为的连续性为行为标准进行综合判断是比较科学合理的。但是另外一方面也需要根据具体实际情况对行人通行中的特定动作与自我保护行为和发生在人行横道上的与通行无关的行为加以区分。当然,尽管有时很可能是因为行人滥用自身道路通行权,作出了违反交通法律法规的行为,但是行人的违法行为只能由交通管理部门去依法处罚,机动车是没有私力救济的法律权利的,当然也不可能启动司法救济。

二是,行人在"通过"人行横道的过程中的"自我保护行为"应当受到法律的保护。这种自我保护行为即包括行人受到外部强力迫使而令其不得不做出的被动性自我保护行为,也包括行人根据道路交通安全状况采取的主

---

[1] 对机动车的道路通行权的限制以保护行人的立法旨趣典型体现在《道路交通安全法》第1条、第47条当中。该法第1条将"维护道路交通秩序,预防和减少交通事故,保护人身安全,保护公民、法人和其他组织的财产安全及其他合法权益"开宗明义地作为立法目的。其中"保护人身安全"当然将行人人身安全包含其中。第47条规定,"机动车行经人行横道时,应当减速行驶;遇行人正在通过人行横道,应当停车让行。机动车行经没有交通信号的道路时,遇行人横过道路,应当避让"。笔者认为,该条款可以解释为:无论路口有无信号灯,也无论是红灯还是绿灯,也就是说不管行人是否违反交通法律规定,只要行人行经人行横道时,机动车就应当减速行驶;无论有无信号灯,也无论是红灯还是绿灯,不管行人是否违反交通法律规定,只要遇有行人正在通过人行横道,机动车应当停车让行;机动车行经没有交通信号的道路时,无论有无人行横道,不管行人是否违反交通法律规定,遇有行人横过道路,都应当避让。尽管行人在道路通行需要遵循交通信号的指示进行,但是行人的违法与否并不能成为机动车对之让行义务的免除理由,而需要另外的调整机制。

动性自我保护行为。交通情况复杂，行人情况各异。行人在人行横道的行进过程中，需要对周遭环境是否安全进行判断，其判断方式无非是通过“左顾”“右盼”“耳听”等方式，进而决定是否继续“迈步”还是“停步观察”。在正常的安全环境下，行人需要在安全的时间段内，以连续不停的方式通行道路。如前文所述，由于行人被动性的自我保护行为以及未放弃优先通行权的等待行为均为破除行人“正在通过”人行横道这一行为的时态整体性的认定，因此机动车在这两种情况下未履行停车让行义务，都需要被认定为违反《道路交通安全法》第47条第1款“停车让行”规定。只有机动车遇到行人采取放弃优先通行权行为，明确示意机动车先行通过，才能真正使机动车停车让行的义务得到免除。而行人与通行无关的违法行为，则需要另外的评价机制[1]。

三是，机动车遇行人正在通过人行横道，“应当停车让行”义务的履行具有主动性，机动车的主动让行义务应当采取严格标准。法律规定，机动车“遇行人正在通过人行横道，应当停车让行”。在机动车对行人是否正在通过人行横道无法进行简单判断的时候，机动车的让行义务需要采取严格标准。这是因为机动车作为一种快速交通运输工具，在道路上行驶具有高度的危险性，与行人相比处于强势地位。法律对机动车在道路上行驶时给予一定的权利限制以保护行人在法律价值取向上更具有倾向性。或许基于规范成本和执法成本考虑，机动车只有严格且主动履行让行义务，才最大程度避免纠纷产生。

四是，行人在通过人行横道的过程中，可以示意机动车先行通过，但“示意”需要具有明显的外观且仅具有相对性。根据最高人民法院的观点认为，道路交通中机动车和行人都无法在信息完全静态中作出对方行为预测。“机动车和行人穿过没有设置红绿灯的道路路口属于一个互动的过程，任何一方都无法事先准确判断对方是否会停止让行，因此处于强势地位的机动车在行经人行横道遇行人通过时应当主动停车让行，而不应利用自己的强势迫使行人停步让行，除非行人明确示意机动车先通过。”这里最高人民法院认为行人可以放弃自身的优先通行权，但需要明确示意机动车先行通过。这就说明行人的示意行为需要达到明确的标准，行人必须以具有明显的行

---

〔1〕 这里值得注意的是，被告在一审答辩中称“如果行人已经停在人行横道上，机动车驾驶人可以示意行人快速通过，行人不走，机动车才可以通过”，这一表述或许在海宁市交警实际执法中是如此执行的，但是笔者并未发现其法律依据，故对这种观点是存疑的。

为外观予以让行,机动车才可以不履行让行义务。但是现实当中,机动车应让如何把握行人的让行是否足够明确,似乎仍然留有一定的辨识难度。例如行人的挥手等行为就比眼神等更具有明确性。对之,最高人民法院在裁判摘要中并未作出进一步说明。另外一个需要注意的问题是:行人"正在"通过人行横道的过程当中,可以根据道路交通安全情况放弃自身的道路通行权,但是这里的放弃只具有相对性,而不具有一般性。这是由于放弃优先通行权的自我保护行为也属于等待通行行为。换句话说,行人可以对距离自己最近,对自身安全造成比较大现实危险的机动车放弃自身的通行优先权,而可以对其他机动车不放弃。是否继续放弃自身的优先通行权,取决于行人对道路交通安全状况所作的主动选择。

四、"正在通过人行横道"适用规则的未尽问题

客观来说,尽管通过贝汇丰案发展出来的上述"正在通过人行横道"条款的适用标准对当前相关案件的争议解决具有一定程度的可操作性,但是并未对该条款可能存在的相关问题进行足够的讨论。例如该条款中人行横道的区域问题如何认定?行人超出人行横道区域过马路而引起的纠纷,是否还可以适用该条款予以解决?另外,该条款的适用范围或者说行人在人行横道上的优先通行权范围是整个人行横道还是根据机动车道正前方的人行横道[1]?

(一)"人行横道"的范围

人行横道的法律属性及其区域大小是该条款中厘清机动车和行人在此区域相关权利义务问题的关键。单从物理形态上来看,人行横道的范围就是交通部门在道路上绘制的由多条相互平行的白实线组成斑马线路区域。但实际生活当中,行人经由人行横道线区域通过道路的时候,并不一定完全行走在物理形态的斑马线上,尤其在人流量较大的时候,毕竟斑马线的横向长度相对通过道路的人流需求来说总是有限的,日常当中这种情况并非罕

---

〔1〕 鉴于此类问题同贝汇丰案当中"正在通过人行横道"的判断标准同属道路交通安全法第47条第1款中的重要问题,特在此简要提出,期待学界与实务界共同进行研究。

见。另外，行人停留在道路旁的人行横道上，无法判断其是否要通过时，如何判定其是否正在通过？如在2017年“姚进峰诉西安市公安局交通警察支队碑林大队行政处罚案”中，机动车未礼让行人就发生在案涉行人当时停留在道路旁的斑马线上[1]。以上两种情形都会引发了对“人行横道”范围的解释问题。那么，该条款所指“人行横道”规范区域是否有必要作这样理解：人行横道线区域实际上比物理形态的略微大一些？

根据《道路交通安全法》第61条规定，“行人应当在人行道内行走，没有人行道的靠路边行走。”人行横道作为专供行人横过道路的通道应属于人行道的一种。从严格的法律文本含义来说，所谓人行横道区域就是交通管理部门在道路上以斑马线或者其他形式划定的区域[2]。行人必须在“人行道内”行走，必须在“人行横道内”行走，而不得在“人行横道外”行走。如果行人在道路通行的时候超出人行横道线区域，则是违反交通法规的行为。

可以列举两个与之相关的特殊区域，在此予以简要说明。一个是在人行横道与其一侧机动车停车标线之间的安全距离，如果行人在通过道路时，经由此区域，单从规范角度而言，则需要将行人行走的地方按照通行一般情况的道路理解，而不宜理解为正在“通过人行横道”。因此对机动车在此区间的行为及义务判定，也不宜适用《道路交通安全法》第47条“遇行人正在通过人行横道”的规定。另外一个是在道路交叉口，由多条人行横道线围成的内部区域。该区域在法律上并未规定其专有名称，因此该区域也属于一般情况下的道路。在有交通信号控制的路段，尽管该区域由于在有限时间内行人专属通行的人行横线阻断了机动车通行的完整道路，但并不意味着行人在该区域拥有道路通行权。该段区域仍旧需要理解成为机动车的正常行驶区域，行人不得在此区域通行。

但是，《道路交通安全法》第47条以保护正在通过人行横道的行人安全为立法目的，如果在人流量比较大的时候，行人行走的范围溢出“斑马线”的

---

〔1〕 陕西省西安铁路运输法院(2017)陕7102行初第1828号判决书。

〔2〕 根据中华人民共和国交通运输部2009年7月28日公布、2009年10月1日开始实施的《公路交通标志和标线设置规范》(JTG D82—2009)规定，“人行横道线的最小宽度应为300cm，并可根据行人交通量以100cm为一级加宽。人行横道线的线宽应为40cm或45cm，线间隔宜为60cm，可根据车行道宽度进行调整，但其最大不应超过80cm”。我国人行横道的划定标准根据国家统一标准。按照法律规定，人行横道线的宽度是根据行人交通量确定的。如果人行横道线的宽度和行人交通量不匹配，则需要道路交通部门根据现实情况依法重新划定人行横道。

物理边界,法律就不予调整和保护,是否有悖立法目的? 可否在安全合理的限度内将该条"人行横道"的规范内涵作适当的扩大解释? 如果行人完全超出人行横道的物理标线区域,无法落入《道路交通安全法》第 47 条的"人行横道",而将之划归为一般道路,则行人穿行一般道路,机动车遇此情况的行为应当根据其他规范调整,那么无论是对于实际执法还是相关诉讼的审理都将带来一定的困难。因此,在此我们可能需要对《道路交通安全法》第 47 条中"人行横道"的规范解释的可容纳性予以慎重全面的考虑。需要考虑到实际情况中,由于行人在此区域违法通行的成本较低,交警部门在通常情形下也身不由己地采取"容忍"态度[1],但如果在规范解释和适用上对行人违法行为予以"合法化",既不安全也不合理,更会给行人漠视道路交通标志、肆意穿行道路带来毫无忌惮的理由,危害道路交通秩序,埋下更大安全隐患。

(二)机动车让行义务的细化

如下图所示,在我国城市道路交通中,人行横道主要分为两种:一种是路段人行横道,另一种是路口人行横道。实践中,我国在安排设计人行横道交通控制系统时,对路段人行横道主要有两种交通控制模式:一是设置地上交通标志的人行横道;二是不设置地上交通标志,只划定地面人行横道标线。根据《道路交通安全法》的相关规定,在仅划定地面标线的人行横道,由于路况条件不同,因而机动车承担的礼让义务也有所不同。此外,我国路口人行横道的交通控制模式主要有两种:一种是不设交通信号灯控制的路口;另一种是设置交通信号控制的路口。在两种控制模式下,机动车承担的礼让义务也存在不同[2]。

我国城市道路人行横道分类

路段人行横道	设置地上交通标志的人行横道
	不设置地上交通标志,只划定地面人行横道标线
路口人行横道	设置交通信号控制的路口
	不设交通信号控制的路口

---

〔1〕 这种情况尽管可以解释成为:行人溢出人行横道线区域多少能够属于安全距离依赖于交警部门行政裁量权的控制,但是并不能说明人行横道的范围确认不是该条款适用的一大疑难问题。

〔2〕 杨士林、杨菲楠:《人行横道前的机动车礼让义务》,《人民司法(案例)》2016 年第 20 期。

《道路交通安全法》第47条规定："机动车行经人行横道时，应当减速行驶；遇行人正在通过人行横道，应当停车让行。机动车行经没有交通信号的道路时，遇行人横过道路，应当避让。"有观点认为：行人通行权的范围为前方一个车道的距离[1]。以单个行人为例，处于不同车道的机动车距离行人位置不同，其礼让义务也有所不同。而机动车的礼让义务的起点，主要根据行人所处的位置为准。如在仅划定地面标线的人行横道路段中，当行人处于机动车道正前方以及机动车道（边线包括绿化带虚拟线、路沿石虚拟延长线、外缘车道虚拟延长线、车道虚拟延长线等）边缘的人行横道线时，处于距离人行横道最近车道的机动车就需要停车让行，而与之相邻的即将面对行人通过道路的机动车则需要减速让行。再如在不设交通信号灯控制的路口，当行人通过道路中央的双黄实线，行人右侧车道上（黄灯亮时已越过停止线的）直行的机动车[2]以及正前方右侧车道上右转的机动车，均承担停车让行义务，其他机动车以此类推。机动车承担的停车让行义务取决于行人的位置，当行人不断前行，其前方一个车道上的机动车依次承担停车让行义务。总之，"遇行人正在通过人行横道"的机动车无论是直行、右转还是左转，均应当为行人通过人行横道预留一个车道的安全距离，这构成了行人通行的权利范围。随着"车让人"规定越来越详细，对机动车"遇行人正在通过人行横道"礼让义务的规定也愈发细致。机动车在面对此种情形，需要严格遵守"车让人"的有关规定。道路交通执法人员应当根据不同情况对机动车的义务履行情况作出公正合理的判断和决定。这些规定尽管在有些地方以地方性法规或者其他规范性文件的形式予以规定，但是就全国范围内并未形成较为统一的标准。人行横道前，机动车让行的义务是否需要细化以及如何细化同样是"正在通过人行横道"条款适用中的一个关键问题。

五、结语

典型案例研究的意义除了对判决书寥寥数言背后的判决逻辑和独到法

---

〔1〕 杨士林、杨菲楠：《人行横道前的机动车礼让义务》，《人民司法（案例）》2016年第20期。

〔2〕 《中华人民共和国道路交通安全法实施条例》对信号灯路口机动车通行权进行了规定。第38条："机动车信号灯和非机动车信号灯表示：……（二）黄灯亮时，已越过停止线的车辆可以继续通行。"

理进行细致解读之外，还在于其对同类案件的指导借鉴的参考意义。斑马线上的冲突作为道路安全交通中极为常见的一种纠纷类型，无论是否走到司法裁判的阶段，“贝汇丰诉海宁市公安局交通警察大队道路交通管理行政处罚案”所引发的讨论和其判决所进一步形成的社会共识都会极大地影响人们对《道路交通安全法》第 47 条第 1 款的规范含义解读，影响到行人和机动车在人行横道上相遇的行为处理模式。

通过上述对“贝汇丰诉海宁市公安局交通警察大队道路交通管理行政处罚案”的案例研究，进而对其背后所触及的道路法律纠纷缘由进行学理上更为精细的分析，对道路交通当中行人和机动车在道路上相遇的处理模式具有十分重要的学理意义和现实意义。当然，行人通过人行横道有各种各样的形态表现，理论上无法也无必要穷尽。我们一方面需要做的只是如何在一般性上作出规定，确立行人和机动车之间的行为规范、处理模式，达到保障道路交通安全和通行顺畅的立法目的；另一方面也需要通过对道路交通文明的倡导对现有规则予以填补。本文从单个典型性案例研究处罚，注定无法穷尽相关问题，其中有关机动车和行人道路通行权的冲突、如何认定行人是否示意机动车先行通过等问题，可能仍旧需要我们进一步展开思考。

道路交通情况复杂多变，交通违法行为尤其是行人违法行为频繁多发，相对而言，道路交通执法人员数量则与之悬殊之极。道路交通中的违法现象一般属于“见到便罚”，如果按照违法必究的要求，道路执法则可能给道路交通执法带来不可承担的压力和执法成本。正因如此，道路交通文明既是道路交通法律的底线要求，同时又是最高追求。道路交通所追求的安全、高效、有序的理想目标，需要法律作为后盾的严格规制，也需要道路上的行人机动车严格遵守交通秩序，主动履行互相礼让的义务。对于道路交通文明的倡导，可能是该案判决中除了涉及对法律条款的解释和适用规则等问题之外，另一重要的诉求所在。

（初审：毛玮）

国际商事仲裁裁决的国籍问题

李剑桥*

【提　要】 国际商事仲裁裁决的国籍标志着其法律效力的来源。从理论界和各国实践来看，以地域标准作为国际商事仲裁裁决的国籍已经成为主流。而我国长期的实践和理论中都以仲裁机构为标准来判断国际商事仲裁裁决的国籍；但同时，我国是《纽约公约》的成员国，公约主要采取地域标准。因此，无论我国的学术界还是司法实践中，由于双重标准的存在都引起了很多问题和争论。本文主要针对这些问题，进行分析并提出一些建议来试图解决国籍认定上的困境。

【关键词】 国际商事仲裁　国籍　纽约公约　非内国裁决

一、国际商事仲裁裁决国籍相关理论

（一）国际商事仲裁裁决国籍的内涵

国际商事仲裁的裁决是指仲裁庭就当事人提交仲裁解决的事项作出的裁定，此项裁定无论在仲裁程序进行中的哪一阶段作出，对争议各方均有法律上的拘束力[1]。

而国籍这一概念来自国际公法，是指一个人作为特定国家的成员而隶属于这个国家的一种法律上的身份[2]。也就是说，国籍表示了一个人同他的国家的永久联系。基于此联系，国家对其享有属人优越权，此人则对国家

---

* 作者李剑桥，男，中央财经大学法学院国际法学硕士研究生，研究领域为国际经济法和国际商事仲裁法，E－mail：ljqlaw9211@163.com。

〔1〕 赵秀文：《国际商事仲裁法》，北京：中国人民大学出版社，2014 年，第 242 页。

〔2〕 李浩培：《国籍问题的比较研究》，北京：商务印书馆，1979 年，第 5 页。

有效忠的义务,在国际上就享受国家对其的外交保护。

国际商事仲裁裁决的国籍是指仲裁庭就国际商事仲裁案件作出的裁决与某一特定国家法律秩序的特殊联系。这里的特殊联系,是指特定国家的法院对该裁决所享有的撤销监督权。因为,在国际商事仲裁的立法和实践当中,一国法院仅有权撤销本国裁决,而不能撤销外国裁决,对于外国裁决来说,只存在承认与执行或者拒绝承认与执行的问题。传统观点认为仲裁裁决应当有其自身的国籍,此国籍标志着裁决的法律效力来源,因为仲裁如果不与某一特定国家的国内法相联系,就不会产生法律上的拘束力[1]。

(二)国际商事仲裁裁决国籍的相关理论

传统的观点认为,仲裁裁决应当有其本身的国籍,此国籍决定了裁决法律效力的来源。如果裁决不与特定国家的国内法相联系,就不能产生法律上的约束力。如 Mann 认为,仲裁受特定国家的法律(即仲裁地法)支配。他表示,私人的每一项权利和权力,均来源于国内法上的制度,传统上为法院地法。就仲裁而言,称为仲裁地法更为确切[2]。也就是说,是仲裁裁决地国法律赋予了仲裁裁决法律上的拘束力。如果裁决地国的法院不承认在其领土上作出的裁决的效力,或者撤销了这一裁决,这样的裁决一般也不能得到其他国家法院的承认和执行。《纽约公约》第五条第(五)项中"裁决对当事人还没有约束力,或者裁决已经由作出裁决的国家或据其法律作出裁决的国家的管辖当局撤销或停止执行",指的就是这种情形。

但是,20 世纪七八十年代,兴起了国际商事仲裁的"非当地化"(de - localisation)理论,或者称为"非内国化"(denationalisation)理论。"非当地化"理论的代表人物 Jan Pualsson 认为,"非当地化"的核心内容是仲裁程序的进行可以适用当事人或仲裁庭选定的仲裁地以外的国家或地区的程序法,仲裁裁决不一定要与仲裁地法相联系,其效力也不一定由仲裁地法授予[3]。根据这种理论,仲裁裁决的拘束力不与某一特定仲裁地法相关联,不受特定

---

〔1〕 周梗生:《国际法》(上册),北京:商务印书馆,1976 年,第 248 页。

〔2〕 Mann, *Lex Facit Arbitration in International Arbitration*: *Liber Amicorum for Martin Domke*, ed. *P. Sanders* (1967), p157.

〔3〕 Jan Paulsson, *Delocalization of International Commercial Arbitration*: *When and Why it Matters*, 32*Int' s&Comp. L. Q.* 53(1983).

仲裁地法来约束,那么就会出现仲裁裁决不能够被撤销,或者依照一国内国法撤销后,在另一国依然可能得到承认和执行的现象。

非当地化理论在实践中受到了很多批评。很多学者认为,任何一种法律义务都不能脱离法律秩序而独立存在,否则,仲裁以及其裁决的法律地位将是不确定的,这种不确定性将使仲裁裁决失去效力。理由如下:首先,国际社会依然是由主权国家所组成,要让国家不可能放弃对其境内仲裁活动的监督和管理。仲裁虽然不同于司法诉讼,但也不能任仲裁制度游离于仲裁地国的司法制度之外。其次,如果非内国仲裁严重违反了仲裁程序,受侵害的当事人应当有权要求撤销裁决,这一权利不应当被剥夺。在仲裁脱离了特定的法律体系的状态下,受害当事人无论是要求撤销不当的仲裁裁决,还是事后要求承认和执行裁决时,都难以获得特定国内法律体系的协助和保护。最后,若当事人关于仲裁程序的约定存在空白或缺陷时,也无法通过国内法进行补救。因此,非内国仲裁理论忽视了仲裁地司法协助的必要性[1]。

正是如此,国际商事仲裁裁决的国籍是内国法院在决定裁决是否能够被撤销时的关键考虑因素,因为内国法院只能撤销具有其本国国籍的裁决;同样,仲裁裁决国籍,对裁决承认和执行程序也具有重要意义。许多国家的法律都将裁决区分为内国裁决和外国裁决,然后对内国裁决和外国裁决采取不同的审查标准和执行方式。按照国际法上的基本原则和一些国家立法的实践,对在各国境内作出的仲裁裁决,均有权进行监督。主权国家一般也不愿意接受在它们各自管辖的地域内进行的仲裁程序与当地的法律制度没有联系的观点,也认同在各自管辖地域内作出的仲裁裁决是无国籍的论点[2]。由此可见,区别国际商事仲裁裁决的国籍是相当必要的。

(三)仲裁裁决国籍的认定标准

1. 仲裁裁决作出地标准

这种标准将仲裁裁决作出地所在国作为仲裁裁决的所属国。而裁决作出地所在国通常就是仲裁地,所以这种标准也可以称为仲裁地标准。以地

---

〔1〕 韩德培主编:《国际私法问题专论》,湖北:武汉大学出版社,2004年版,第434页。
〔2〕 赵秀文:《国际商事仲裁法》,北京:中国人民大学出版社,2004年版,第415页。

域为标准划分仲裁裁决国籍,准确、清晰、可操作性强,目前为世界上大多数国家所认可。而且,其实践意义在于,这一标准具有确定性,当事人能够预知仲裁裁决的国籍,在订立合同时合理地将仲裁地点选定在本国或是纽约公约的缔约国境内,为仲裁裁决的承认和执行进行必要的准备。

2. 仲裁程序适用法律标准

该标准主张判定仲裁裁决是内国裁决或是外国裁决,应依据仲裁程序适用的法律。适用本国法律作出的仲裁裁决是本国裁决,适用外国法律作出的裁决,即使该裁决在本国境内作出,也是外国仲裁裁决。这种标准曾经在一些欧洲国家被认为是唯一的仲裁裁决国籍标准,但是其有一个严重的弊端:仲裁裁决国籍的冲突。如甲国采用仲裁程序适用法的标准,乙国采用仲裁地的标准,当事人协议在乙国使用甲国的仲裁程序法。对这样的裁决,甲国和乙国都会将其认为是本国的仲裁裁决,此为裁决国籍的积极冲突,消极冲突亦是同理[1]。

以上两种标准是国际实践中比较多的两种标准。除此之外还存在其他标准,如前南斯拉夫选取了两种标准混合的方式,甚至还有国家采取仲裁员的国籍、裁决书的签字地点等标准,都是相对少见的。

二、《纽约公约》中的仲裁裁决国籍制度

(一)《纽约公约》中的仲裁裁决国籍标准

《纽约公约》在承认和执行外国仲裁裁决上起到了巨大的作用,而确定仲裁裁决国籍从而判断一个裁决是否为外国仲裁裁决是《纽约公约》发挥作用的重要前提。《纽约公约》第一条第(一)款规定[2]:仲裁裁决,因自然人或法人间之争议而产生且在声请承认及执行地所在国以外之国家领土内作成者,其承认及执行适用本公约。本公约对于仲裁裁决经声请承认及执行地所在国认为非内国裁决者,亦适用之。

---

〔1〕 吴文汀:《论国际商事仲裁裁决国籍的冲突与协调》,《中国外资》2014 年第 4 期,第 170 页。

〔2〕 *Convention on the Recognition and Enforcement of Foreign Arbitral Awards*: Article 1: This Convention shall apply to the recognition and enforcement of arbitral awards made in the territory of a State other than the State where the recognition and enforcement of such awards are sought, and arising out of differences between persons, whether physical or legal. It shall also apply to arbitral awards not considered as domestic awards in the State where their recognition and enforcement are sought.

从此条规定可以看出，依据《纽约公约》进行承认和执行的国际商事仲裁裁决包含了两类：外国仲裁裁决和非内国裁决。前者指在被申请承认执行地国以外作出的裁决；后者是指虽然在被请求国境内作出但因某种原因不被视为内国裁决。考察《纽约公约》的制定背景可知，《纽约公约》最开始采用的是"仲裁地标准"，但是遭到了法国、德国、意大利等大陆国家的强烈反对。这些国家认为仲裁应当将当事人国籍、争议标的以及适用的仲裁法都作为裁决国籍的考虑因素，而且反对"仲裁地标准"，主张采用单一的"非内国裁决"标准，以排除在境外作成但被这些国家视为内国裁决的裁决适用《纽约公约》。但是，美国等普通法系国家认为"非内国裁决"标准过于宽泛，每一缔约国自由确定此标准会给《纽约公约》的适用带来极大的不确定性。《纽约公约》最终兼采了这两种标准作为妥协〔1〕。

（二）"非内国裁决"的判断标准

《纽约公约》并没有给国内裁决作一个明确的定义。在实践中，当事人也很少会说明对他们之间争议所作出裁决的国籍问题。根据《纽约公约》规定，每个缔约国都可以自由地决定哪些裁决是"非内国裁决"。如美国联邦仲裁法中将完全产生于美国公民之间的商事法律关系排除出了《纽约公约》的调整范围，但是此法律关系涉及位于外国的财产，或者面临于国外履行或执行，或与一个或多个国家有合理关系的除外〔2〕。

对该自由的行使，缔约国通常会认为以下所有或者部分裁决是非内国裁决：(1)按照另一国的仲裁法作出的裁决。这种裁决只有可能产生于一种情形，即当仲裁地为申请承认与执行的法院地但该仲裁的适用法却为外国仲裁法时。这种情形发生的不多，因为这意味着申请承认与执行的法院地国内法允许当事人选择仲裁地法以外的法律作为仲裁的适用法。(2)含外

---

〔1〕 陈力：《ICC国际仲裁院在我国作成仲裁裁决的承认与执行——兼论〈纽约公约〉视角下的"非内国裁决"》，《法商研究》2010年第6期，第80页。

〔2〕《美国联邦仲裁法》（第9篇第2章）对"非内国裁决"的规定如下："第202节 属于公约范围内的协议或裁决产生于某个法律关系，无论是否为契约性的，商事的，含本篇第2节所描述的交易、合同或协议的仲裁协议或仲裁裁决属于公约的适用范围。完全产生于美国公民之间的上述法律关系应当视作不属于公约的范围，除非该法律关系涉及位于外国的财产，或面临国外履行或执行，或与一个或多个其他国家有合理关系。为本节起见于美国成立或其主要营业地位于美国的公司为美国公民。"

国因素的裁决。这种裁决于申请承认与执行的法院地之国家领土内作出的但含有外国因素，例如，当事人的国籍或住所地或引起争议的合同履行地在国外。判断非内国裁决的标准通常由缔约国实施的法律制定（如前文美国）。当事人极少会表明他们的裁决为非内国裁决。(3)无国籍的裁决。这种裁决与任何国家的仲裁法相分离，例如，由于当事人明确排除适用任何一个国家的仲裁法，或者规定适用跨国规则如仲裁法的通用原则。虽然已经有一些关于这类裁决的是否适用于《纽约公约》的讨论，主流观点认为公约的确适用于这类裁决。这类裁决极为罕见[1]。

对于“非内国裁决”的认定标准，我国最高人民法院在2001年《关于“麦考·奈浦敦有限公司申请承认和执行仲裁裁决案”请示的复函》（以下简称《复函》）中对此问题的解决方案作过答复。根据《复函》内容可知，“非内国裁决”应当是在“声请承认及执行地所在国”以外的国家作出的裁决，从地域上看，就是在承认及执行地所在国以外，就我国而言，就是指在我国以外所作出的裁决，才有可能被认定为“非内国裁决”。在我国领域内作出的裁决不在此内。但是《复函》并未明确规定我国对“非内国裁决”的认定标准。

三、我国法律对仲裁裁决国籍标准的相关规定

（一）我国仲裁裁决国籍的立法

我国的法律并没有明确规定仲裁裁决的国籍，与此相关的法律法规也只有《中华人民共和国民事诉讼法》（以下简称《民事诉讼法》）和《中华人民共和国仲裁法》（以下简称《仲裁法》）和相关司法解释，在其相关规定中可以得知我国法律对相关问题的态度。

结合我国《民事诉讼法》第二百三十七条、二百五十七条以及二百七十四条的规定可知，我国对我国仲裁裁决和外国仲裁裁决的承认和执行采取了分别的规定，即所谓的“双轨制”，对于我国的仲裁裁决，法院既可以裁定撤销，也可以裁定不予执行。而对于外国仲裁裁决，则只能够裁定不予执

---

〔1〕 扬帆译著：《商事仲裁国际理事会之1958纽约公约释义指南：法官手册》，北京：法律出版社，2014年，第21页。

行,没有规定有权撤销[1]。这也与本国只对具有本国国籍的仲裁裁决具有司法撤销权这一普遍原则是一致的。

《民事诉讼法》第二百八十三条:国外仲裁机构的裁决,需要中华人民共和国人民法院承认和执行的,应当由当事人直接向被执行人住所地或者其财产所在地的人民法院申请,人民法院应当按照中华人民共和国缔结或者参加的国际条约,或者按照互惠原则办理。

从《民事诉讼法》的结构来看,这一条是安排在第四编,涉外民事诉讼程序的特别规定中。因此,此条所规定的内容应当是涉外仲裁裁决需要在中国进行承认和执行的问题。相应地,《民事诉讼法》第二百三十七条规定了我国仲裁裁决的执行问题。从文义上看,第二百八十三条使用了"国外仲裁机构的裁决"的措辞。由此可知,《民事诉讼法》既没有采用仲裁裁决作出的标准,也没有采用仲裁程序适用法律标准,其标准应当是"仲裁机构所在地"标准。仲裁机构所在地与仲裁裁决作出地还是有一定差异的。当事人可以选择丙国的仲裁机构,选择在丁国作为仲裁地,那么丁国就将会是仲裁裁决的作出地。

虽然和国际主流实践存在一定差异,但我国仲裁立法关于国际商事仲裁裁决国籍的上述规定是有其特定的历史背景的。1996年之前,我国国际商事仲裁案件只能由专门成立的涉外仲裁机构审理,仲裁地也都在我国境内,我国涉外仲裁机构不到国外仲裁案件;而外国仲裁机构也很少在我国境内审理国际商事仲裁案件。因此,在当时来看,我国涉外仲裁裁决就是我国涉外仲裁机构作出的仲裁裁决;外国仲裁裁决就是外国仲裁机构作出的仲裁裁决[2]。

涉外仲裁裁决在我国的承认和执行问题,我国《仲裁法》也有相关的规定。在第七章涉外仲裁的特别规定中,使用的措辞是"涉外仲裁裁决"。如第七十条规定:当事人提出证据证明涉外仲裁裁决有民事诉讼法第二百五十八条第一款规定的情形之一的,经人民法院组成合议庭审查核实,裁定撤销[3]。"涉外仲裁裁决"通常应当认为是具有涉外因素的仲裁裁决,但是这

---

〔1〕 杨桦:《论〈纽约公约〉中仲裁裁决的国籍问题》,《河北法学》2012年第2期,第135页。

〔2〕 王天红:《论国际商事仲裁裁决国籍的确定》,《人民司法》2006年第9期,第37页。

〔3〕 《仲裁法》为2017年修订,此处《民事诉讼法》第258条对应的是2012年《民事诉讼法》修订以前的条文,在修订后,对应的条文应是新《民事诉讼法》的第274条。

既没有体现出仲裁裁决的作出地，也没有体现出适用的程序法和仲裁机构所在地，不能够帮助判断仲裁裁决的国籍。

此外，2009 年《最高人民法院关于香港仲裁裁决在内地执行的有关问题的通知》以及《最高人民法院关于内地与香港特别行政区相互执行仲裁裁决的安排》规定：在内地或者香港特区作出的仲裁裁决，一方当事人不履行仲裁裁决的，另一方当事人可以向被申请人住所地或者财产所在地的有关法院申请执行。这确认了仲裁机构在香港或者内地作出的仲裁裁决，可以进行承认和执行，明确适用了仲裁裁决作出地的标准[1]。但是这种适用仅适用于在香港作出的仲裁裁决，并不具备普遍性。

《最高人民法院关于适用〈中华人民共和国仲裁法〉若干问题的解释》第十六条规定了在当事人没有选择时，仲裁地法律可以作为涉外仲裁协议的效力审查的准据法。《中华人民共和国涉外民事关系法律适用法》（以下简称《法律适用法》）第十八条规定：当事人可以协议选择仲裁协议适用的法律。当事人没有选择的，适用仲裁机构所在地法律或者仲裁地法律。有学者认为这项规定可以表明我国《法律适用法》已经将仲裁地作为认定仲裁协议的准据法，加上最高法院的解释和司法实践，有必要修改我国《仲裁法》，明确仲裁地标准[2]。

（二）我国国际商事仲裁国籍认定中的问题

从上文可以得知，我国认定国际仲裁裁决的主要标准为仲裁机构所在地的标准，但我国在 1986 年加入了《纽约公约》，《纽约公约》框架下的标准为仲裁地标准和非内国裁决标准。一般认为，在民商事领域内，国际条约的适用是要优于国内法的[3]，因此在我国存在着确认仲裁裁决的双重国籍标准："地域标准"以及"仲裁机构所在地标准"。这样的双重标准给我国在认定国际商事仲裁裁决的国籍以及履行公约成员国义务时带来了很大的矛盾和冲突。

---

〔1〕 参见 2009 年《最高人民法院关于香港仲裁裁决在内地执行的有关问题的通知》以及 2000 年《最高人民法院关于内地与香港特别行政区相互执行仲裁裁决的安排》第 7 项。

〔2〕 李庆明：《境外仲裁机构在中国内地仲裁的法律问题研究》，《环球法律评论》2016 年第 3 期，第 181 页。

〔3〕 参见陈卫佐《法院地国家国内法中的冲突规则与国际条约的关系》，《法学研究》2013 年第 2 期，第 174 页。

根据我国特殊的仲裁裁决国籍认定标准，可能会在以下三种情况时出现争议。

1. 外国仲裁机构在外国作出的裁决

在这种情形下，最可能出现的问题是，外国仲裁机构在非仲裁机构所在国作出的仲裁裁决。如果按照《纽约公约》的规定，此种情况下仲裁裁决应该是仲裁地国的裁决。但是按照我国的规定只会将其裁决认定为具有仲裁机构所属国国籍的裁决[1]。

如国际商会仲裁院在法国境外（如我国）作出的仲裁裁决，也会被认定为具有法国国籍的裁决，而适用《纽约公约》进行承认执行。比如在"山西天利公司案[2]"中，当事人约定由国际商会仲裁院在香港仲裁，当事人申请承认执行的请求后，我国最高法院在复核的复函[3]中指出：国际商会仲裁院是机构仲裁，根据其仲裁机构的国籍直接将仲裁裁决认定为具有法国国籍而适用公约。但这份复函却排除了仲裁地在香港这一因素，也没有考虑是否适用大陆与香港之间的安排，这与我国的规定和国情显然是不符的[4]。1997年后，虽然《纽约公约》在香港继续保留实施，但是香港作为我国的一部分，当然不能被认定为"另一缔约国"而适用《纽约公约》，而应当适用大陆与香港之间的安排。

2. 中国仲裁机构在外国作出裁决

此种情况下，按照《纽约公约》，我国的仲裁机构作出的裁决应具有仲裁地国的国籍。而按照我国的规定，只可能具有我国国籍，不仅有可能出现国籍的积极冲突，还会出现此裁决无法通过公约得到承认和执行的情况。

中国国际经济贸易仲裁委员会（以下简称贸仲）2015年施行的仲裁规则第七条的规定，当事人可以自由选择仲裁地，仲裁裁决视为在仲裁地作出。北京仲裁委员会（以下简称北仲）2015年仲裁规则第二十六条也有内容相同的规定，这些规定给了当事人选择贸仲或者北仲作为仲裁机构的同时，将仲

---

〔1〕 赵秀文：《国外仲裁机构裁决不等于外国仲裁裁决》，《法学》2009年第9期，第128页。

〔2〕 参见万鄂湘主编，最高人民法院民事审判第四庭编《涉外商事海事审判指导》（2004年第3辑），北京：人民法院出版社，2005年，第60页。

〔3〕 参见最高人民法院（2004）民四他字第6号《最高人民法院关于不予执行国际商会仲裁院10334/AMW/BWD/TE最终裁决一案的请示的复函》。

〔4〕 宋连斌、董海洲：《国际商会仲裁裁决国籍研究——从最高人民法院的一份复函谈起》，《北京科技大学学报（社会科学版）》2009年第3期，第48页。

裁地选在《纽约公约》其他缔约国的空间。对这些仲裁机构在我国境外作出的仲裁裁决,根据"仲裁机构所在地标准"将被认定为具有我国国籍的裁决,我国法院可以撤销;但是依照《纽约公约》义务,我国应当根据"地域标准"将此类案件认定为具有外国国籍的仲裁裁决,而只能够进行承认和执行的程序。从这一角度看,此类仲裁裁决存在着不能通过《纽约公约》得到我国法院承认和执行的风险。

3. 外国仲裁机构在中国作出的裁决

外国仲裁机构在中国作出的仲裁裁决,依据《纽约公约》,应当具有中国国籍。但依据《民事诉讼法》的标准,应具有外国国籍。在2009年的"宁波工艺品公司案"[1]中,当事人约定由国际商会仲裁院仲裁,仲裁庭由一名新加坡籍仲裁员独任,仲裁地约定在北京。后裁决作出,另一方当事人杜弗克公司向宁波中院申请承认执行。最后宁波中院裁定,ICC国际仲裁院针对"宁波工艺品公司案"作出的裁决为《纽约公约》项下的"非内国裁决",应当承认和执行。这是我国第一次对ICC国际仲裁院在我国作出的仲裁裁决予以承认和执行,同时也是首例中国法院依据《纽约公约》的规定承认和执行"非内国裁决"的案例。

另外,2003年"旭普林公司诉无锡沃克公司案"[2]中,法院认为国际商会仲裁院在中国作出的仲裁裁决不是我国裁决,而将国际商会仲裁院在中国作出的仲裁裁决视为《纽约公约》项下的"非内国裁决"。但是最终法院以仲裁条款无效为由拒绝承认和执行。这一判决出来后引起了很大的争议,将这种裁决认定为《纽约公约》项下的"非内国裁决"从表面上看是一种相对比较合适的处理方法,既符合我国国情又不会违反我国的公约义务。但这种处理方法还是有一定问题的。

我国法院把国际商会仲裁院在我国境内所作出的仲裁裁决认定为"非内国裁决",从而根据《纽约公约》在我国法院进行承认和执行在法律上存在障碍。我国在加入《纽约公约》时对第一条提出了保留:中华人民共和国只在互惠的基础上对在另一缔约国领土内作出的仲裁裁决的承认执行适用该

---

〔1〕 参见赵秀文《从宁波工艺品公司案看我国法院对涉外仲裁协议的监督》,《时代法学》2010年第5期;浙江省宁波市中级人民法院(2008)甬仲监字第4号民事裁定书。

〔2〕 参见江苏省无锡市中级人民法院(2004)锡民三仲字第1号以及无锡高新技术产业开发区人民法院(2004)新民二初字第154号民事判决书。

公约。根据此项保留，我国适用《纽约公约》的前提是针对“另一缔约国领土内”作出，那么国际商会仲裁院在我国境内作出的仲裁裁决就不符合我国适用《纽约公约》的条件，不能依据《纽约公约》在我国得到承认和执行，更不能依据《纽约公约》将其认定为“非内国裁决”。此外，我国的相关法律或者司法解释没有对“非内国裁决”的标准作出明确的规定或说明，因此对此进行承认和执行也缺少国内法律依据〔1〕。

前文已述，“非内国裁决”并没有一个确定的标准，内国法院对此具有自由裁量权。而且，国际商会仲裁院在我国境内作出的裁决也并不是完全都能被认定为“非内国裁决”得到承认和执行。最高人民法院的法官在接受采访时就表示：宁波的个案并不能代表中国立法以及最高司法机构对此类似裁决的态度。因此这种不确定的标准将会为仲裁的承认执行带来很大的风险，从而影响我国的仲裁环境以及我国在国际上的形象〔2〕。

此外，从旭普林案在我国和德国的执行情况看，国际商会仲裁院在我国作出的仲裁裁决依据我国法律并不能认定为我国裁决，我国法院无权依据我国仲裁法对其进行司法监督。而世界上大多数国家目前都采取了仲裁地标准，那么这种裁决也不能认定为是那些国家的裁决。这种裁决在世界范围内就会成为无国籍裁决，不受任何国家法律的监督，不会依据某国法律而撤销，仲裁庭的相应仲裁过程也难以得到国家法院的支持。

四、对我国仲裁立法的完善建议

造成以上问题的原因有很多，主要原因还是我国仲裁裁决国籍制度的落后和《仲裁法》中相关制度的缺位。我国立法“仲裁机构所在地”标准的确立有其自身历史的原因，已经不符合现在的国情和国际商事仲裁实践。“仲裁地标准”是《纽约公约》所确立的主要国籍判断标准，也是国际的主流，在我国推动“一带一路”战略和“走出去”方针的今天，相关制度和国际的接轨是重要的一步，再加上这种制度和我国目前国情和公共利益并不矛盾，应当予以纳入，并对我国现行的相关仲裁和仲裁裁决的承认执行的法律体系进

〔1〕 刘晓红：《非内国仲裁裁决的理论与实证论析》，《法学杂志》2013年第5期，第85页。

〔2〕 宋连斌、王珺：《国际商会在中国内地仲裁：准入、裁决国籍及执行——由宁波中院的一份裁定谈起》，《西北大学学报（哲学社会科学版）》2011年第3期，第158页。

行系统的修改。

目前,从司法审查尤其是仲裁裁决的承认与执行的角度,我国主要是将仲裁裁决分为"外国仲裁裁决""国外仲裁机构的裁决""国内仲裁裁决""我国涉外仲裁机构裁决""港台裁决"五类,并且针对上述不同类型的仲裁裁决规定了不同的司法审查标准[1],对纯粹国内裁决应当依据《仲裁法》第五十八条的规定进行审查,而针对涉外仲裁裁决,《仲裁法》第七十条和第七十一条分别对涉外仲裁裁决规定了"撤销"和"不予执行"两种处理方式。其立法原意应当是分别针对我国和国外仲裁裁决采取不同的处理手段,但是限于《仲裁法》对仲裁裁决国籍规定的空白,只得统一使用了"涉外仲裁裁决"的措辞,不能表达出仲裁裁决的国籍,在实践中可能会引发争议,因此应当通过修改的方式进行区分。此外,这几种分类依据的法律并不相同,具体的标准也不相同,需要通过立法进行统一。

我国2017年新修的《民事诉讼法》在仲裁以及涉外仲裁部分只是将法条的顺序进行变动,并没有对相关内容有所触及。加上我国《仲裁法》也没有对仲裁裁决的国籍进行明确规定,造成了实践中的矛盾和冲突。本文认为,为解决上述问题,完善相关立法,应当对下列法条进行修改:

1. 在《仲裁法》中明确增加仲裁裁决的国籍判断标准:"我国以仲裁地为标准判断商事仲裁裁决的国籍。凡仲裁地在我国境内的仲裁裁决,都是具有我国国籍的仲裁裁决,要接受我国的司法审查。"此外还可以更详细地规定,或者由最高院出台司法解释:"我国仲裁机构或国外仲裁机构在我国境内作出的涉外仲裁裁决都依据《仲裁法》第七十条进行审查;我国仲裁机构或者外国仲裁机构在我国境外作出的裁决,需要中华人民共和国人民法院执行的,人民法院应当依照《仲裁法》第七十一条处理"[2]。另外,《仲裁法》第七十条和第七十一条分别是对我国裁决和外国裁决进行监督的手段,但两条款都用了"涉外仲裁裁决"的措辞,可以分别修改为"我国涉外仲裁裁

---

[1] 参见《仲裁法》第六十三条、第七十一条、第七十二条,《民事诉讼法》第二百一十七条、第二百五十九条、第二百六十条、第二百六十九条,《最高人民法院关于内地与香港特别行政区相互执行仲裁裁决的安排》第七条,1998年《最高人民法院关于认可和执行台湾地区民事判决的规定》第九条。

[2] 《仲裁法》第七十条规定:当事人提出证据证明涉外仲裁裁决有民事诉讼法第二百五十八条第一款规定的情形之一的,经人民法院组成合议庭审查核实,裁定撤销。第七十一条规定:被申请人提出证据证明涉外仲裁裁决有民事诉讼法第二百五十八条第一款规定的情形之一的,经人民法院组成合议庭审查核实,裁定不予执行。

决”和“外国仲裁裁决”以进行区分。

2. 将2017年修改的《民事诉讼法》中第二百八十三条中的“国外仲裁机构的裁决”改为“外国仲裁裁决”。在当前仲裁实践中，根据地域标准，外国仲裁机构的裁决不一定都是外国裁决。据此，我国商事仲裁裁决应当划分为“我国仲裁裁决”“我国涉外仲裁裁决”“外国仲裁裁决”“港澳台仲裁裁决”四部分，以前的“外国仲裁机构的裁决”根据地域标准被划分到以上类型中去，“涉外仲裁裁决”与地域没有必然联系，也可能同前述几种分类发生交叉，可以在不同语境中使用。我国大陆地区与港澳台地区的仲裁裁决承认和执行问题依然按照最高人民法院的相关安排进行处理。

如此修订，上面所述的三方面问题都将迎刃而解。首先，外国机构在非本国内作出的裁决，则根据仲裁裁决作出地来确定其国籍。如在香港作出也不会出现适用大陆与香港适用《纽约公约》承认执行的情况；其次，我国仲裁机构在外国作出的裁决，也因采取地域标准而具有外国国籍，从而可以通过公约得到承认和执行。最后，按照地域标准也就是把外国仲裁机构在中国境内作出的裁决也认定为我国仲裁裁决进行审查，这样不仅使仲裁庭的行为从立法上得到了法院的支持和监督，也可以维护我国司法机关对在我国境内发生的仲裁的司法审查权。

据此，采取单一的地域标准，各类商事仲裁裁决分别由相应的司法审查机制或承认与执行法律机制进行审查或者监督，既使我国的立法符合《纽约公约》项下的国际义务，且迎合了国际立法趋势，也解决了我国现在司法实践中困境和难题，可以进一步完善我国仲裁法律制度。此外，这也会减少仲裁裁决承认执行的不确定性，有利于树立我国在国际上的良好形象。

（初审：梁丹妮）

税收事先裁定行为的法律属性

周密*

【提 要】 事先性、特定性、适用性和服务性并不能体现税收事先裁定行为的法律属性特质，因而应当从是否创设新的法律关系，是否具有双方约束力，是否要求普遍适用性以及是否满足可救济性四个方面分析其基本特征。通过基于以上四个方面的比较，税收事先裁定行为排除了行政决定、行政合同、行政解释以及行政事实行为的法律属性可能。应当将税收事先裁定行为界定为一种助成性行政指导行为，同时通过对行政指导起源、性质和作用的再认识以及借鉴日本法上“法令适用事前确认程序”，应当在构建和完善税收事先裁定制度的过程中注重依法行政原则和正当程序原则的遵守，切实保障纳税人合法权益，推动税收征收管理法治化的同时，促进该制度的有效运行。

【关键词】 税收事先裁定　基本特征　法律属性　助成性行政指导

国务院法制办公室在其2015年公布的《中华人民共和国税收征收管理法修订草案(征求意见稿)》(以下简称《征管法草案(意见稿)》)曾提出建立纳税人预约裁定制度[1]，引起了理论和实务层面的广泛关注。理论研究上

---

* 作者周密，男，中央财经大学法学院2016级法学硕士研究生，研究领域为行政法学、宪法学、财税法学等，Email：ianzm4@sina.com。

〔1〕 2015年国务院法制办公布的《中华人民共和国税收征收管理法修订草案(征求意见稿)》第46条规定：“税务机关应当建立纳税人适用税法的预约裁定制度。纳税人对其预期未来发生、有重要经济利益关系的特定复杂事项，难以直接适用税法制度进行核算和计税时，可以申请预约裁定。省以上税务机关可以在法定权限内对纳税人适用税法问题作出书面预约裁定。纳税人遵从预约裁定而出现未缴或少缴税款的，免除缴纳责任。”参见《国务院法制办公室关于〈中华人民共和国税收征收管理法修订草案(征求意见稿)〉公开征求意见的通知》，登载于“中国政府法制信息网”，网址：http://www.chinalaw.gov.cn/art/2015/1/5/art_42_205045.html，访问时间：2017年7月2日。

多将其称为税收事先裁定制度,然而学界现有研究多集中于借鉴域外国家或地区的实践经验,提出构建我国相关制度的设想[1],而现有的研讨该制度的理论基础和法律性质者,也并不深入,未能充分论证该制度的法律属性究竟何为[2]。“不可去名上理会。须求其所以然。”税收事先裁定制度作为完善我国纳税人权益保护体系的重要内容[3],实际上是保护纳税人宪法上基本权利的一项具体措施。“税法预先核释、预先适法审核是作为宪法之具体化的纳税人权利的事前保护机制。”[4]因而只有从宪法与行政法角度明确税收事先裁定行为的法律属性,才能有效规制税务行政机关在具体实施该制度过程中的行政行为,从而切实保障纳税人的基本权利,同时充分发挥该制度的实践优势。

一、税收事先裁定行为的基本特征

现有研究普遍是将事先性、特定性、适用性和服务性视为税收事先裁定行为的特征[5],然而这些特征并不能作为区分其法律属性的基础标准。也就是说这些特征只是简单地描述税收事先裁定行为的特点,却不能成为判断某一行为是否属于该制度的依据。因而笔者认为有必要从是否创设新的法律关系、是否对双方主体都具有法律约束力、是否要求直接的普遍适用性

---

〔1〕 参见张建忠《美国税收事先裁定的实践及经验》,《税收经济研究》2016 年第 3 期,第 52—56 页;罗飞娜《香港税务事先裁定制度特点及其对内地的启示》,《税收经济研究》2015 年第 4 期,第 23—29 页;李凯、李捷、孙金山《税务事先裁定的国际经验及借鉴》,《国际税收》2016 年第 4 期,第 26—28 页;熊晓青《事先裁定热点问题研究》,《国际税收》2016 年第 4 期,第 6—9 页;虞青松、张剀《税收事先裁定的组织建构初探》,《税务研究》2016 年第 6 期,第 92—96 页;王明世《税务事先裁定程序规则的构建研究》,《税收经济研究》2015 年第 1 期,第 30—37 页。

〔2〕 参见朱大旗、姜姿含《税收事先裁定制度的理论基础与本土构建》,《法学家》2016 年第 6 期,第 120—132 页;聂淼、熊伟《预先裁定制度与纳税人权利保护》,《国际税收》2016 年第 1 期,第 63—67 页。

〔3〕 国务院法制办在关于 2015 年《中华人民共和国税收征收管理法修订草案(征求意见稿)》的说明中,将该制度作为进一步完善纳税人权益保护体系的一项重要举措。参见《国务院法制办公室关于〈中华人民共和国税收征收管理法修订草案(征求意见稿)〉公开征求意见的通知》,登载于“中国政府法制信息网”,网址:http://www.chinalaw.gov.cn/art/2015/1/5/art_42_205045.html,访问时间:2017 年 7 月 2 日。

〔4〕 葛克昌:《税捐行政法——纳税人基本权视野下之税捐稽征法》,厦门:厦门大学出版社,2016 年,第 7 页。

〔5〕 参见刘磊、熊晓青、周妍《事先裁定制度研究》,《税务研究》2012 年第 9 期,第 42—48 页。

以及是否需要满足可救济性的基本要求四个角度重新审视税收事先裁定行为，以便为接下来该行为法律属性的辨析奠定基础。

（一）是否创设新的法律关系

首先，在是否创设新的法律关系方面，税收事先裁定行为的基本特征是并未创设新的法律关系。这一点实际上与税收事先裁定行为的事先性存在一定联系，正是由于事先性的存在，税务机关与事先裁定申请人之间处于尚未建立税收法律关系的状态，同时这样的状态也并不会因为申请人申请事先裁定而发生改变。根据税法的基本理论，税收法律关系的产生、变更和消灭是由税收法律事实引起，而税收法律事实主要包括不以权力主体意志为转移的税收法律事件和以权力主体意志为转移的税收法律行为。税收事先裁定的申请人只是在遇到预期未来发生、有重要经济利益关系的特定复杂事项，难以直接适用税法制度进行核算和计税时，申请预约裁定。而税务机关虽然就相关事项进行了事先裁定，但并不改变原有的法律关系，因而并不存在创设新的法律关系的可能。就这一点而言，税收事先裁定行为与税收遵从协议具有相似的地方，并不会对原有税收行政法律关系进行变更，只是在原有的税法关系框架内运行[1]。

（二）是否具有双方约束力

其次，在是否具有双方约束力方面，税收事先裁定行为的基本特征是只具有单方面的法律约束力，只对税收行政机关的行为产生一定程度上的法律约束力，而并不会约束纳税人，纳税人可以按照自己的意愿，出于自身利益的考量判断和选择是否从事该行为。在大多数国家的税收事先裁定制度中，都要求事先裁定对税务行政机关事后变更行为产生制约[2]，而这种制约性的产生大多是出于对纳税人信赖利益保护的目的。“信赖保护原则要求保护受益人对行政机关作出行政行为所造成的状态的信任。而信赖保护的条件是受益人信赖行政行为存在，并且根据与撤销的公共利益的权衡，其信

---

〔1〕 参见熊樟林《税收遵从协议行政指导属性之证成》，《北京理工大学学报（社会科学版）》2015年第4期，第150—155页。

〔2〕 参见朱大旗、姜姿含《税收事先裁定制度的理论基础与本土构建》，《法学家》2016年第6期，第126—127页。

赖值得保护。”[1]“在税法领域，信赖保护原则就主要体现在稽征机关承诺之效力。特别是纳税人对解释令函之信赖。”[2]这种对税收行政机关约束力产生的前提是纳税人在申请事先裁定时全面、真实、准确地提供了裁定所必需的事实信息[3]。而另一方面，税收事先裁定的约束力具有单方性，对于纳税人来说并不受申请裁定的行为以及税务机关作出的事先裁定结果约束。

（三）是否要求普遍适用性

再次，在是否要求普遍适用性方面，税收事先裁定行为实际上并不具有普遍适用性。税收事先裁定是由税务机关根据裁定申请人申请时所提供的事实信息，作出的有针对性的裁定，因而并不具有普遍适用的效力。然而这并不妨碍其他纳税人将该裁定作为分析自身纳税行为的参考因素，而由此产生的法律后果实际上应当由其他纳税人自行承担。也就是说，税务机关针对某一申请人作出的税收事先裁定可以通过公开的方式，为其他纳税人提供参考，但其价值仅限于参考，其他纳税人并不能要求税务机关一定要将适用于申请人的裁定适用于其自身。一方面是由于主体之间的具体情况可能有所差异，而对于差异的判断的权力在税务机关，而不在纳税人自身，在存在争议的情形下，其最终判断的权力在司法机关。另一方面在大陆法系并不存在“法官造法”“先例必须遵守”的传统，司法机关审理案件的依据必须是成文的法律，因而在行政裁决的过程中，行政机关对相对人的裁决也必须遵守依法行政的基本原则，以成文的法律或者行政法规作为依据，这也是大陆法系与英美法系的明显区别之处。因而在大陆法系国家的税收事先裁定制度更强调个案的判断，不具有普遍适用性。

---

[1] 信赖保护成立的条件是：(1)受益人相信行政行为的存在；(2)他的信赖值得保护；(3)其信赖利益大于因恢复合法性的公共利益。信赖不值得保护的情形包括：(1)受益人通过行贿或其他不正当手段促成行政行为作出的；(2)能够或者必须认识违法性的；(3)违法性可归因于受益人的。参见[德]哈特穆特·毛雷尔：《德国行政法学总论》，高家伟译，北京：法律出版社，2000年，第277—281页。

[2] 参见葛克昌《税捐行政法——纳税人基本权视野下之税捐稽征法》，厦门：厦门大学出版社，2016年，第69—70页。

[3] 参见王明世《税务事先裁定程序规则的构建研究》，《税收经济研究》2015年第1期，第30—37页。

(四)是否满足可救济性

最后,在是否满足可救济性的问题上,税收事先裁定行为应当满足可救济性。可救济性往往与约束力息息相关,双方都不具有约束力的行政行为并不存在可救济性,而具有单方约束力的行政行为也并不都能够通过有效的途径寻求救济。然而在税收事先裁定行为中,这种可救济性是存在的。在《征管法草案(意见稿)》中明确规定了纳税人遵从预约裁定而出现未缴或少缴税款的,免除缴纳责任。当税务主管机关有违该规定时,税收裁定申请人有权就免除纳税部分,提起行政复议或行政诉讼,维护其合法权益。由此可见就税收事先裁定申请人而言,有效的救济途径是可以实现的。因而应当将可救济性连同未创设新的法律关系、只具有单方约束力以及不要求具有普遍适用性共同作为税收事先裁定制度的基本特征和判断其法律属性的重要依据。

二、税收事先裁定行为法律属性的争论

关于税收事先裁定行为的法律属性,根据大陆法系行政法学的基本理论主要存在着以下不同的主张:行政决定论、行政合同论、行政解释论、行政事实行为论以及行政指导论。这些理论与税收事先裁定行为的基本特征存在着某些相同之处,但也普遍存在着不同程度上的差异性。因而要辨析税收事先裁定行为的法律属性就需要更加深入地认识和理解不同理论主张背后的行政法原理。

(一)行政决定论

税收事先裁定行为与行政决定,特别是德国行政法上的"须相对人参与的决定"存在相类似的特征,因此存在将其视为行政决定的可能[1]。行政决定,又称行政处分、行政处置或行政处理,在我国行政法学研究中更多称为具体行政行为,是指"行政机关,就公法上具体事件所为之决定或其他公权

---

〔1〕 参见聂森、熊伟《预先裁定制度与纳税人权利保护》,《国际税收》2016年第1期,第63—67页。

力措施,而对外直接发生法律效果之单方行政行为”[1]。“须相对人参与的决定”是行政处分依是否须当事人参与所作的进一步分类,具体指“须经相对人申请或同意始能作成或生效的行政处分”[2]。在行政决定的概念要件中,须是行政机关所作成、须是公法案件、须是单方行为、须是针对特定个案的要求税收事先裁定制度都能够满足。唯一存在差异性的是,行政决定要求“须产生直接的法律效果”,而税收事先裁定行为,作为行政机关针对具体的案件向行政相对人所作的法令解释,尚未对相对人产生权利义务之效果,故仍不可视为行政决定[3]。

(二)行政合同论

有学者将税收事先裁定行为视为行政合同性质的体现,认为税收事先裁定行为与传统的税收法律关系存在明显不同,在传统的税收法律关系中,税务机关处于主导地位,而纳税人处于从属地位,而在税收事先裁定行为中,税务机关与纳税人之间具有一定的平等性和信赖合作关系,带有一定的民事法律关系色彩[4]。同时税收事先裁定行为与行政合同也都体现了行政机关在处理与相对人的关系方面努力弱化其不平等法律地位和减少强制性行政命令的特点。行政合同的出现与发展,同作为行政法母国的法国有着密切的联系。法国行政法中的行政合同最初被用于公共工程承包合同、公共工程捐助合同、公务特许合同等,“二战”后被广泛应用于经济发展和资源开发方面,政府在执行经济计划时,避免采取行政命令的方式,而是和企业签订合同,这被称为政府的合同政策,是对传统的执行计划方式的一种改进[5]。

对于行政合同的界定理论上存在争议,形式主义者将合同主体作为判定行政合同的主要依据,典型的是日本;实质主义者则将合同标的,如德国;合同条款,如法国;抑或是合同目的作为判定行政合同性质的标准[6]。我国

---

〔1〕 陈新民:《中国行政法学原理》,北京:中国政法大学出版社,2002 年,第 134—135 页。
〔2〕 翁岳生主编:《行政法》(上册),北京:中国法制出版社,2009 年,第 644 页。
〔3〕 参见陈新民《中国行政法学原理》,北京:中国政法大学出版社,2002 年,第 138—139 页。
〔4〕 参见王明世《税务事先裁定程序规则的构建研究》,《税收经济研究》2015 年第 1 期,第 30—37 页。
〔5〕 参见王名扬《法国行政法》,北京:北京大学出版社,2016 年,第 143—144 页。
〔6〕 参见胡宝岭《行政合同争议司法审查研究》,北京:中国政法大学出版社,2015 年,第 3—12 页。

法律上采取列举式的方式加以限定[1]，而司法实践中则采取综合各方面因素进行判定[2]。税收事先裁定行为与行政合同的不同之处主要体现在两个方面：第一，行政机关与相对人通过订立行政合同的方式为双方创设了新的法律关系，而税收事先裁定行为并不存在新创设的法律关系；第二，行政合同作为行政机关与相对人意识自治的产物，对于双方当事人都具有约束力，而税收事先裁定行为只存在对行政机关一方的强制约束力。

（三）行政解释论

税收事先裁定行为的主要意义在于针对申请人提出的税法适用上的疑难问题，预先作出裁定，因而有学者将其视为行政解释的一种[3]，或是认为其主要任务是税法解释[4]。然而实际上税收事先裁定制度与行政解释既有联系又有区别。税法解释是行政解释的一种，而行政解释与立法解释、司法解释并列，共同构成法律解释的重要内容。行政解释是指享有法定行政解释权的特定国家行政机关依法对行政法规、部门规章和地方性规章所作出的，在解释主体的辖区范围内具有普遍性行政拘束力的阐释和说明[5]。而税务机关实际上行使着事实上的税收执法解释权[6]。税收事先裁定制度通过税收行政机关对纳税人的疑难问题作出有针对性的个案解释，从而影响纳税人的税捐规划化和契约自由[7]。从而与行政解释一样具有一定的法律约束力。但两者不同之处在于行政解释应当是一种具有普遍适用性和拘束力的释法行为，而税收事先裁定行为在大陆法系国家不支持“法官造法”的

---

〔1〕 2014 年修订后的《中华人民共和国行政诉讼法》将行政协议诉讼的受案范围限定于政府特许经营协议、土地房屋征收补偿协议等协议。而 2015 年《最高人民法院关于适用〈中华人民共和国行政诉讼法〉若干问题的解释》明确规定：“公民、法人或者其他组织就下列行政协议提起行政诉讼的，人民法院应当依法受理：（一）政府特许经营协议；（二）土地房屋等征收征用补偿协议；（三）其他行政协议。”

〔2〕 司法实践中往往综合考虑行政协议的主体、客体以及形式后再作出判断。参见“陈明树、黎万琼与四川省仪陇县人民政府行政协议争议再审案”，最高人民法院（2016）最高法行申2513 号。

〔3〕 参见聂淼、熊伟《预先裁定制度与纳税人权利保护》，《国际税收》2016 年第 1 期，第 63—67 页。

〔4〕 参见朱大旗、姜姿含《税收事先裁定制度的理论基础与本土构建》，《法学家》2016 年第 6 期，第 120—132 页。

〔5〕 参见郕长策《行政解释的概念探究》，《法学杂志》2008 年第 3 期，第 149—151 页。

〔6〕 参见伍劲松《我国税法行政解释制度之反思》，《税务研究》2010 年第 3 期，第 69—72 页。

〔7〕 参见葛克昌《税捐行政法——纳税人基本权视野下之税捐稽征法》，厦门：厦门大学出版社，2016 年，第 32—34 页。

基本观念的影响下,其普遍适用性往往并不被广泛认可。

(四)行政事实行为论

行政事实行为,又称事实活动或纯行政行为,是指以某种事实结果而不是法律后果为目的的所有行政措施。这不仅是事实行为与行政行为的区别,也是事实行为与其他法律行为的区别所在[1]。也就是说事实行为的结果并不涉及法律关系,并不是为了产生、变更或消灭一个行政法上的权利或者是义务关系,而仅仅是产生了"事实效果"[2]。就这一方面而言,行政事实行为与税收事先裁定行为存在相似性。有我国台湾地区学者将行政事实行为分为执行性行为、通知性行为、协商性行为和其他建设、维持行为,其中通知性行为中的法令咨询与税收事先裁定制度类似。也有德国学者将行政事实行为区分为认知表示行为,如答复、警告、通知、申请等,以及纯业务行为,如支付金钱、驾驶公务车辆、注射预防针、清扫街道、修建办公楼等,税收事先裁定行为可以近似被视为认知表示行为中的答复[3]。

而税收事先裁定与行政事实行为的主要差异体现在救济性方面,税收事先裁定申请人因遵从预约裁定而出现未缴或少缴税款的,应当免除其缴纳责任。当税务机关拒不执行上述规定,仍要求纳税人缴纳税款的,纳税人可以通过行政复议或者行政诉讼等途径维护自身的合法权益。而行政事实行为则并不满足这样的救济性要求,由于事实行为并非法律行为,尤其不是行政决定,故无法依行政复议法或诉讼法提起救济,所以要督促行政机关积极执行事实行为,似乎只能通过陈情或者是政治参与的途径来达成[4]。因而是否能够满足可救济性要求成为了行政事实行为与税收事先裁定行为的主要差异所在。

(五)行政指导论

将税收事先裁定行为定性为一种税收行政法上的行政指导行为,目前

---

〔1〕［德］哈特穆特 · 毛雷尔《德国行政法学总论》,高家伟译,北京:法律出版社,2000年,第391—393页。

〔2〕陈新民《中国行政法原理》,北京:中国政法大学出版社,2002年,第231页。

〔3〕［德］哈特穆特 · 毛雷尔:《德国行政法学总论》,高家伟译,北京:法律出版社,2000年,第391页。

〔4〕陈新民:《中国行政法原理》,北京:中国政法大学出版社,2002年,第235—236页。

是学界最为接受的观点[1]，两者的相似程度也是最高的。行政指导是日本行政法上的重要概念，也是日本行政法学界对世界行政法学研究作出的重要贡献。行政指导是指行政主体为适应复杂多变的经济、社会、文化等诸多方面需要，实现一定的行政目的，在其职权或者其所管辖的事务范围内，基于国家的法律规范、法律原则或者政策等，适时、灵活地采取说服、教育、示范、劝告、建议、协商、政策指导、提供经费帮助、提供知识、技术帮助等一系列非强制性手段，获得相对人的同意或者协助，指导相对人采取或不采取某种行为的行政管理形式[2]。

行政指导的价值和现代型意义在于为了获得当事人的理解，灵活地处理相应事务，行政主体避免使用正式的行为形式，如行政立法、行政行为或者行政契约等，而采用正式行为以外的非正式的手段[3]。而这种灵活性与税收事先裁定制度的个体性与服务性相一致。在具体的制度构成方面，首先，税收事先裁定行为满足行政指导的事实行为性。行政指导一般不具有法律效力，行政主体与行政相对方之间不产生法律意义上的权利义务关系。其次，税收事先裁定制度的单方约束力特点符合行政指导的要求。行政指导对于相对人一方并不具有约束力，"行政指导由行政主体作出后，相对方如不服从，通常不适用行政处罚或行政强制执行等处理手段"[4]，而对于行政主体一方具有约束力，"当法律规定实行一定的权力限制之前必须采取行政指导时，行政指导便作为权力限制的事前程序，产生行政程序上的效果"。再次，行政指导往往是针对某一具体相对人的具体问题作出的，因而不具有普遍适用性。最后，指导行为一旦产生了法律上的效果，则必然能够满足可救济性的要求，从而与税收事先裁定行为相契合。

通过上述分析，税收事先裁定行为与行政决定、行政合同、行政解释、行政事实行为以及行政指导之间的异同关系已十分明显，具体的特征对比可详见下表：

---

〔1〕 参见王明世《税务事先裁定程序规则的构建研究》，《税收经济研究》2015 年第 1 期，第 30—37 页。

〔2〕 杨建顺：《行政规制与权利保障》，北京：中国人民大学出版社，2007 年，第 412 页。

〔3〕 ［日］盐野宏：《行政法总论》，杨建顺译，北京：北京大学出版社，2008 年，第 134 页。

〔4〕 杨建顺：《行政规制与权利保障》，北京：中国人民大学出版社，2007 年，第 417 页。

表1:税收事先裁定与不同法律属性的基本特征对比表

基本特征 / 法律属性	是否创设新的法律关系	是否具有双方约束力	是否要求普遍适用性	是否满足可救济性
税收事先裁定制度	未创设	单方约束力	不要求	满足
行政决定	创设	单方约束力	不要求	满足
行政合同	创设	双方约束力	不要求	满足
行政解释	未创设	单方约束力	要求	不满足
行政事实行为	未创设	无约束力	不要求	不满足
行政指导	未创设	单方约束力	不要求	满足

三、税收事先裁定行为的法律定性及制度完善

通过上述分析与对比,税收事先裁定行为只能部分满足行政决定、行政合同、行政解释以及行政事实行为的构成要素,因而不能认定其具有上述法律性质,而该制度却能够满足行政指导行为的基本要求,所以应当将税收事先裁定行为认定为一种行政指导行为。因而只有重新认识行政指导制度的起源、法律性质与作用才能有助于税收事先裁定制度的理解与建构,才能通过借鉴其他国家利用行政指导解决相类似问题的宝贵经验,促进我国税收事先裁定制度的发展与完善。

(一)辨析:部分契合不能成为判定理由

首先,税收事先裁定行为虽然能够满足行政决定单方约束力、不要求普遍适用性、具有可救济性的基本特征,但不符合行政决定须具有法律效力、能够创设新的法律关系的要求,因而不能认定为是一种行政决定。其次,税收事先裁定行为虽然能够满足行政合同不要求普遍适用性和具备可救济性的特点,但不符合具有双方约束力以及创设新的法律关系的构成要素,因而也不能认定为是一种行政合同。再次,税收事先裁定行为与行政解释都未创设新的法律关系,都具有单方约束力,但不能满足行政解释的普遍适用性要求,以及不可救济性,从而不能认定为属于行政解释。最后,税收事先裁定行为与行政事实行为虽然在未创设新的法律关系、不具有普遍适用性方面具有一致性,但不能满足行政事实行为不具有约束力以及不可救济的基

本特征，因此税收事先裁定行为也不是一种行政事实行为。

（二）结论：助成性行政指导行为

税收事先裁定行为符合行政指导行为构成的基本要素，应当被认定为属于行政指导行为的一部分。在传统的行政指导理论中，将行政指导区分为规制性行政指导、组成性行政指导和调整性行政指导。其中规制性行政指导，是指以规制作为行政相对人的私人企业等的活动为目的而进行的行政指导。强调以规制相对方的行为为目的，例如汽车的全面检查盘问、违法建筑物的纠正指导以及生产调整指导等等[1]。助成性行政指导，是指对私人提供信息，以助成私人某种活动的行政指导。强调以助成、促进相对方为目的，包括经营指导、保健指导等等。助成性行政指导也要与作为单纯服务的信息提供区别开来，在助成性行政指导情形下，信息的提供是实现政策目的的手段，而信息提供服务则是以直接为私人的活动提供便利为目的进行的服务活动[2]。最后，调整性行政指导，是指作为解决私人间纠纷的手段而使用的行政指导，强调以调整利害关系人的对立为目的而进行，典型的代表是建筑纠纷、公害纷争的调整等等。

从手段的角度来看，税收事先裁定行为符合助成性行政指导以向私人提供信息为手段的特点。税收事先裁定的申请人就疑难问题向税务机关提起预约裁定，其目的在于获取税法具体适用的相关信息，而税务机关的裁定行为也主要是向相对人提供一定的纳税信息。从目的的角度来看，税收事先裁定行为符合助成性行政指导以助成和促进相对方行为为目的。税务机关针对申请人所提供的事实信息作出预先裁定，其主要目的在于缓解纳税人因税法适用上的不确定性而带来的困惑和焦虑，从而有效促成纳税人有效行使税收规划权，更好地预测和指导自身的涉税行为。由此可见，应当将税收事先裁定行为认定为税务机关对纳税人实施的一种助成性行政指导行为。

（三）建构：重新认识行政指导的起源、性质与作用

明确了税收事先裁定行为的法律定性，接下来有必要重新认识和理解

---

〔1〕 参见［日］南博方《行政法》（第六版），杨建顺译，北京：中国人民大学出版社，2009 年，第 84 页。

〔2〕 参见［日］盐野宏《行政法总论》，杨建顺译，北京：北京大学出版社，2008 年，第 134 页。

行政法上行政指导行为的起源、性质与作用，从而为我国税收事先裁定制度的建构指明方向。

首先，在行政指导的起源方面，德国行政法理论上耶律纳克在所提出的“单纯公权行政”中已经出现了行政机关可利用语言及文字给予人民的“指导”行为，但在行政法学中，这种不具拘束力的行为种类一直未能占有重要的地位。直到“二战”后，兴起的一种“指导式行政”的概念，在具体的个案时，行政机关可以透过给予没有拘束力的建议，称为“指导”，来避免公民违法或是作为事业经营的参考[1]。

而在日本行政法上行政指导的起源被认为与“二战”后美军对日本的占领存在联系。“二战”后，在美军占领时期，总司令常常利用间接统治的手段向日本政府提交备忘录、书信，发布指示、警告，提出劝告、建议等，这些手段虽然在形式上是温和宽松的，但其实质上却是命令，不容违反。日本政府或许是从这种行为的有效性中得到了启发，在媾和条约生效后，行政指导得以广泛应用，渗透到各个领域。现实中，行政几乎已不是依据法律的行政而是呈现出指导行政的万能状态[2]。

其次，在行政指导的性质方面，行政指导是非权力性、精神性的事实行为[3]。从行政机关对私人作出具体决定的意思表示上看，虽然行政指导与行政行为具有共通性，但两者还是存在明显差异：第一，在日本行政法上，行政行为的权限主体是行政厅，而行政指导的权限主体只要是行政指导相关事务的主管行政机关即可。第二，行政行为不需要获得相对人的同意，是由行政厅基于单方判断进行的，而行政指导则是期待着相对人的任意合作进行的。第三，行政行为具有具体形成私人的权利义务并确定其范围的效果，而行政指导并没有这样的法效果，也不认可其具有拘束力。作为相对人对于行政指导的任意合作，也就是相对人没有遵循行政指导内容作出行为的义务，可以自由中断或放弃合作。

最后，在行政指导的作用与局限方面，行政指导的优势最能体现在以下几个方面，第一是灵活性，行政指导可以不受法的拘束，行政机关可以在自己所掌管的范围内，机动地把握行政需要的变化，一方面补充法律的不完

---

〔1〕 参见陈新民《中国行政法原理》，北京：中国政法大学出版社，2002年，第236页。

〔2〕 参见[日]南博方《行政法》(第六版)，杨建顺译，北京：中国人民大学出版社，2009年，第84页。

〔3〕 参见[日]市桥克哉等《日本现行行政法》，田林等译，北京：法律出版社2017年，第154页。

备,另一方面灵活地采取随机应变的对应措施[1]。第二是抑制性,行政指导可以调整对立当事人之间的利害关系,类似于行政调解或斡旋,缓解冲突,对危害公共利益或者妨害公共秩序的行为加以规制。第三是助成性,行政指导的实施,有利于帮助、促进和保护相对人的利益,从而促进经济、科技、社会向着正确、先进的方向发展。

行政指导的局限性,一方面体现在规则性行政指导中,有许多实质上具有与权力性规制相同的强制性作用;另一方面信息的提供及技术的援助可能存在的错误,实际上会给相对人造成难以预料的损害。因而行政指导必须要求法律控制,不仅要求行政指导的实施必须由法律依据,同时应当提供给相对人必要的救济途径。

(四)完善:借鉴日本“法令适用事前确认程序”

在日本法上,存在着与税收事先裁定行为极其类似的程序,称为“法令适用事前确认程序”[2]。该程序是日本学习美国的行政机关对民间事业者交付的不干涉信件(即对交易的合法性或法令解释等非正式地表明见解的文书)的一种程序性作法。主要是民间企业等,对于自己将要实现的事业活动相关的具体行为,是否会成为特定法令规定的适用对象,预先向该法令规定的主管行政机关确认,该行政机关在答复的同时将该答复公开的程序。从把自己将要实现的事业活动相关的具体行为表明这一特色来看,遵循这一程序作出的答复可以说具有法令解释方面助成性行政指导的性质。此外,从将其答复公开来看,又可以将其看作行政程序或者信息公开程序的一种类型。但不能说行政机关的答复是一项法律义务。此外,答复所表现出来的法令解释,对其后行政机关的活动不具有法的拘束力,但是在具体情况下以信赖保护原则为媒介也可以承认其具有法的拘束性。

通过借鉴该程序,税收事先裁定制度在构建与完善的过程中,应当正确认识其助成性行政指导的法律属性,同时鉴于其可能存在的信息公开意义,应当要求行政机关在作出事先裁定时严格遵守法律法规的程序要求,从而保障纳税人的合法权益。与此同时基于信赖利益保护的考量,应当将税收

---

〔1〕 参见杨建顺《行政规制与权利保障》,北京:中国人民大学出版社,2007年,第431—433页。

〔2〕 参见[日]市桥克哉等《日本现行行政法》,田林等译,北京:法律出版社,2017年,第156—157页。

事先裁定制度具有拘束力和不具有拘束力的情形具体化，并寻求两者之间利益上的平衡点，从而保障该制度能够有效运行，并充分发挥其积极意义。

四、结语

通过从税收事先裁定行为是否创设新的法律关系，是否具有双方约束力，是否要求普遍适用性以及是否满足可救济性的分析，排除了其属于行政决定、行政合同、行政解释以及行政事实行为的可能。因而应当将税收事先裁定行为认定为一种助成性的行政指导行为，因其具有灵活性、抑制性和助成性的特点，同时又存在一定程度上的局限性，因此在构建和完善该制度的过程中，应当要求税务机关严格遵守依法行政和正当程序的基本原则，同时应当保证纳税人通过有效的救济途径，对税务机关行为造成的信赖利益损失寻求救济，保障纳税人的宪法基本权利和合法权益，推动税收征收管理的法治化。

（初审：毛玮）

“互联网+”新业态下的工会：挑战与回应

邹新凯*

【提　要】　“互联网+”新业态产生的部分新型劳动形态具备显著弱从属性特征，以致与民事合作关系较难区分，由此对传统劳动法理论制度形成巨大冲击。当前学界对“互联网+”新经济模式下的相关从业人员劳动权益保障问题研究主要从司法、政府以及立法三方面展开，工会视角研究明显不足，亟待完善。“互联网+工会”2.0作为工会系统提升自身服务水准的创新工作方式，存在经验不足、发展不均和资源滥用的问题，更无法应对新业态的挑战。以建会入会、权益维护和民主协商为例对“互联网+工会”2.0进行完善，在努力降低地方创新政纪、法律风险的同时实现工会和会员整体利益的最大化，以践行辅助性原则，推动经济发展与权益保障平衡的加速实现。

【关键词】　挑战逻辑　工会　“互联网+工会”2.0　路径

一、问题意向

鉴于经济社会发展引致的多样化市场需求，产能过剩、闲置等问题突出，城市化快速推进以及环保要求愈加严格等诸多原因[1]，除传统行业之前通过B2B、B2C、C2B、C2C、O2O等电子商务模式产生新业态、得到新发展、焕发新生机外，以大数据、人工智能、移动互联网、云计算等现代信息技术为依托，分享经济、信息经济、生物经济、绿色经济、创意经

---

* 作者邹新凯，男，武汉大学法学院2016级经济法学硕士研究生，武汉大学劳动与社会保障法研究中心研究助理，研究领域为经济法、财税法，Email：whufslzxk@163.com。

〔1〕 参见蒋大兴、王首杰《法律规制共享经济的事实前提》，《扬州大学学报（人文社会科学版）》2017年第3期，第48页。

济、智能制造经济等也逐步成为了新的增长引擎[1]。通过利用现代信息技术对社会各式资源进行协调与整合，"互联网+经济"不仅极大提升了实体产业的生产与服务效率，对经济发展、民生改善乃至法律变革产生了巨大的推动作用，更使得企业组织管理模式和民众就业生活方式发生重大变化，若应对不当，可能引发潜在的社会风险，给政府监管与社会治理带来重重挑战[2]。具体到劳动法领域，"互联网+经济"下企业用工模式等商业创新与提供劳动者的权益保护间的矛盾协调亟待解决。与传统用工模式下劳动者与企业签订劳动合同或形成事实上的劳动关系，接受企业管理、为企业劳动，企业则为劳动者支付薪酬、缴纳社会保险不同，新业态下的互联网平台企业与劳动提供者间除存在劳动关系和劳务派遣、非全日制用工等法定非标准劳动关系外，更多是通过签订各式协议建立起的灵活用工关系或合同关系，传统劳动关系正在向民事合作关系转化[3]。面对复杂多样的新型劳动形态[4]，劳动法理论与制度必须对此作出积极回应，努力在经济社会发展与劳动提供者权益保障间寻求一合适平衡点，最大程度维护相关从业人员权益，推动法学理论与制度革新。

截至目前，学界对前述问题的研究已经开始并取得一定共识。从已有文献成果来看，司法、政府、立法是推动新型劳动形态问题解决的主要着力点。公权部门对经济发展模式的创新既要鼓励、不能扼杀，又必须在此过程中利用条件抓住时机，最大程度维护劳动提供者的利益，弥补其损害。实际上，劳动法律主体除了公权部门、用人单位与劳动者外，工会亦是一个十分重要的组成部分，其更为劳动者权益保障的关键推动力量之一。尤为重要的是，从工会方面出发推动新型劳动形态问题解决和相关潜在社会危机化解，不仅将会卓有成效，更契合了国家治理的辅助性原则，

---

〔1〕 参见《国务院办公厅关于创新管理优化服务培育壮大经济发展新动能加快新旧动能接续转换的意见》中"（三）目标任务"。

〔2〕 Antonio Aloisi, *Commoditized Workers: Case Study Research on Labor Law Issues Arising from a Set of On-Demand/Gig Economy*, Vol. 37, No. 3, *Comparative Labor Law & Polily Journal* (2016) p. 683.

〔3〕 参见朱鸣《"网约工权益保障研讨会"综述》,《工会理论研究（上海工会管理职业学院学报）》2017年第3期，第10页。

〔4〕 本文所称的"互联网+"背景下的新型劳动形态指的是"互联网+"经济业态下新出现的以往并不完全存在的多种企业用工模式或民众就业方式。详察之，其中既有可被劳动法理论制度兼容之处，亦有矛盾须协调之处。

减少公权力对社会主体的过度干预。辅助性原则作为处理国家与社会、中央与地方权能配置的著名原则[1]，其主要内容包括：凡是个人能够独立解决的事务，应由个人承担，如果不能，再由政府辅助，但国家对个人的辅助不能替代个人的自助[2]。一方面鉴于当前我国缺乏对公权力及时、充分的监控机制，权力在央地间自上而下的行使过程中又往往产生较多的博弈行为[3]，公权力的市场干预具有过度和变形[4]的“显著可能性”[5]，另一方面“互联网+”发展潜力巨大，其对经济社会的全面影响有待进一步评估，在此之际公权力作为主要的规制力量须留有余地、不宜盲动，避免决策失误。而工会作为职工自愿结合的群众组织，不仅是个人团结自助的体现，若其作为当前新型劳动法问题的重要解决之道更可以减少公权力对经济社会的不当、过度干预，在辅助政府决策的同时保障市场机制决定性作用的发挥，推动社会自治乃至国家治理转型，因此值得深入挖掘。

目前，学界对新业态下的工会应对方案研究明显不足，少有详细阐释新型劳动形态出现后工会解决之道的文献成果[6]，无疑忽视了社会潜在危机化解的重要主体。基于此，文章首先分析“互联网+”新业态如何对传统劳动法理论制度构成挑战，并详细阐述这些挑战在工会工作创新方面的具体呈现；其次对当前“互联网+”背景下工会工作创新的主要着力点——“互联网+工会”2.0的优势与不足进行深挖；在此基础上，最后从深化工会改革的主体及建会入会、权益维护、民主协商等内容出发探寻“互联网+”背景下新型劳动形态工会应对的完善路径，希冀从工会这一群团组织视角，不仅能较好弥补公权力规制力量的匮乏，探索出经济发展模式创新与提供劳动者权益保障间的合适平衡点，更可以减少公权力对市

---

〔1〕参见陈新民《德国公法学基础理论（上）》，济南：山东人民出版社，2001年，第189—193页。

〔2〕参见刘莘、张迎涛《辅助性原则与中国行政体制改革》，《行政法学研究》2006年第4期，第10页。

〔3〕参见杨俊《分税制背景下央地财政分配关系的“隐性博弈”问题分析》，《财经论丛》2012年第2期，第40—41页。

〔4〕参见周天勇《为何中央政策到地方会被弱化和变形——从中央与地方的关系混沌谈起》，《中国党政干部论坛》2015年第10期，第7页。

〔5〕参见李芝兰《当代中国的中央与地方关系：趋势、过程及其对政策执行的影响》，刘承礼译，《国外理论动态》2013第4期，第52页。

〔6〕以“新用工形态+工会”“新业态+工会”“互联网经济+工会”“互联网+工会”为主题在中国知网进行检索，发现已有文献或对此论及较少且论证不足，或主要阐述如何利用互联网技术加强新媒体建设以全面强化工会服务能力，缺乏工会应对新业态的针对性举措。

场的不当、过度干预，推进社会治理创新乃至国家治理体系的现代化。

二、挑战逻辑：新业态冲击劳动法的作用方式及主要表现

（一）作用方式

互联网企业的商业创新产生了多种纷繁复杂的新型劳动形态，廓清新业态下的劳资关系即劳动提供者与平台企业的劳动交换与管理模式既是劳动法理论制度的适用前提，更有利于探寻其应对策略，维护平台劳动提供者权益。结合商业实践与学界研究，劳动提供者与所依托平台公司的关系无外乎劳动关系，劳务派遣、非全日制用工等法定非标准劳动关系[1]，灵活用工关系以及民事合同关系。其中，劳动关系与法定非标准劳动关系的认定已经较为成熟且有充分的法律法规依据，对劳动法理论制度的冲击和挑战主要聚焦在灵活用工关系与民事合作关系的辨别上，而解决的路径之一便是尝试从灵活用工关系的法律认定机理——对传统从属性理论的冲击入手进行深入分析。

目前，我国劳动关系认定的理论与司法实践皆倾向采用大陆法系的从属性理论，主要包括人格从属性与经济从属性[2]。人格从属性是指劳动者在劳动内容上服从用人单位的指示、劳动纪律与工作管理，接受用人单位的考核、监督与奖惩，实际受到用人单位的较多控制，形成了从属性的人身关系；经济从属性是指除劳动者在经济地位上依赖用人单位外，其更完全被纳入用人单位的经济组织与生产结构内，为用人单位的营业服务[3]。详察之，灵活用工关系对从属性理论有不同程度的削弱和冲击。人格从属性方面，劳动提供者虽然在平台准入、考核、奖惩方面受制于互联网企业[4]，但已然不同于传统企业的招聘、考核和奖惩。平台从业人员可能在

---

〔1〕 迄今为止，我国大陆地区劳动合同法主要规定了劳务派遣和非全日制用工两类非标准劳动关系。

〔2〕 实际上，组织从属性、阶级从属性以及技术从属性是否为从属性所涵盖，学界仍有不同观点。参见冯彦君、张颖慧《“劳动关系”判定标准的反思与重构》，《当代法学》2011年第6期。

〔3〕 黄越钦：《劳动法新论》，北京：中国政法大学出版社，2003年，第94—96页；林嘉：《劳动法的原理、体系与问题》，北京：法律出版社，2016年，第95页。

〔4〕 参见于晓东、刘荣、陈浩《共享经济背景下的人力资源管理模式探索：以滴滴出行为例》，《中国人力资源开发》2016年第6期。

产品或服务的提供过程中逐渐摆脱甚至本不需要平台企业的指示、管理和控制，在工作地点、工作时间、工作量以及劳动强度等劳动内容上具有较高的自主性与灵活度。考核与奖惩的目的不再是加强对劳动提供者的劳动管理，更主要为了宣传平台企业、促使平台服务提供者为消费者更好的服务。劳动提供者若不继续在某一平台上提供相应服务，往往只需要退出账号、删除 APP 或直接不再登录即可，与平台的工作关系并不固定[1]；经济从属性方面，平台经济下生产资料可能不再由平台企业提供，而是自备机动车、电脑、相关技能用具等劳动工具，劳动提供者的经济从属性遭到削弱。较为典型的是，与传统劳动关系下劳动者取得工资收入不同，互联网平台中的劳动提供者所获报酬可能是按照服务频次、服务质量、考核结果、分成比例以及其他所签协议内容计算获得的普通收入，远超社会对工资的认知[2]，经济从属性已然大为降低，而平台企业赚取的大多为促成平台服务提供者与消费者交易的手续费用或居间收入，而非出售某一产品或服务的对价[3]。尤其需要提及的是，在我国大陆认定劳动关系的主要依据《关于确立劳动关系有关事项的通知》中，认定劳动关系的依据除主体资格、劳动管理、获得报酬外，立法强调劳动者所提供劳动必须是用人单位业务的组成部分。但互联网平台企业多为或者只承认自身为信息中介，平台从业人员的劳动提供可能与企业工商登记范围并不一致，需要结合企业具体商业实践进行综合判断[4]。可见灵活用工关系与民事合作关系最大的不同是具有较弱的从属性特征，与传统劳动形态相比，一方面提供劳动者对劳动内容具有较大的自主决定空间，另一方面平台企业又对其施加了不同程度的管理与控制，这种管理与控制较传统而言尽管大为降低，但仍有可能超越民事合作关系中合同一方对另一方的一般要求，给人以模棱两可之感[5]，并使传统劳动法理论制度出现真空地带，由此构成较大冲击。

---

〔1〕 Benjamin Means, *Joseph A. Seiner. Navigating the Uber Economy*, 49 *U. C. D. L. Rev* (2016), pp. 1527.

〔2〕 参见闫冬《反思工资界定的误区与进路》,《河北法学》2014 年第 7 期。

〔3〕 参见侯登华《共享经济下网络平台的法律地位——以网约车为研究对象》,《政法论坛》2017 年第 1 期，第 160—161 页。

〔4〕 Jeremias Prassl, Martin Risa. Uber, Taskrabbit, and Co., *Platforms as Employers – Rethinking the Legal Analysis of Crowdwork*, *Vol.* 37, *No.* 3, *Comparative Labor Law & Polily Journal* (2016), pp. 619.

〔5〕 Miriam A. Cherry, Antonio Aloisi, *Dependent Contractors in the Gig Economy: A Comparative Approach*, 66 Am. *U. L. Re* (2017), p. 643.

（二）挑战表现：以工会为主要视角

实际上，鉴于生产模式从福特主义向后福特主义的演进、经济全球化与新自由主义带来劳动力市场灵活化的驱动、女性主义运动的推动以及促进就业、保障民生、发展经济的政策考量等多种原因，非典型、非标准的就业形式与用工模式在国内外早已产生[1]，但无疑“互联网+”等现代信息技术和一系列商业创新极大促进了该类型下劳动形态的生成与普及，不仅被预测为经济社会发展的必然趋势，更大有超越、取代传统用工之势[2]。为了实现经济发展与民众劳动权益保障的平衡，司法由于无法可适，只能保持严谨中立的态度，在劳动提供者受到明显伤害时通过既有法律思路对其加强保护[3]；行政由于规制经验不足，政策创新实属艰难，只能在保持审慎监管的同时逐步探索[4]；立法考量更为渺茫，在新业态发展态势尚未摸清时强行立法，不仅缺乏配套设施与回旋余地，更可能引发错误规制，造成损失。

相比之下，工会面对的挑战更为突出。除传统用工模式下业已存在的诸多问题，是否需要将新型劳动形态尤其是那些劳动法理论制度暂时无法及时、有效提供权益保障的从业人员纳入工会？纳入之后又该对其如何提供服务？是否能够提供与传统劳动关系下的会员相同的服务？在此过程中，新型劳动形态的建会入会与会员服务等工作创新有无法律障碍，处理不好甚至将会承担一定的政纪、法律责任？在进入依法治国的中国特色社会主义新时代后，地方要在顶层设计下实施治理创新[5]，因此任何创新过程的政治、法律风险的防范与应对都不能忽视。具体来看，新业态下的劳动交换与管理模式复杂易变，部分新型劳动形态即便达致认定劳动关系或法定非标准劳动关系的程度，但在相关行业、政府、法律尚未达成共识、

---

〔1〕参见班小辉《非典型劳动者权益保护研究》，北京：法律出版社，2016年，第41—53页；董保华《论非标准劳动关系》，《学术研究》2008年第7期，第52页。

〔2〕参见韩文《互联网平台企业与劳动者之间的良性互动：基于美国优步案的新思考》，《中国人力资源开发》2016年第10期，第89页。

〔3〕参见王文珍、李文静《平台经济发展对我国劳动关系的影响》，《中国劳动》2017年第1期，第8—9页。

〔4〕参见高秦伟《分享经济的创新与政府规制应对》，《法学家》2017年第4期，第20—21页。

〔5〕参见杨龙《全面深化改革怎样从顶层到基层——兼论超大规模国家的中央与地方关系》，《人民论坛·学术前沿》2014年第17期，第50—51页。

作出回应的情况下，吸纳该类劳动提供者入会，是否需要承担相应的政纪与法律责任？尤其对于具备显著弱从属性的劳动形态，在司法、行政、立法无法及时有效应对的情况下，通过纳入工会的方式为该类群体提供组织化保护，并上传下达，辅助政府决策，化解潜在的群体性事件，不失为一种良策，但此举是否为工会法所兼容？更进一步，劳动法、工会法是否需要修改协商主体的概念以赋予劳动提供者结社权和集体谈判权[1]？在新时代工会运用互联网思维不断创新工作形式，全面提升服务水准的大背景下，假如通过某种方式已经将新业态中的劳动提供者纳入工会，为其提供相应乃至与其他会员同质量的服务，这一过程会涉及哪些法律风险？相关配套设施是否存在、允许？总之，如何在现有法律制度与行政体制下将新型劳动形态中的劳动提供者纳入工会，促进经济发展与权益保护平衡的加速实现，同时将工作创新的政治、法律风险降到最低，实现工会与会员整体收益最大化？"互联网+"经济下的用工模式创新既为工会工作提升带来了挑战，更明晰了改革方向。

三、回应创新："互联网+工会"2.0的推出与深化

《中共中央关于加强和改进党的群团工作的意见》指出要打造网上网下相互促进、有机融合的群团工作新格局，《全国总工会改革试点方案》也提出要制定和实施工会"互联网+"行动计划。此后，"互联网+工会"新模式在全国各级工会加速落地。"互联网+工会"的本质是运用互联网思维，以新一代信息技术为基础，不断创新工会工作形式与内容，全面提升新时代下工会服务会员的水准[2]。历史考察，工会与互联网的结合并非新鲜事物，本世纪初便已发生，可称之为"互联网+工会"1.0版。虽然一些地方利用微博、APP等为会员提供了维权等服务，受到职工好评，但多为小打小闹，工会"上网"功效总体不彰[3]。此后伴随互联网的飞速发展，"互联网+"使得工会工作在思维、理念、模式上都获得了质的提

---

〔1〕 Kenneth G. Dau-Schmid, *Labor Law 2.0: The Impact of New Information Technology on the Employment Relationship and the Relevance of the NLRA*, 64 *Emory L. J* (2015), pp. 1599-1600.

〔2〕 参见王明哲编著《互联网+工会：现代工会干部互联网思维与改革创新意识》，北京：中国言实出版社，2016年。

〔3〕 参见郭振刚《"互联网+"时代，工会大有作为》，《工会信息》2015年第28期，第1页。

升，“互联网+工会”2.0成功推出，不仅增强了工会服务会员的能力，更为新业态下工会回应新型劳动形态的挑战打下了坚实基础。

（一）当前“互联网+工会”2.0的优势与不足

当前，全国各级工会系统的“互联网+工会”2.0试验主要呈现出三大特点。第一，与早期的1.0不同，借助互联网思维，2.0在建会入会、劳动竞赛、技能提升、宣传教育、工会维权、职工服务、民主管理、舆论引导、心理援助等方面不断创新，有效落实了工会法对工会服务职工群众的各项要求，正在达致制度设计的原初目标[1]。第二，“互联网+工会”2.0虽然取得了一些成就，树立了很多典范，但一方面各地仍处于探索实践阶段，尚须进一步开拓，产生更多值得推广的优良经验，增强实践的理论指导性[2]；另一方面，受到域情等多种因素影响，各地、各级工会的2.0建设十分不均。部分工会组织仍然停留在工会“上网”的1.0模式，在新媒体建设、工会服务、线上线下融合等内容上乏善可陈[3]。

而第三个特点的问题更为严重。根据《全国总工会改革试点方案》的相关要求，工会系统要继续深化改革，最大限度地把包括农民工在内的广大职工吸收到工会中来；同时把新领域新阶层作为组建工会和会员发展的重点，实现对非公有制企业职工、科技工作者和灵活就业人员等有效覆盖；此外，以“互联网+工会”2.0为依托，健全相关工会服务。以农民工入会为例，各地已经开始改革并取得了丰硕成绩。但正如前文所述，新业态产生的劳动形态中有劳动关系、法定非标准劳动关系、灵活用工关系以及民事合作关系等多重分类。而真正对劳动法理论制度构成挑战的是那些具备显著弱从属性特征以致难以与民事合作关系有效区分的新型劳动形态。如果只是以农民工的身份为主要甚至唯一入会标准，而不对具体的劳资关系进行判定，本质属于对新业态挑战作出的一种简单回应。粗略化的应对虽然看似解决了问题，但一方面在互联网产业中的部分农民工与他人

---

〔1〕参见蔡志峰、张晓莹、张剑、孙玥等《互联网+工会：移动互联时代的改革创新思维》，北京：中国工人出版社，2016年，第79—154页。

〔2〕参见王剑明、周正言、汪琳、戈佳捷《“互联网+”工会的理论与实践研究——以上海自贸区保税区工会为例》，《工会理论研究》2016年第6期，第13页。

〔3〕参见王静《“互联网+”时代工会工作模式创新研究——以重庆市产业工会和区县工会为例》，《中国劳动关系学院学报》2017年第3期，第121—122页。

缔结的是民事合作关系，另一方面原先的劳动关系亦有可能向非典型用工关系乃至民事关系转化[1]。故在这场粗略的农民工入会政治运动中，短期来看，会造成工会资源的滥用和挤占，长期来看，工会工作若不转型进行精细化内容创新，终难以达致最终的改革目标。

此外，在传统用工模式下农民工入会尚且会受到资方阻挠[2]，根据《全国总工会改革试点方案》相关部署，工会若要在新业态新行业中实行"有效覆盖"，在各地对"互联网+"具有经济发展与民生保障较高期望的大环境下更难以避免相同命运。若工会系统对此顾虑重重、裹足不前，或不将相关劳动提供者及时纳入工会，或使其成为会员后却无法得到较好服务，则"互联网+工会"2.0必将显现出一端资源遭到挤占一端资源供给不足的矛盾困境。

（二）未来"互联网+工会"2.0的完善路径

面对"互联网+"背景下诸多新型劳动形态给工会工作创新带来的重重挑战和"互联网+工会"2.0的矛盾困境，问题解决的关键在于明确应对主体和应对内容。一方面工会工作创新的政纪与法律风险要降到最低，另一方面创新效益与改革成本的性价比要不断提升，努力实现工会及其会员整体利益的最大化。

1. 主体：地方总工会与产业行业工会的相机协调

根据《中华人民共和国工会法》和《中国工会章程》的有关规定，除在少数实行垂直管理的产业中[3]，其产业工会实行产业工会和地方工会双重领导，以产业工会领导为主外，其余均实行以地方工会领导为主，同时接受上级产业工会领导的体制。与此同时，实践中地方还存在行业工会联合会等工会类型。为了积极应对"互联网+工会"2.0面临的挑战，补充

〔1〕 Todolí – Signes, Adrián, *The End of the Subordinate Worker? The On – Demand Economy, the GigEconomy, and the Need for Protection for Crowdworkers*, 33 *International Journal of Comparative Labour Law and Industrial Relations* (2017) p. 243.

〔2〕《广东"工人在线"关注农民工入会行动 企业不得阻挠农民工加入工会》，登载于"广东省总工会官网"，网址：http://www.gdftu.org.cn/xwdt/ttxw/201509/t20150930_682043.htm，访问时间：2017年11月11日。

〔3〕 我国目前共有10个全国产业工会，其中全国铁路、民航以及金融3个全国产业工会实行以产业工会领导为主的体制。

制度设计的不足，需要地方总工会与产业行业工会立足自身职责定位，实现相机性协调。具体来看，地方工会在劳动关系协调、职工社会保障等普遍性的问题解决上具有优势；产业行业工会在工资待遇、劳动保护、生产竞赛等具备行业特殊性的问题解决上无可比拟。由此，在完善“互联网+工会”2.0的服务创新过程中，两大工会主体应立足自身已有定位，密切配合。尤其是要重视产业行业工会的专业性优势，结合国家治理的辅助性原则，若以产业行业工会为主更有利于促进相关从业人员权益保障，同级地方总工会不宜过多干预，只需要做好必要分工，提供相应辅助。通过减少相互间的职责交叉和工作重复，以期最大程度发挥两个积极性，减少资源浪费，形成整体优势与合力[1]。

2. 内容：以建会入会、权益维护、民主协商为例

“互联网+工会”2.0作为工会系统服务创新的主要着力点，建会入会、权益维护、民主协商等其他改革方案是其工作完善的主要内容。

建会入会方面，根据《中华人民共和国工会法》和《中国工会章程》，工会以职工为会员主体，代表职工群众的利益。而职工是指在中国境内企事业单位、机关和其他社会组织中以工资收入为主要生活来源或者与用人单位建立劳动关系的体力劳动者和脑力劳动者。新业态下的劳动提供者以普通收入而非工资为主要生活来源，几乎未与互联网平台企业等建立劳动关系，将其纳入工会组织欠缺内在的权利基础和主要法律依据[2]，新业态从业人员集中入会的创新方案事实上处于法律灰色地带。尽管这项工作合法性急需补足，但工会法并未规定将非职工群体纳入工会需要承担的法律责任[3]，结合《全国总工会改革试点方案》相关部署，工会系统更无承担政纪责任的可能性。由此，“互联网+工会”2.0的新型劳动形态从业者网上入会并无直接的政纪、法律风险。虽然受制于地区领导人施政策略、群众工会意识以及本地经济社会发展等因素考量，各级工会实现新型劳动提供者广泛入会尚需时日，普遍建会工作更遥遥无期，但工会应继续完善条件、抓住契机，努力促成这一创新成果，为全面践行工会法赋予工会组

---

〔1〕参见杨冬梅主编《工会组织与工会法教程》，上海：上海交通大学出版社，2016年，第98页。

〔2〕Valerio De Stefano, *Crowdsourcing, the Gig Economy and the Law*, *Vol.* 37, *No.* 3, *Comparative Labor Law & Polily Journal* (2016), p. 463.

〔3〕参见《中华人民共和国工会法》第六章“法律责任”即第49条—第55条。

织的各项义务奠定良好基础。此外，新型劳动形态关系复杂易变，在相关从业人员的入会建会过程中工会应依托大数据信息采集系统、劳动关系测报系统等搜集互联网产业行业用工模式的数据资料，及时了解新业态用工现状和发展趋势，尽量实现会员分类化、精细化服务。既要将新型劳动形态中实属于劳动关系、法定非标准劳动关系的从业人员（尽管司法和立法对其尚未作出明确认定）以及具有显著弱从属性特征的灵活用工劳动提供者吸纳入会，更要减少民事合作关系下的农民工等新业态从业人员对工会资源的挤占乃至浪费。

权益维护方面，我国劳动法以劳动关系的实际存在作为劳动者权益保障的起点和基石。"非黑即白"的制度设计显然无法有效应对"互联网+"经济下繁杂的用工模式。将农民工等新业态从业人员吸纳入会只是工会工作创新的前置一环，后续服务才是关键。以具有较弱从属性特征的灵活用工关系为例，该类模式需要法律参与规制的关键理由之一便是互联网平台企业的用工模式创新实质上将劳动风险和用工成本大部分转移给了平台上的劳动提供者，不仅加剧了合同双方地位和待遇的实质不公，更易引发社会不稳，终与经济发展和民生保障的改革目标背道而驰[1]。根据社会保险法和《生育保险和职工基本医疗保险合并实施试点方案》有关规定，灵活就业人员可以参加基本养老保险、基本医疗保险以及生育保险，由个人缴纳相关保险费用。但一方面工伤保险和失业保险法律并未赋予灵活就业人员参保权利，劳动提供者服务过程中的相关风险最终都将转嫁给个人；另一方面基本养老保险和职工基本医疗保险本由用人单位和劳动者共同承担，且强制缴纳，而灵活就业人员的较高保费却只能独自承担，且可以参保，并无强制办法。制度选择与执行成本的较大差异将劳动法理论制度对新业态劳动提供者的保护不足展现得淋漓尽致。由此，为了加强新业态下各类灵活就业的会员权益保障，结合当前社会保险制度，依托"互联网+工会"2.0等信息基础设施，工会可从以下三个方面创新网上服务内容。第一，与相关商业保险公司洽谈合作，为各类会员群众提供价格较低保障较高的优质险种；第二，争取各类经费支持、实施精准帮扶，为困难会员

---

〔1〕 Antonio Aloisi, *Commoditized Workers: Case Study Research on Labor Law Issues Arising from a Set of On-Demand/Gig Economy*, *Vol.* 37, *No.* 3, *Comparative Labor Law & Polily Journal* (2016), p. 653.

或劳动风险较高但无法参加社会保险的会员提供专项补贴，代其支付部分或全部基本养老、医疗、工伤、失业保险的参保费用；第三，地方总工会、相关产业行业工会协调，或组成工作小组有针对性与行业内典型企业开展民主协商，或代表本地区新业态下的相关劳动提供者实行全行业民主协商，将劳动保护和社会保障等内容写入协商协议或行业标准、行政模板合同中，加速地区经济发展与劳动提供者权益保障间平衡的尽早实现。

民主协商方面，根据《中华人民共和国劳动合同法》《中华人民共和国工会法》《集体合同规定》等法律法规，企业职工一方与用人单位通过平等协商，可以就劳动报酬、工作时间、休息休假、劳动安全卫生、保险福利等事项订立集体合同，包括一般集体合同、专项集体合同以及行业性、区域性集体合同等。而工会应当帮助、指导劳动者或职工与用人单位建立集体协商机制、维护劳动者权益。在企业基层工会尚未建立时，由上级工会指导企业劳动者推举的代表与用人单位订立集体合同。但相关法律法规显然将集体协商机制的建立及其合同签订局限在与企业订有或事实上存有劳动关系的职工，这些职工与企业有较强的从属性关系，因此需要通过集体协商机制维护自身权益〔1〕。新业态下的部分劳动形态创新明显与之不符，这些行业集体协商机制的强行建立不仅于法无据，实践中更可能会遇到重重阻碍、承担较大的政纪与法律风险〔2〕。其实，在诸多实行用工模式创新的互联网企业中，劳动提供者流动性较大、工会力量薄弱、相关从业人员合法权益频受侵害、劳动关系矛盾相对突出等问题也大量存在〔3〕，加之在“互联网+”新业态下劳动提供者更加分散、独立，又欠缺相关法律保障，较之传统弱势地位更加明显〔4〕。因此，可以参照之前实行区域性行业性集体协商的做法，结合相关企业的公司规模、市场份额、业界声誉、社会影响等由相应层级的地方总工会或产业行业工会单独或在地区政

---

〔1〕 参见谢玉华、张媚、陈佳《集体协商功能及影响因素：中外文献比较与启示》，《中国劳动关系学院学报》2012年第5期，第28页。

〔2〕 虽然这类情况尚未发生，但有必要警惕《中华人民共和国劳动合同法》第九十五条“不履行法定职责、违法行使职权的法律责任”的适用可能。

〔3〕 参见《关于开展区域性行业性集体协商工作的意见》中：“一、开展区域性行业性集体协商的重要意义。”

〔4〕 参见王茜《互联网平台经济从业者的权益保护问题》，《云南社会科学》2017年第4期，第51页。

府的主导下与行业企业开展区域性民主协商。协商的目的并非签订集体合同，而是就该地区某一行业具体发展现状及未来规划、产业行业用工模式或劳动标准、产业行业社会保障标准、产业行业合同规范机制等主题达成一定时期的最大共识[1]，并就共识协议定期展开评估、修订。在此过程中，"互联网+工会"2.0不仅在网上服务内容上得到了深化，更可以发挥其宣传优势，线上线下深度融合，努力实现经济社会变迁中包括各式灵活就业人员在内的所有劳动提供者权益保障的最大化。

需要注意的是，即便部分新型劳动形态实质上属于劳动关系或法定非标准劳动关系，在"互联网+"新业态的面纱遮掩下，我们必须警惕政府等公权部门以及劳动提供者受到经济发展与"自由劳动"的商业创新鼓吹而使劳动价值不断降低，最终引致新型劳动形态法律关系界定、工会组织建设以及从业人员权益保障等问题解决困难重重[2]。故而对于新业态中明显属于劳动关系或法定非标准劳动关系的从业人员，工会系统更应积极作为，尽快将其纳入工会并通过"互联网+工会"2.0为其提供政策宣传、法律咨询、权益保障等维权服务，深入开展劳动竞赛、技术创新、就业促进、职业培训、帮扶救助、生活娱乐等特色服务[3]。总之，以新业态下工会服务范围的扩展和服务内容的提升重塑其对劳方的代表性[4]，促进政策出台、法律适用乃至社会自治，最终会使新行业新领域的发展更显人权，更富保障[5]。

四、结语

劳动法的社会法属性决定了其正当性基础在于给予劳动提供过程中弱

---

〔1〕 Valerio De Stefano, *The Rise of the Just – in – Time Workforce: On – Demand Work, Crowdwork, and Labor Protection in the Gig – Economy*, *Vol.* 37, *No.* 3, *Comparative Labor Law & Polily Journal*, pp. 500-502.

〔2〕 Orly Lobel, *The Gig Economy & the Future of Employment and Labor Law*, 51 *U. S. F. L. Rev* (2017), p. 55.

〔3〕 参见薛丁齐、乔昕《关于创新互联网+工会工作模式的探索》，《中国劳动关系学院学报》2016年第3期，第6页。

〔4〕 参见纪雯雯、赖德胜《网络平台就业对劳动关系的影响机制与实践分析》，《中国劳动关系学院学报》2016年第4期，第15页。

〔5〕 Janine Berg, *Income Security in the On – Demand Economy: Findings and Policy Lessons from a Survey of Crowdworkers*, *Vol.* 37, *No.* 3, *Comparative Labor Law & Polily Journal*, p. 575.

势一方的劳动者倾斜性法律保护，以公权力和私权利相互融合、交互作用的方式矫正劳资关系的强弱差异[1]。“互联网+”经济下企业通过实施一系列以用工模式为代表的商业运营创新，极大变革了传统劳动关系中从属性等人力资本特征[2]，形成诸多新型劳动形态，这使得劳动法意欲保护的稳定劳动关系逐渐破碎、瓦解，灵活雇佣日渐成为互联网企业的典型用工模式[3]。在此过程中，劳动法理论制度既需要对新型劳动形态抽丝剥茧，厘定新业态下劳动法的作用领域，最大程度保障互联网平台企业从业人员的劳动权益；更需要积极应对劳资关系新发展所带来的实务挑战，推进理论升级和制度创新，以劳动法的正当性为基础，再塑对新业态中弱势劳动提供方的法律保护。

（初审：董淳锷）

〔1〕 参见王天玉《基于互联网平台提供劳务的劳动关系认定——以“e代驾”在京、沪、穗三地法院的判决为切入点》，《法学》2016年第6期，第52页。

〔2〕 参见陈微波《共享经济背景下劳动关系模式的发展演变——基于人力资本特征变化的视角》，《现代经济探讨》2016年第9期，第38—39页。

〔3〕 参见刘强《“互联网+”时代下劳动争议化解新思维探析》，《法律适用》2017年第1期，第37—38页。

论　文

Articles

失能的信仰

——走向衰亡的民事诉讼程序

朱蒂丝·雷斯尼克（著）/邝耿毅（译）*

【提　要】　1938 年《联邦民事诉讼规则》对于美国民事诉讼制度的发展作出了巨大贡献，但是应冷静看待该项巨大成就，并对其引起的问题进行重新审视。20 世纪中叶，由于联邦民事诉讼程序缺乏统一性，起草者们极力主张以律师为基础的对抗诉讼程序模式，起草者们深信“以律师为基础”的诉讼程序是相对公平的——律师负责向当事人提供信息、诉讼双方积极对抗，从而产生相对公平的判决——为此设计了一系列的规则以服务于对抗诉讼程序，如证据开示、诉讼合并、集团诉讼、放宽诉讼条件。到 20 世纪后叶，对抗诉讼程序的信仰深入人心。然而，起草者们忽略了对律师行为的约束以及双方诉讼资源的不平衡，而当时问题并不能解决，一方面对律师的约束仅限于道德谴责，另一方面法院及政府对缺乏诉讼资源的当事人拒绝提供补助。在这些问题出现

---

* 作者朱蒂丝·雷斯尼克（Judith Resnik），耶鲁大学法学院公共利益法学中心（Arthur Liman）教授，主要研究领域是联邦制度、诉讼程序、法院制度、监狱制度、平等权和公民权，主要研究问题包括民主对政府服务的影响，法院以及监狱，国家对公民和非公民的关系，联邦制度的形式和规范以及平等权和性别。本文原刊发信息为：Judith Resnik, Failing Faith: Adjudicatory Procedure in Decline , 53 U. Chi. L. Rev. 494 (1986)。这篇论文是源于笔者对 Don Elliott 在国家诉讼管理会议上发表文章的评论，由耶鲁大学法学院、美国律师协会诉讼科和公共资源中心共同发起，并且本文被提交至南加州大学法律中心和洛杉矶加州大学法学院的专题研讨会，特此感谢这些会议的参与者，感谢 Steve Burbank，Don Elliott，Owen Fiss，Dan Freed，Bill Genego，Carrie menkell - meadow 和 Steve Subrin 对本文问题的解决起到了巨大帮助，感谢 Katie Waitman 的编辑和校对工作，感谢 Julie Huffman 和 Jackie Chooljian 提供该项研究的援助，感谢 Deborah Malamud 以法律评论的角度给予严谨的建议，还要特别感谢 Bob Bone，Steve Yeazell 和 Denny Curtis，笔者在与他们长达数小时的谈话中深受启发，对本文的写作起到了帮助。译者邝耿毅，中山大学法学院 2017 级法律硕士。

的期间，多种替代性纠纷解决模式相继涌现，特别是法院对和解的介入，尤以ADR程序及管理型裁判为代表。其日后的趋势是：替代性纠纷解决机制的出现，使得裁判与其他决策程序的界限变得越来越模糊，而此时，裁判程序逐渐被诉讼和解代替，成为纠纷解决的有效途径。然而，替代性纠纷解决机制中也会存在与裁判相类似的问题，并且纠纷解决的决策者所拥有的权力来源正当性也令人担忧。为此，应对和解规定作出重新的规定，一方面，法官应参与对法规的审查，另一方面，对和解的主体、来源正当性、应用范围以及标准作出明确的规定。所以，无论是对抗诉讼程序还是替代性纠纷解决机制，如何对其中的决策程序进行合理的限制约束，是最根本而又最难解决的问题，应抵制将司法疲惫转化为使判决贬值的做法，但是不能提供不受约束的决策程序取而代之。

【关键词】 《联邦民事诉讼规则》 和解 替代性纠纷解决机制

正值《联邦民事诉讼规则》颁行50周年[1]，有必要对其重新进行审议。究其缘由是多方面的，其中最为重要的是停止对《联邦民事诉讼规则》这一伟大成就的过高赞誉。在我们成长的那个年代，法律规则对以非技术性方法进行的诉讼持有相当高的热情，致使我们这代人容易忽视《联邦民事诉讼规则》对我们的思维方式所作出的巨大贡献。因此，《联邦民事诉讼规则》的制定者还是值得被表扬、赞美和支持的。

但是，现在并不是为上一代人这一伟大成就欢欣鼓舞的时刻。现今众

〔1〕《联邦民事诉讼规则》根据《授权法案》[Pub. L. No. 73 - 415, 48 Stat. 1064 (1934) (codified as amended at 28U. S. C. §2072 (1982)] 进行修改，1935年，最高法院指定一个咨询委员会（以下称"任命委员会"）对其进行起草，起草的内容为制定联邦司法系统内统一的衡平法与普通法的法典。[295 U. S. 774 (1935)] 经过稍许修改，最高法院颁布了由委员会起草的法律，并于1937年12月20日转交给司法部长，由司法部长于1938年1月3日转交给国会。该法最终于1938年9月16日生效，see Rules of Civil Procedure, 308 U. S. 645 (1938)。关于起草过程的全面历史，see Burbank, "The Rules Enabling Act of 1934", 130 *U. P& L. REV.* 1015 (1982)。关于起草过程的说明，see Chandler, "Some Major Advances in the Federal Judicial System", 1922 - 47, 31*F. R. D.* 307, 493 - 98 (1963)。

多法律界人士对《联邦民事诉讼规则》提出批评并且呼吁修法[1]。批判者声称联邦法院正处于“危机”之中，并认为50年前起草的《联邦民事诉讼规则》是造成危机的原因。这些原因包括有：依赖单一的程序法规则来处理所有类型的案件[2]，依赖最低的起诉标准[3]和依赖证据开示程序寻找争议点[4]。批判者们希望诉讼程序衰落的趋势可以得到缓解，并限制律师和诉讼当事人滥用《联邦民事诉讼规则》提供的程序性机会。

我们既不必全盘接受这些批评，也不必完全认同这些基于经验所作的批判而一同呼吁修法[5]。《联邦民事诉讼规则》制定的初衷是为诉讼程序

---

〔1〕 例如，修改《联邦民事诉讼规则》的命令，由 Powell, J. 联合 Stewart and Rehnquist 发起，JJ. 持反对意见，446 *U. S.* 997，1000（1980）（最终修正案未能遏制“滥用证据开示权利”现象，“国会接受这些修修补补的改革措施，但将推迟实施多年来真正有效的改革”）；see Burger，“Introduction to Reducing the Costs of Civil Litigation”，37 *RUTGERS L. REV.* 217 – 18（1985）；“Discovery Abuse：Causes，Effects，and Reform”，3 *REV. OF LITIGATION* 1（1982）。

〔2〕 See Cover，“For James Win. Moore：Some Reflections on a Reading of the Rules”，84 *YALE L. J.* 718（1975）.

〔3〕 撤回起诉的情况经常发生。See Associated Gen. Contractors v. California State Council of Carpenters，459 U. S. 519（1983）（地方法院驳回了反垄断的诉请）；see also Local Rule Re Fed. R. CIV. P. 16b（D. S. C.），在两个联邦地方法院的民事和海事诉讼规则中（下称当地法院规则）（Callaghan 1985），法庭向各方当事人进行询问，以获取有关不法行为和相关辩护的具体情况；see Associated General Contractors，459 U. S. at 552（Marshall，J. 反对）（“任何法院可能都会有因原告无法证明其案情而又不能仅仅因为其无法证明而将其诉状拒之门外的担忧……仅因未能陈述案情而被驳回是一种过于粗暴的程序性手段，无法证明这种程序是正确的”，法院的立场缩小了审理复杂案件的范围）；McLain v. Real Estate Bd.，444 U. S. 232，246（1980）（主张反垄断诉讼同样适用自由辩论）；see generally Marcus，“The Reviall of Fact Pleading under the Federal Rules of Civil Procedure”，86 *COLUM. L. REV.* 201（1986）。

〔4〕 Brazil 提倡在证据开示程序中律师对客户负责转变为对法院负责。See Brazil，“The Adversary Character of Civil Discovery：A Critique and Proposals for Change”，31 *VAND. L. REV.* 1295，1348 –61（1978）.

〔5〕 联邦法院一向被认为是工作高效的表率，在1984年民事案件从起诉到审理的时间一般是七个月内完成；到案件进行裁判，时间为19个月。美国法院行政办公室第286（1984）号主任年度报告（下称1984年行政办公室报告）。其次，起诉量的增加被认为是对法院工作满意的标志。还有，尽管目前有言论称联邦法院与州法院的案件大量处于积压未办的状态，一些批判者表达了他们对这一新奇问题的怀疑。See M. SELVIN & P. EBENER，MANAGING THE UNMANAGEABLE at vi（1984）（“经过一段时间的试验数据表明，民事诉讼延迟既不是最近的现象，也不是临时的现象”）；Friedman，“The Six Million Dollar Man：Litigation and Rights Consciousness in Modern America”，39 *MD. L. REV.* 661，663（1980）（质疑实际诉讼率是否有所上升）；Galanter，“Reading the Landscape of Disputes：What We Know and Don't Know（and Think We Know）about Our Allegedly Contentious and Litigious Society”，31 *UCLA' L. REV.* 4（1983）；一次痛苦的教训，反过来有可能有助于改革。See Pound，“The Causes of Popular Dissatisfaction with the Administration of Justice”，29 *REPORT OF THE ABA.* 395（1906）；see also Wigmore，“Roscoe Pound's St. Paul Address of 1906：The Spark that Kindled the White Flame of Progress”，20 *J. AM. JUDICATURE Soc' Y* 176（1937）。

提供充足保护，但《联邦民事诉讼规则》却无法解决目前涌现的许多重大问题，最直接的例子是目前已经成为焦点的诉讼和解问题〔1〕。在实务层面，《联邦民事诉讼规则》不会告知律师获得胜诉判决需要提交哪些书状〔2〕。在一个更具理论性的层面上，《联邦民事诉讼规则》未能说明法官在主持和解时应发挥什么作用，以及法官应如何评估双方达成的和解是否充分和适当〔3〕。值得注意的是，和解并不是《联邦民事诉讼规则》唯一有欠缺的地方。为什么《联邦民事诉讼规则》不能为诉讼程序制定合理的步骤？既然立法者要求双方律师在证据开示方面进行合作，那么为什么不为该要求与传统的律师对抗式诉讼之间的紧张关系提供解决方案〔4〕？

值得关注的不仅是《联邦民事诉讼规则》对以上特定问题的沉默，还

〔1〕 See Marek v. Chesny, 105 S. Ct. 3012 (1985)（解决对因和解失败进行处罚造成的问题）; see also Fiss, "Against Settlement", 93 YALE L. J. 1073 (1984); McThenia & Shaffer, " For Reconciliation", 94 YALE L. J. 1660 (1985)（批判 Fiss 立场的 ）; Fiss, "Out of Eden", 94 YALE L. J. 1669 (1985)（对 McThenia & Shaffer 的批判进行的回应）。

〔2〕《联邦民事诉讼规则》第54条（判决、费用）和第58条（判决书）对判决进行规定，但这两项规则都没有具体讨论提交拟议同意诉讼和解判决的程序。同意诉讼和解判决通常用于当事人可以预见执行困难的诉讼。在很多情况下，诉讼当事人仅保证撤诉。See FED. R. CIV. P. 41.

〔3〕《联邦民事诉讼规则》第23条第（e）项规定，如果没有法院的批准，就不能撤回集体诉讼，但没有规定可以获得批准的任何标准。参见注释254-62及其附文［FED. R. CraM. P. 11 (e)(2)］。目前的判例法已经为集体诉讼解决方案的“公平”或“充分”进行了一系列的测试。See, e. g. , Armstrong v. Board of School Directors, 616 F. 2d 305, 314 (7th Cir. 1980); Note, "Voluntarily Unlocking the Schoolhouse Door: The Use of Class Action Consent Decrees in School Desegregation", 59 *WASH. L. Q.* 1305, 1320-30 (1982); cf. 15 U. S. C. § §16 (b) – (h) (1982)（联邦政府发起的反垄断行动不能在没有得到公众注意的情况下就进行和解，和解决定必须符合公共利益）。关于法官在解决集体诉讼中的作用的案例研究，see Schuck, "The Role of the Judge in Settling Complex Cases: The Agent Orange Example", 53 *U. CHI. L. REV.* 337 (1986) . 1938年立法的起草者意识到案件会经常进行和解。See, e. g. , C. CLARK & H. SHULMAN, A STUDY OF LAW ADMINISTRATION IN CONNECTICUT 20 – 27 (1937)（民事案件的审理通常以双方当事人的妥协约定来终结）。其次，1938年版有关集体诉讼的立法规定：“未经法院批准，集体诉讼不得撤回。” FED. R. CIV. P. 23 (c) (1938)［美联储修订本 R. CIV. P. 23 (e)］。有人指出，该规定“显然使得法院对集体诉讼的驳回或和解具有了完全的控制权。”然而，这些担忧似乎是关于对和解无约束力的担忧，而不是有关和解达成结果质量的担忧。See Moore & Cohn, "Federal Class Actions", 32 *ILL. L. REV.* 307, 321-25 (1937) .

〔4〕 咨询委员会成员之一，埃德森·桑德兰（Edson Sunderland）称赞《联邦民事诉讼规则》规定的审前程序是“传统的隐藏伪装策略中萌现出的一种开放、商业化、有效方式”; Sunderland, Growth of Pre – Trial Procedure, 44 CoM. L. J. 406, 410 (1939) . 桑德兰似乎对加强法庭对审前程序的控制感兴趣。See, e. g. , Sunderland, "The Theory and Practice of Pre – Trial Procedure", 36*MXCH. L. REV.* 215, 218-19 (1937)（“法院没有理由不亲自参与调查，通过在双方在场的情况下直接询问律师或当事人补充诉请和进行证据证据开示”）。

有社会舆论环境对《联邦民事诉讼规则》的期待不断变化这一事实。在过去五十年间，关于《联邦民事诉讼规则》作用的讨论经历了一个实质性转变。我们讨论的焦点已经从通过简化诉讼程序促进司法判决“公正”[1]转变为讨论减少案件进入普通法院和联邦特别法院[2]。现今的程序以“替代性纠纷解决”机制为特色，被认为是比审判、裁决和诉讼更加优选的方式[3]。一方面，法庭的程序被批判为空洞和流于形式的，是实质不平等的现实里程序规范的假象[4]。另一方面，法官被喻为“杀人狂”，因为他们可以利用程序性许可使得他们作出的部分判决超出他们的职权范围[5]。无论人们是请求得到更具有效性的纠纷解决方法[6]，还是请求“管理型裁判”控制违反职业操守的律师并且保障诉讼程序正常运行[7]，这些请求通常都具有相同的目的，即减少案件被法官判决和被陪审团裁决的机会，并提供不同的纠纷解决机制。

当然，《联邦民事诉讼规则》只是冰山一角。在法院内外，还有许多其他事情亦引发了人们对当代司法程序的批判[8]。然而，本文主要关注的

---

〔1〕 E. g. , Moore, “The New Federal Rules of Civil Procedure”, 6 *I. C. C. PRAC. J.* 41, 42 (1939). (“联邦规则……是所有程序的新目标的集中体现……诉讼应根据案情而不是以程序为基础来解决”)。

〔2〕 See generally RICHARD A. POSNER, THE FEDERAL COURTS: CRISIS AND REFORM (1985).

〔3〕 1985年10月，在康涅狄格州纽黑文市举行的全国诉讼管理会议中，公共资源中心为每个与会者提供了一份关于替代性纠纷解决机制的信息汇编文件，即公共资源中心编写的《替代性纠纷解决机制法官手册》（以下简称《ADR手册》）（1985年10月初稿）（附在《芝加哥大学法律评论》）。也参见1986年4月30日至5月1日在纽约举行的全国民事司法问题研讨会上提供的资料（附在《芝加哥大学法律评论》）。

〔4〕 See, e. g. , R. Abel (ed.), *THE POLITICS OF INFORMAL JUSTICE: COMPARATIVE STUDIES*, 1982; Abel, “Informalism: A Tactical Equivalent to Law”, 19 *CLEARINGHOUSE REV.* 375 (1985); Simon, “Legal Informality and Redistributive Politics”, 19 *CLEARINGHOUSE REV*. 384 (1985); JOEL HANDLER, *THE CONDITIONS OF DISCRETION: AUTONOMY, COMMUNITY, BUREAUCRCY* (1986年即将出版)。

〔5〕 Horowitz, “Decreeing Organizational Change: Judicial Supervision of Public Institutions”, 1983 *DUKE L. J.* 1265.

〔6〕 See, e. g. , McThenia & Shaffer, “For Reconciliation”, 94 YALE L. J. 1660 (1985) at 1664. (和解与治愈“关系破裂的愤怒”有关); Riskin, Mediation and Lawyers, 43 OHIO ST. L. J. 29, 57 (1982)（调解能“促进人与人之间的互动，使他们能够控制自己的生活”）。

〔7〕 赞同“管理型法官”的观点，see generally Peckham, “The Federal Judge as a Case Manager: The New Role in Guiding a Case from Filing to Disposition”, 69 *CALIF. L. REV.* 770 (1981); 反对“管理型裁判”的观点，Resnik, “Managerial Judges”, 96 *HARV. L. REV.* 374 (1982)。

〔8〕 关于法院诉讼环境的讨论，see Sarat, “The Litigation Explosion, Access to Justice, and Court Reform: Examining the Critical Assumptions”, 37 *RUTGERS L. REV.* 319, 331 (1985)。

是过去五十年来《联邦民事诉讼规则》的运行情况和诉讼环境。本文只是初步尝试[1]去理解立法者当时为什么会如此立法，去思考《联邦民事诉讼规则》是如何反过来引发当前人们对它的批判，并且明确我们今天所要面临的任务和选择。

一、20 世纪 30 年代和 40 年代

立法者试图去了解大量的案件和纠纷，而 1938 年《联邦民事诉讼规则》则被认为是对这些案件和纠纷的更好的回应。当然，我不会（也不可能）声称自己知道最高法院立法草案咨询委员会不同的想法（例如 Charles Clark，William Mitchell，Edmund Morgan，George Pepper，Edson Sunderland，和 EdgarTolman)[2]，我也不认为他们具有共同的立法“构想”[3]。事实上，从立法者争议的历史（和普通人的一般了解）来看，立法者内部一定会存在着相当多的分歧[4]。此外，并非所有咨询委员会成员的看法今天都还能被清晰地获取。委员会里的法学家们在草案起草讨论中留下了丰富的

---

〔1〕 这篇文章涉及一个较为宏大的主体，文章从一开始就阐述起草组织的局限性。其一，本文不打算写成立法的“历史”。更确切地说，本文是一种努力，去理解什么事项可能会引起起草者的注意，以便更好地揭示什么使我们这些人今天思考这些问题。其二，正如伯班克（Burbank）教授关于联邦立法细节的研究一样，存在关于起草过程的广泛的、未发表的、记录在案的起草记录。但是我没有取材于这些材料。

〔2〕 最高法院任命 William Mitchell（主席），Charles Clark（记者），Scott Loftin，George Wickersham，Wilbur Cherry，Armistead Dobie，Robert Dodge，George Donworth，Joseph Gamble，Monte Lemann，Edmund Morgan，Warren Oney，Edson Sunderland 和 Edgar Tolman 组成咨询委员会。任命委员会中维克山姆去世，取而代之的是乔治 · 佩珀；威廉 · 摩尔是一名教师，后来成为耶鲁大学法学院的教授。他最初是查尔斯 · 克拉克的研究助理。虽然摩尔直到 1953 年才成为咨询委员会的成员，但在他被任命之前很早就被认为是该领域的专家。See Manton，Preface to J. MOORE & J. FRIEDMAN，FEDERAL PRACTICE at v（1938）（“关于这些规则的第一篇文章”）；Dobie，Book Review，25 *VA. L. REV.* 749（1939）（回顾摩尔的专著）。

〔3〕 那些撰写宪法解释的人很好地说明了发现立法者“意图”的困难。See，e. g.，RONALD DWORKIN，TAKING RIGHTS SERIOUSLY132-37（1977）；Simon，“The Authority of the Framers of the Constitution：Can Originalist Interpretation be Justified”，73 *CALIF. L. REV* .1482（1985）；Stone，“Introduction：Interpreting the Symposium”，58 S. *CAL. L. RXV.* 1（1985）.

〔4〕 See，e. g.，Smith，“Judge Charles E. Clark and the Federal Rules of Civil Procedure”，85 *YALE L. J.* 914，953（1976）（详细阐述了克拉克和其他起草人反对的观点，并认为克拉克成为法官后，将会“坚持自己的观点，而不是遵守规则”），有关评论表明，起草者对立法的分歧是存在的。

记录，而委员会中执业律师的观点却较难获得[1]。

然而，当我们重新检视围绕着立法起草工作进行的公开讨论记录，并将其与如今舆论的评价进行比较时，我们会发现这一过程十分有趣。立法者们到底意图使他们所起草的法律发挥出什么作用呢？毕竟，他们是法律界的支柱，在社会中具有强大的利益基础[2]。然而，他们作出的选择却与同时期人们的想法大相径庭[3]。为什么这些通常与如今“辩护

---

〔1〕 Clark（克拉克）、Sunderland（桑德兰）和 Moore（摩尔）教授就这些立法进行了详细的阐述。

〔2〕 咨询委员会由主要律师（活跃在律师界和政界）和法律教授组成。Mitchell 是明尼苏达州企业公司成员之一。Doherty，Rumble，Bunn 和 Butler 曾是美国前检察长（1929—1933）。Dodge 是前马萨诸塞州助理检察长兼前波士顿律师协会主席。Dodge，Chase 和 Davies 是波士顿一家公司的成员。Gamble 是来自爱荷华州得梅因的一位公司和银行律师。来自新奥尔良的律师 Monte Lemann 在该城市开设第一个法律援助社会方面发挥了重要作用，后来他担任了国家法律援助和维权者协会理事的首席董事。See Frankfurter，“A Legal Triptych”，74 *HARV. L. REV.* 433，445-47（1961）. Loftin 于 1934 年至 1935 年担任美国律师协会会长，在佛罗里达州有过公司业务。1936 年，Loftin 被任命为参议院，任期为已故参议员帕克·特朗梅尔的剩余任期。他在参议院代表佛罗里达参加国会，任期届满后并未寻求选举。See Scott M. Loftin，1878—1953，39 ABA J. 982（1953）. 奥尔尼（Olney）曾担任加利福尼亚州最高法院的副法官，并且是旧金山公司的成员。托尔曼（Tolman）是芝加哥律师事务所的成员，是 1934 年至 1938 年间美国司法部长的特别助理。他从 1921 年到 1946 年担任 ABA 杂志的编辑。See Major Edgar Bronson Tolman Dies at 88，33 A. B. A. J. 1188（1947）. Wickersham 在 1936 年去世前的短暂时间，曾任美国法律协会主席，其还曾于 1909 年至 1913 年担任美国总检察长。接替 Wickersham 的 Pepper 曾是美国参议员，也是费城律师协会的成员。GEORGE PEPPER，PHILADELPHIA LAWYER. AN AUTOBIOGRAPHY 343—83（1944）. 咨询委员会的法学教授代表了几所大学。来自明尼苏达大学的 Cherry 教授，讲授合同法和证据法课程。AALS DIRECTORY OFTEACHERS IN MEMBER SCHOOLS 37（1935）（下称 AALS 名录）。克拉克（Clark），委员会的主要发言人，是耶鲁大学法学院院长，后来成为第二巡回上诉法院的法官。Dobie，曾写过关于联邦诉讼程序的多篇重要论文，是弗吉尼亚大学法学院院长。ARMISTEAD DOBIE，*HANDBOOK OF FEDERALJURISDICTION AND PROCEDURE*（1928）. Morgan 是哈佛大学法学院的证据法教授，也是美国法学院示范性证据规范的先驱。他随后合著了一本书，认为 Sacco 和 Vanzetti 是被错误定罪的。See L. JOUGHIN & E. MORGAN，*THE LEGACY OF SACCO & VANZETTI*（1948）. Sunderland 是密歇根大学的法学教授，他主讲司法程序和诉讼课程。他常写信支持《联邦民事诉讼规则》，特别是在审前程序和证据开示方面。同上 AALS 名录。这些从业者和学者也参与了法律改革的其他领域。截至 1942 年，Dodge，Donworth，Lemann，Mitchell，Pepper 和 Tolman 都是美国法律研究所理事会（ALI）的成员。Cherry 和 Morgan 该理事会证据委员会的成员，Clark 和 Dodge 是该委员会的顾问。MODELCODE OF EVIDENCE at iii（1942）. 咨询委员会的大多数成员都在 50 和 60 岁，有几个是 70 年代的，克拉克年纪是最小的，大约 46 岁。

〔3〕 “同行”是指在社会结构中处于平行位置的人。然而，这些“同行性”标准可能是表面的。例如，美国律师协会（ABA）现在是一个成立的实体，在联邦规则颁布前的几年中，它仍具有强大的势力。See Matzko，“The Best Men of the Bar”：The Founding of the American Bar Association，in *THE NEW HIGHPRIESTS：LAWYERS IN POST - CIVIL WAR AMERICA* 75（G. Gawalt ed. 1984）（ABA 代表着 19 世纪后期改革派的利益）；ROSCOE POUND，THE LAWYER FROM ANTIQUITY TO MODERN TIMES 270 - 71（1953）（讨论复兴的专业性组织）。

律师”的利益联系起来的立法者，（从我们现在的视角看来）却像“原告的尽职律师”？为什么他们创设了一个法律架构，在结合其他因素后，就允许联邦法院向新的权利寻求者敞开大门[1]？毕竟，正是他们起草了开示程序的立法并为企业和政府带来了光明的未来[2]。正是他们起草了集体诉讼立法的前身，在某种程度上维护了集体辩护的权利[3]。也正是立法者们坚持放弃诉讼程序上的技术性规则，才使得更多个人的权利主张能得到考虑[4]。在20世纪30年代，《联邦民事诉讼规则》的立法者们为了促进信息交换以及诉讼简便化，制定了放宽提交诉状条件

---

〔1〕 克拉克对政治方面很敏感。他试图安抚那些担心证据开示程序会“会允许对证据进行操控”，因为证据开示程序是从证人或当事人一方获得信任的来源之一。Clark，“he Bar and the Recent Reform of Federal Procedure”，25 *A. B. A. J.* 22，23（1939）（以下引用为“The Bar”）.

〔2〕 See，e. g.，In re United States of America，Socialist Workers Party v. Attorney General，565 F. 2d 19（2d Cir. 1977）（要求联邦调查局允许原告律师检查其档案中关于其渗透社会主义工作者的档案，律师被要求保密）；cert. denied，436 U. S. 962（1978）；Parsons v. General Motors Corp.，85 F. R. D. 724（N. D. Ga. 1980）（允许证据开示设计缺陷的碰撞试验结果）；PAUL BRODEUR，OUTRAGEOUS MISCONDUCN. THEASBESTOS INDUSTRY ON TRIAL ch. 4 & passim（1985）；D. HENSLER，W. FELSTINER，M. SELVIN &P. EBENER，ASBESTOS IN THE COURTS：THE CHALLENGE OF MASS Toxic TORTS（1985）；Franklin，Suit Unveils 9 - Year Company Debate on Warning for Toxic Paint Additive，N. Y. Times，Aug. 4，1981，at B7，Col. 1.

〔3〕 正如1938年颁布的法律第23条只规定了有限类型的集体诉讼。大部分法律关于第三方参与诉讼的规定的修订发生在1966年。See FED. R. CIV. P. 19，23，23. 1 & 24，经修订的《民事诉讼程序修正规则》，383 U. S. 1029，1045，1050 - 51（1966）. See generally Kaplan，“Continuing Work of the Civil Committee：1966 Amendments of the Federal Rules of Civil Procedure（pts. 1 & 2）”，81 *HARV. L. REV.* 356，591（1967）.

〔4〕 克拉克解释说，新的联邦立法“意味着结束实质正义的强制执行”；他声称“新的立法意味着犯一个最终会损害你权利的错误是非常困难的。”Clark，“Fundamental Changes Effected by the New Federal Rules I”，15 *TENN. L. REV.* 551，551（1939）（以下引用为“Fundamental Changes”）；see also Clark，The Bar（“宽松的规制”不应用来“恢复正式辩护的旧技术”）；Moore，“The Place of the New Federal Rules in the Law School Curriculum”，27 *GEO. L. J.* 884，892（1939）（“诉讼程序可以继续遵循1939年修订版的原则”）。桑德兰（Sunderland）也提出了同样的观点，但在言辞上较为克制。Sunderland，The New Federal Rules，45W. VA. L. Q. 5，30（1938）（“目的是通过消除技术异议的基础来消除技术问题，使案件在程序上失败变得困难，并且使诉讼尽可能的便利”）。

的立法[1]。但现如今，与这些立法者同时期的许多人都在抨击立法者当初所作出的选择。

（一）立法者的信仰

是什么激励了那些在20世纪30年代进行程序性改革的人？他们是否是先进的改革家？他们认同如果有专业人士引领，他们可以为我们创造一个更美好的社会吗？还是他们在改革方面也是摸着石头过河，试图通过程序性改革以服务于他们的心中的公共利益观[2]？他们是否致力于发现真相，以作为洞察和准确描述案件事实的来源？他们是否试图通过进行程序性改革来重建“法治”，以应对法律现实主义的挑战？或者他们是否只是想通过保护他们所代表的群体（主要是金融和商业利益群体）和他们所领导的组织（比如，美国律师协会[3]）来促进他们狭隘的自我利益？

---

〔1〕 诚然，要确定在《联邦民事诉讼规则》下规则的宽松程度是很困难的，这应当适当地交给起草者。在某些情况下，最高法院关于联邦立法的解释成为确定该规则宽松程度的关键因素，而这可能并不是起草者想要的。例如，Charles Clark 主张使用简易判决处理没有争议的案件，但他担心法院在使用这一立法时过于犹豫；see，e. g.，Clark，“The Influence of Federal Procedural Reform”，13 *LAW & CONTEMP. PROBS.* 144，158（1948）（下称“Federal Procedural Reform”）；Clark，Summary Judgments and a Proposed Rule of Court，25 J. AM. JUDICATURESOC'Y 20，20－22（1941）（描述了 Clark 在他于第二巡回法庭任期内自由使用简易判决的努力）；与此相反，最高法院仍拒绝接受简易判决，除非当事人证明“不存在任何实质性的事实和问题”。Adickes v. S. H. Kress & Co.，398 U. S. 144，157（1970）. 而法院的这种做法最近则受到了批评，see Schwarzer，Summary Judgment under the Federal Rules：Defining Genuine Issues of Material Fact，99 F. R. D 465，466（1984）（“该规则已经被印象派和教条的立场所覆盖，阻碍了法官听取辩论意见”）；法院可能会放宽参加诉讼的标准，see Matsushita Electric Industrial Co. v. Zenith Radio Corp.，106 S. Ct. 1348，1357（1986）. 对规则的修正案也对联邦程序的自由化作出了重大贡献。1966年的修正案废除了“真实的”“混合的”“欺诈的”集团诉讼之间的区别。FED. R. Civ. P. 23 as amended by Order Amending Rules of Civil Procedure，383 U. S. 1029（1966）. 这些修改对民事诉讼产生了深远的影响。See Yeazell，From Litigation to Class Action，Part II：Interest，Class，and Representation，27 UCLA L. REv. 1067，1107－20（1981）. 1966年的修订也重新制定了合并和干预规则。See FED. R. Civ. P. 19（joinder）；id. 24（intervention）as amended by Order Amending Rules of Civil Procedure，383 U. S. 1029（1966）. 我的感觉是，当起草者谈到诉讼合并时，他们意识到，普通法与衡平法的区别是被人为地分割的——并不是我们今天所认为的“案件”。

〔2〕 “联邦立法最终以新政的形式通过。” Subrin，“The New Era in American Civil Procedure”，67 *A. B. A. J*. 1648，1651（1981）.

〔3〕 当然，就像现在一样，无论是立法改革的支持者还是他们所隶属的组织，都不应将他们与单一的利益集团轻易地等同起来。

事后看来，答案似乎都在上述这些问题中[1]。举个例子，立法起草小组的主要成员之一查尔斯 · 克拉克（Charles Clark）有一系列涉及极广且背离传统的见解。克拉克是一个坚定的改革家，他将律师视为公共福利事业的重要贡献者[2]。联邦立法生效多年以来，克拉克对律师的作用不吝赞美之词，并认为只有律师在联邦法规制定中发挥了作用[3]。而且，在克拉克协助立法改革后不久，他又敦促美国律师协会（ABA）下一步应该为那些无力支付费用的人提供法律援助服务[4]。克拉克还投身于与法院相关的问题的研究。在他职业生涯的早期，他对于该领域（现今的“经验主义”）中关于法律程序的研究较为感兴趣，事实上这对他影响很大[5]。克拉克对法律现实主义运动也有一定的兴趣并参与其中[6]，但克拉克在他的一些公开文章中表明，法律不同于法官“每天早餐吃的东西”[7]。与克拉克的思

---

〔1〕 Subrin, The Federal Rules of Equity Procedure: An Historical Perspective 15-16 (May 14, 1986)（《芝加哥大学法律评论》未发表的手稿）（深入阐述了起草人如何采纳公平规则的理念）。

〔2〕 克拉克对政治方面很敏感。他试图安抚那些担心证据开示程序会“会允许对证据进行操控”，因为证据开示程序是从证人或当事人一方获得信任的来源之一。Clark, “The Bar and the Recent Reform of Federal Procedure”, 25 *A. B. A. J.* 22, 23 (1939).（以下引用为“The Bar”）

〔3〕 Clark, “The Role of the Supreme Court in Federal Rule – Making”, 46 *J. AM. JUDICATURE SOC'Y* 250, 254 (1963)（下称“Role of the Court”）（立法改革“是律师的一项工作，而且它是通过律师的技能来完成的”）。See generally Wright & Reasoner (eds.), “Introduction to CHARLES CLARK”, *PROCEDURE – THE HANDMAID OF JUSTICE* (1965).

〔4〕 See Clark, The Bar; “Clark, The Function of Law in a Democratic Society”, 9 *U. CHI L. REV.* 393, 400 – 01 (1942)（下称“The Function of Law”）；这种担忧在当时并不常见。

〔5〕 See C. CLARK & H. SHULMAN，关于康涅狄格州的实践研究；see also Schlegel, “American Legal Realism and Empirical Social Science: From the Yale Experience”, 28 *BUFFALO L. REV.* 459, 468-524 (1979)；描述克拉克参与的几项诉讼实证研究，以及他对从事实研究工作不断深入的赞赏。

〔6〕 克拉克对现实主义运动的看法，see Clark, Function of Law, supra note 36, at 394-395（赞美现实主义运动带来了新气象）；Clark & Trubek, “The Creative Role of the Judge: Restraint and Freedom in the Common Law Tradition”, 71 *YALE L. J.* 255 (1961)（批判卢埃林的普通法传统）。Clark, Douglas & Thomas, “The Business Failures Project – A Problem in Methodology”, 39 *YALE L. J.* 1013 (1930). 克拉克被列入了卢埃林的现实主义“样本”。Llewellyn, “Some Realism About Realism – Responding to DeanPound”, 44 *HARv. L. REV.* 1222, 1226 n. 18 (1931). 有关现实主义者的讨论，see generally WILLIAM TWINING, KARL LLEWELLYN AND THE REALIST MOVEMENT 56-83 (1973)。

〔7〕 Cf. JEROME FRANK, COURTS ON TRIAL 161-64 (1949)；克拉克在第二巡回庭中担任法官时，常常与杰罗姆 · 弗兰克（Jerome Frank）产生分歧；See ROBERT GLENNON, THE ICONOCLAST AS REFORMER. JEROME FRANK' S IMPACT ON AMERICAN LAW 120-22 (1985). See generally MARVI SCHICK, LEARNED HAND'S COURT247-304 (1970)（讨论弗兰克和克拉克之间的分歧）。

维方式相比，其他立法者似乎采取了更加自私自利的做法。当律师代表着不止一个州的客户时，他们抱怨联邦诉讼程序在实践中缺乏统一性，他们帮助起草了一项促进多个州诉讼程序共同发展的改革方案[1]。

简而言之，许多议程已出现在立法者已公开发表的著作中。立法者们所作的努力旨在变革诉讼世界中的“顽疾”——有必要在全国范围内统一联邦诉讼程序[2]，统一普通法与衡平法的诉讼程序[3]，减少技术性错误可能性[4]，以及通过上级法院（不是在立法层面上）对立法制定进行控制。在这些目标的背后，有一个贯穿始终的主题都通过立法者公开发表的著作中以强烈的情感表现出来。众多立法者公开支持他们正在起草的程序性制度。他们声称，其所倡导的程序将使法官或陪审团作出公正的判决。“对抗制”是他们寻求支持的程序的缩影，即一种以律师为基础的诉讼程序。其中每一方都负责生成信息，以供双方达成和解，或由法官和陪审团

---

〔1〕 ABA 的成员是诉讼程序统一的拥护者，他们认为统一是“减少诉讼费用和诉讼延迟”的一种手段。特别委员会的报告建议采取补救措施并拟定立法，防止诉讼延迟和不必要诉讼费用的。35 REPORTS OF THE A. B. A. 614, 615 (1910)（下称“Special Committee Report”）。

〔2〕 See, e. g. , Tolman, “The Origin of the Conformity Idea, Its Development, the Failure of the Experiment, the Evils which Resulted Therefrom, and the Cure for Those Evils”, 23 *A. B. A. J.* 971 (1937); ef. Moore, “Federal Rules of Civil Procedure: Some Problems Raised by the Preliminary Draft”, 25*GEO. L. J.* 551, 552-53 (1937)（主要讨论《联邦民事诉讼规则》早期的起草过程，一个州起草者往往对其他州的做法持怀疑态度）。

〔3〕 1934 年通过授权立法制定法案后，最高法院表示准备颁布统一的联邦立法，并原封不动地保留自 1912 以来的联邦衡平法；see Order Promulgating Rules of Procedure for the Courts of Equity of the United States, 226 U. S. 629 (1912) . 克拉克（Clark）和摩尔（Moore）在 1935 年就普通法和衡平法制定统一的联邦立法问题写过一篇文章。他们和其他人的意见一致，支持法院向咨询委员会提出制定一项统一、全面的立法。See also Simplifying Procedure in Federal Courts, 2 U. S. L. W. 866 (May 14, 1935)（讨论首席大法官 Taft 的早期角色）。但是，see McCaskill, “One Form of Civil Action, but What Procedure, for the Federal Courts”, 30 11*L. L. REV.* 415 (1935)［反对克拉克（Clark）和摩尔（Moore）所倡导的普通法和衡平法完全一致的主张］。对于立法不适用的情况，see FED. R. CIV. P. 81.

〔4〕 See, e. g. , Moore 文，第 886 页。（在传统的诉讼制度下举了一个例子，“自然而然地得出首要原则打败正义的结论”）；虽然起草者为某些特定类型案件制定了一些具体的程序规则，see, e. g. , FED. R. CIV. P. 4 (d) (4)，但他们关心的是在差别最小化的基础上简化科学的程序。See, e. g. , A. DOBIE 文，第 590 页。（赞扬当时提出的《授权法案》）See also Fowler, “A Psychological Approach to Procedural Reform”, 43 *YALE L. J.* 1254, 1255 (1934)（认为需要灵活性）。

使用（判断并给出结果）[1]。考虑到立法者们对联邦立法的公开言论具有强烈的政治意图[2]，主观色彩过于强烈，他们的话语比他们实际参加的大规模活动更有说服力。这些人说话的时候似乎带有一种信仰，即诉讼双方的对抗是作出判决的充分基础，判决又是公平决策的本质，而公平的决策对政府的立法活动来说又是必不可少的。他们制定的规则是让律师在传统的相互对抗的过程中向法官提供信息，从而产生可接受的（甚至可能是好的）结果。

而现今很难再体会到这种信仰。Wigmore 曾对“交叉询问”作出描述，即“为发现真相而发明的有史以来最伟大的法律引擎”，而这种描述经常会成为笑柄[3]。真相本身似乎就存在着问题，更不用说以法庭上戏剧般的辩论作为发现真相的手段。该描述中的表达“发现真相的引擎”甚至体现了交叉询问在工业时代受到极大的欢迎，然而如果理解了“花园中的机器”[4] 所具有的潜在的致命性，人们就不会再如此迷恋它。但是，20 世纪 30 年代和 40 年代的评论通常缺乏这样的质疑[5]。举个例子，在 20 世

---

〔1〕 正如 John Langbein 提醒我们的那样，对抗制的核心理念是“当事人主义”，Langbein，“The German Advantage in CIVil Procedure”，52 *U. CHI. L. REV.* 823，824（1985）. Langbein 认为，欧洲大陆的传统表明，当事人在事实收集中扮演的角色并不重要，甚至当法官主动收集信息、组织庭审活动时，对抗性的活动仍有可能发生。尽管如此，美国境内的许多人都认为，当事人各方收集和提交信息的责任是对抗主义的一部分。此外，虽然对抗性的活动也发生在其他场合，例如行政听证会，但我所讨论的重点，如起草者和许多当代同行者评论的焦点，都是基于法庭的活动的。

〔2〕 来自蒙大拿的参议员沃尔什（Walsh）被认为阻止了一项允许统一规则制度的立法，直到他去世后该法才通过。见 Clark 文，Procedural Reform，[解释沃尔什（Walsh）的一些反对意见是有根据的，最终的成果根据他的意见进行了改进]。同样参见 Burbank 文，第 1063—1065，1081—1083，1085—1089 页 [讨论沃尔什（Walsh）的反对意见]；见 Subrin 文，第 94—98 页。（沃尔什是一个渐进的平等主义者，担心司法权肆无忌惮地扩张）。许多关于这些立法的评论，特别是克拉克所做的许多讲座，都是为了使人们相信新程序的实用性和可取性。See，e. g.，见 Clark 文，（在诺克斯维尔研讨会上关于简化法律程序的讲座）这些立法的倡导者们努力消除这样的观念：法规在民事诉讼中起到“激进”的作用。见特别委员会报告，第 616 页。尽管如此，至少有一名咨询委员会的成员承认，采用统一形式的规则作为普通法和衡平法独立程序的替代方案，与我们许多人一辈子习以为常的程序大相径庭……至于整个实验的结果，我充满期待；这很大程度上取决于法官和律师是否愿意采取合作的态度而不是阻碍性的态度。见 G. PEPPER 文，第 381—383 页。

〔3〕 A TREATISE ON THE ANGLO - AMERICAN SYSTEM OF EVIDENCE IN TRIALS AT COMMON LAW § 1367，at 29（3d ed. 1940）.

〔4〕 LEO MARX，THE MACHINE IN THE GARDEN：TECHNOLOGY AND THE PASTORAL IDEAL INAMERICA（1964）（分析了美国文学中技术的复杂形象以及其对于田园生活的威胁）。

〔5〕 没有多少例子可以证明不存在“怀疑”。但 1938 年立法者的言辞颇具启发性，因为它与今天的言论有很大的不同。See，e. g.，Moscowitz，Trends in Federal Law and Procedure，5 F. R. D. 361，381（1946）. 联邦法院越来越倾向于无视技术问题，也越来越倾向于使个人享有我国政府体制下不可剥夺的特权。这预示着在法律下可以更充分地实现道德正义的趋势。

纪40年代，一些立法者对律师所做的关于证据开示程序的总结记录（今天称为律师的“工作成果”）进行讨论[1]。1946年，在第三巡回上诉法院会议上，咨询委员会成员George Pepper主张将对律师工作成果的保护纳入立法中[2]。他反对“诉讼双方当事人应该通过合作的方式选择对理想正义有追求的法院”这一观点。他解释说：“委员会认为，在某种程度上，如果案件处于原告与被告充分激辩的状态时，每一起诉讼案件的结果都可以尽可能地接近司法正义。”[3] 所以，立法并没有打算“废除战争”，而只是想让“战争平息”[4]。George Pepper在对立法的讨论中认为两个极端中存在一种可行性，即既维持“对抗制诉讼程序的特征”，同时又限制对

---

〔1〕 比较美国最高法院关于民事诉讼立法的咨询意见和美国地方法院民事诉讼法拟议修正案第二稿，Proposed Rule 30, at 37 -40（May, 1945）（以下称为1945年建议修订）（提议给予法官明确的限制证据开示律师的工作成果的权力，但拒绝给予绝对特权），比较美国最高法院关于民事诉讼立法的咨询意见和关于美国地方法院民事诉讼立法的拟议修正案的报告，Proposed Rule 30, at 39（June, 1946）（以下称为1946年拟议修正案）（建议修改该法，禁止证据开示律师工作成果，除非“不证据开示该信息……”会不公平地损害希望得到律师工作成果的相关记录的一方当事人的权利）。最高法院没有颁布1946年律师修正案。See Order Amending Federal Rules of Procedure, 329 U. S. 843（1946）（not including the proposed amendment to rule 30）. 然而，最高法院在“希克曼诉泰勒”案（Hickman v. Taylor 329U. S. 495（1946）（1946年“美国最高法院判例汇编”第329卷第495页）中指出，这些规则并不能证明“对律师的档案和其给人的印象进行无理调查是正当的”。法院的理由与委员会的相同：必须保持对对抗主义的激励和奖励。Compare 1946 PROPOSED AMENDMENTS, supra, at 46 -47, with Hickman, 329 U. S. at 510-514. Had Hickman come out the other way, contemporary litigation problems would look very different. For the suggestion that the reach of Hickman should be narrowed, see Waits, Work Product Protection for Witness Statements: Time for Abolition, 1985 Wis. L. REv. 305, 310（1985）（“证人陈述豁免同时是最昂贵和最不合理的律师保护类型”）。

〔2〕 Discovery Procedure Symposium Before the 1946 Conference of Third United States Circuit Court of Appeals, 5 F. R. D. 403, 403-407（1946）（下称“Third Circuit Discovery Symposium”）。

〔3〕 Discovery Procedure Symposium Before the 1946 Conference of Third United States Circuit Court of Appeals, 5 F. R. D. 403, 403-407（1946）（下称“Third Circuit Discovery Symposium”）。

〔4〕 相反的观点是由Abraham Freedman提出的，他在Hickman案中支持证据开示证据开示程序。Abraham Freedman主张，法院应当竭尽全力去发现案件事实以实现公平正义。这才是《联邦民事诉讼规则》制定的目的，关于保护律师的修改意见稿打着维护公平正义的幌子削弱了该法对发现案件真实的作用。委员会的一些成员（如摩根和桑德兰）最初设想这些立法将会显著改变对抗制。但是到了20世纪40年代，流行的观点用Pepper的话来说就是“不现实的”。Discovery Procedure Symposium Before the 1946 Conference of Third United States Circuit Court of Appeals, 5 F. R. D. 404（1946）. See generally Armstrong, Report of the Advisory Committee on Federal Rules of Civil Procedure Recommending Amendments, 5 F. R. D. 339, 356（1946）（在律师的意见中，没有一项修正案的内容有更大的分歧）。

“个体利益”的追求[1]。

在当代，人们在讨论证据开示规则的过程中发现在这种情况下坚持对抗主义是不协调的。当前证据开示程序的困扰[2]在很大程度上缘于“积极辩论”的责任和信息交换的合作义务之间明显的紧张关系。虽然诸如复印机和计算机数据系统等技术革新是不容易预料到的，但立法者们肯定已经预见到了律师在证据开示程序中可能产生的一些冲突。当面对证据开示程序的重大问题时，为什么最高法院和咨询委员会仍站在律师一边？为什么他们即使知道发挥证据开示程序的有效性需要严格限制对抗主义的道理却仍然不能理清他们这一观点的逻辑？为什么他们不能认识到我们现在认识到的东西[3]？

（二）立法者们的世界和我们的世界

当然，最简单的答案是，过去50年里发生的巨大变化，使得他们的世界观和我们的世界观截然不同。但是，准确地探索世界（尤其是诉讼领域中）发生的变化将有助于指导我们当前对立法的思考。20世纪30年代的公开评论表明，立法者在立法时，就联邦法院诉讼案件的类型，职业化的可能性以及司法作用的范围等方面进行了一系列假设。虽然他们起草立法用以适

---

〔1〕 Discovery Procedure Symposium Before the 1946 Conference of Third United States Circuit Court of Appeals, 5 F. R. D. 403, 403-407（1946）（下称“Third Circuit Discovery Symposium”），第404页。Discovery Procedure Symposium Before the 1946 Conference of Third United States Circuit Court of Appeals, 5 F. R. D. 404（1946）. 在随后的讨论中，针对辩护律师，佩珀先生（Mr. Pepper）认为，作为一个“顽固的实践者”，“他个人更希望律师给予更多的保护”，他说，实际上委员会试图“在极端观点之间达成妥协”。See generally Armstrong, Report of the Advisory Committee on Federal Rules of Civil Procedure Recommending Amendments, 5 F. R. D. 431（1946）; Morgan, Foreword to MODEL CODE OF EVIDENCE 11（1942）该模型认识到了对抗制的优点，但忽视了其不当之处。

〔2〕 当代关于证据开示程序的困扰的根源是复杂的，并且得出证据开示程序被“滥用”的结论所依靠的经验基础是有限的。See Friedenthal, “A Divided Supreme Court Adopts Discovery Amendments to the Federal Rules of Civil Procedure”, 69 *CALIF. L. REV*. 806, 810-815（1981）（讨论证据开示制度改革中一些司法利益的政治基础）。

〔3〕 有两个明显的答案值得一提。其一，我们认识到提供适当和充足的信息量是困难的，同时受到我们关于规则的经验的限制。See, e. g. , Shapiro, “Some Problems of Discovery in an Adversary System”, 53 *MINN. L. REV.* 1055, 1093-1100（1979）（通过对律师进行有关证据开示的问卷调查，结果显示，律师对该法所规定的内容的理解差异很大）；其二，起草者很可能已经意识到这样的问题，但他们认为不应通过该法对此进行回应。见Burbank文，第1106—1107页。See Burbank, “The Rules Enabling Act of 1934”, 130 *U. P & L. REV.* 1106-07（1982）（授权立法旨在界定国会和法院之间的权力范围）。

应他们后来参与塑造的新社会，但这些规则也反映了他们是来自什么样的诉讼世界。因此，我认为，1938 年《联邦民事诉讼规则》设计的典型诉讼之一是一类相对简单的异籍案件，即涉及侵权损害和违约纠纷并由当事人聘请私人律师代表他们进行诉讼以获得金钱赔偿的私人或企业之间的纠纷[1]。

虽然个人金钱纠纷是立法背后的代表性案例之一，但由于我对历史调查的局限和对已经发表文章的依赖，我无法想象立法者们在立法时“脑海中”一直会有一个专门具体的案例。事实上，从立法和相关评论来看，我们知道立法者们在“脑海中”还会有其他的案例。衡平法案件对他们来说至关重要，新立法的一个主要目的就是为普通法与衡平法提供统一的程序[2]。另外，这几年劳工禁令和破产清算经常被使用，立法者在立法时一定也已经考虑这类案子[3]。此外，不是所有立法者都知道联邦判决书目录的很大一部分是专门用于美国政府（而不只是公民）作为诉讼当事人的案件的[4]。

1934 年，美国法律研究所（ALI）发布了一份关于联邦法院业务的研究报告[5]。美国法律研究所对 1934 年 13 个联邦地区法院的民事案件进行

---

〔1〕 对基于传统民事诉讼的裁判模式的批判，see Fiss，“The Social and Political Foundations of Adjudication”，6 *LAW & HUM BEHAV.* 121，121-22（1982）（除“争议解决”外，结构改革是一个判决的基本模型）。为了探讨以其他类型案件作为示范案件的影响，见 Subrin 文，第 63 页。

〔2〕 起草者还试图从许多州的多样化实践中选择“最佳”规则，see，e. g.，见 P. EDMUNDS 文，第 113—120 页。PALMER EDMUNDS，FEDERAL RULES OF CIL PROCEDURE 972（1938）（寻找启动诉讼的最佳办法）。避免像之前一样的复杂性——学术上所称的“杀人狂”。存在这么一种观点，起草者有意采用平等原则来赋予法官更大的权力。见 Subrin 文，第 36、38—55 页。

〔3〕 See generally Fiss & D. RENDLEMAN，INJUNMONS（2nd ed. 1984）.

〔4〕 See Appendix A：Estimated Percentage of Civil Cases in Which the United States was a Party，1900-1984.

〔5〕 从 1873 年到 1939 年，美国总检察长负责收集联邦法院的数据并发布年度报告。Act of Mar. 3，1873，ch. 238，§1，17 Stat. 578［codified as amended at 28 U. S. C. §522（1982）］. 在 20 世纪 20 年代，对数据收集的兴趣逐渐增强。在一些法学院，一系列试点项目开始收集法院案件的信息。克拉克（Clark）对经验主义很感兴趣，他收集了州和联邦法院系统的数据。见 Schlegel 文，第 495—519 页。See Schlegel，“American Legal Realism and Empirical Social Science：From the Yale Experience”，28 *BUFFALO L. REV.* 495-519（1979）；see also C. CLARK & H. SHULMAN；同样参见 C. CLARK & H. SHULMAN，A STUDY OF LAW ADMINISTRATION IN CONNECTICUT 20-27（1937）（关于康涅狄格州法院的研究）；20 世纪 30 年代最全面的项目是 ALI 的研究，它描述了 13 个联邦地区法院的民事和刑事案件。AMERICAN LAW INSTITUTE，A STUDY OF THE BUSINESS OF THE FEDERAL COURTS，PART I，CRIMINAL CASES（1934）；id. PART II，CIVL CASES（1934）（下称“ALI CIVM CASES”），ALI 呼吁扩大数据的基数。1939 年，国会以建立美国法庭的行政管理办公室作为对此的回应。Act of Aug. 7，1939，ch. 501，§304，53 Stat. 1223［codified as amended at 28 U. S. C. §604（1982）］.

调查，发现美国政府在相当大比例的案件中作为一方诉讼当事人。例如，在调查的9852起民事案件中（来自普通法、衡平法和海事法），有57.5%的案件是由美国政府作为其中的一方诉讼当事人的[1]。相比之下，在被调查的案件中异籍案件的数量相对较少，大约占18%[2]。因此，尽管异籍案件的管辖权使得联邦法院负担过重的抱怨日益增多，但调查数据表明异籍案件的数量已经远被其他类型的案件超过[3]。

参与美国法律研究所研究的一些研究人员也是联邦立法起草组中的成员[4]。Charles Clark 在这两个组织中都发挥了重要作用。我们可以认为，起草委员会很容易获得美国法律研究所的数据。此外，有些立法是专门针对以美国政府作为诉讼当事人的情形而起草的。[5] 但是对立法的公开讨论并没有涉及政府作为一方当事人的案件。尽管有美国法律研究所的统计数据，美国政府作为一方诉讼当事人的形象很少被提及。相反，立法的公开讨论的焦点在于它们对私人民事损害诉讼的效用。

尽管经验不一定准确，但私人损害诉讼作为公开评论中的一个典型范例却是很有意义的。其一，立法者和很多支持他们的人（主要是美国联邦

---

〔1〕 AMERICAN LAW INSTITUTE, A STUDY OF THE BUSINESS OF THE FEDERAL COURTS, PART I, CRIMINAL CASES (1934); id. PART II, CIVL CASES (1934). 1871年到1932年间，美国作为一方诉讼当事人的案件统计数据，见第111页。

〔2〕 在调查的1816个异籍案件中，有82.2%的案件会使用普通法进行救济，而另外的17.8%寻求衡平法上的救济。

〔3〕 正如Wickersham（他当时是ALI的领导者）在他ALI研究中所指出的那样，“事实表明……关于公民权的异籍案件……我们有理由相信，在国会和其他地方这些案件构成了联邦地区法院很大一部分业务……然而事实并非如此”。见Schlegel文，第508页。Schlegel, “American Legal Realism and Empirical Social Science: From the Yale Experience”, 28 *BUFFALO L. REV.* 508 (1979).

〔4〕 1935年，ALI的主席（Wickersham），副主席之一（Pepper）以及研究所的多名成员（Dodge, Lemann, Mitchell, 和Tolman）也是起草委员会的成员。Wickersham去世后，Pepper接替了他在这两个组织的职位。见G. PEPPER文，第378—380页。GEORGE PEPPER, PHILADELPHIA LAWYER. AN AUTOBIOGRAPHY 378-80 (1944).

〔5〕 See, e. g., FED. R CIV. P. 4 (d) (4)（如关于诉讼一方当事人是美国政府时递交法院令状的规则）。

律师协会[1]）大多是来自私营企业。立法者的倡导活动深受他们的目标群体所影响。他们声称立法将会很好地满足私人律师的需要[2]。其二，美国政府经常作为诉讼当事人，关于这类案件的统计数据在某种程度上是众所周知的，但该类案件并未受到重视。此类案件很大一部分涉及“酒精案件”，被视为是禁酒令导致的恶果，所幸该禁酒令如今已被废除[3]。其他的案件涉及国内税收和食品、药品执法，但这些案件在本质上都不是受到高度关注的案件[4]。与此相反，20 世纪 30 年代是一个高度关注“异籍案件对联邦与州关系的影响”的时期，异籍案件具有特殊的显著性和政

---

〔1〕 Clark 指出，为了寻求对该法的支持，他走遍了全国，并向超过 5000 多名的律师发表了演说。Clark，“Fundamental Changes Effected by the New Federal Rules I”，15 *TENN. L. REV.* 551（1939）. See also *FEDERAL RULES OP CIVIL PROCEDURE PROCEEDINGS OF THE INSTITUTE AT WASHINGTON*，D. C.，OCT. 6-8，1938，*AND OF THE SYMPOSIUM AT NEW YORK CITY*，OCT. 17-19，1938（E. H. Hammond ed. 1939）；RULES OF Civil PROCEDURE FOR THE DISTRICT COURTS OF THE UNITED STATES WITH NOTES AS PREPARED UNDER THE DIRECTION OF THE ADVISORY COMMITEE AND PROCEEDINGS OF THE INSTITUTE ON FEDERAL RULES，CLEVELAND，OHIO，JULY 21-23，1938（W. W. Dawson ed. 1938）.

〔2〕 说服联邦政府对该法表示支持几乎没有付出任何努力，联邦政府已经参与了起草工作，并主张支持起草组织。最初，司法部被视为负责起草立法的机构。见 Chandler 文，第 488—492 页。See Chandler，“Some Major Advances in the Federal Judicial System”，1922-1947，31 F. R. D. 307，488-492（1963）. 后来最高法院指定了一个咨询委员会，并将 Edgar Tolman 列为其成员之一，作为司法部的“代表”。立法草案获得了荷马·卡明斯（Homer Cummings）的批准，他在 1933 到 1939 担任总检察长。See Address of Attorney General Cummings to Judicial Conference，Fourth Circuit，21 A. BA. J. 403（1935）；Cummings，“Modernizing Federal Procedure”，24 *A. B. A. J.* 625，627（1938）；见 Burbank 文，第 1095—1097 页。See Burbank，“The Rules Enabling Act of 1934”，130 *U. P & L. REV.* 1095-97（1982）.

〔3〕 See Wickersham，随着禁令的废除，“联邦法院的很大一部分业务”将会减少。Wickersham 坚信“酒类案件”会减少，这得到了数据的支持。在 1933 年这一财政年度内，涉及《国家禁止法案》（National Prohibition Act）的案件超过 1.1 万起。在 1934 年财政年度，该类案件数量降至 923 起。ANNUAL REPORT OF THE ATRORNEY GENERAL OF THE UNITED STATES，at 142，Exhibit 2（1933）（Civil Cases to Which the United States Was a Party）（hereinafter cited as ANNUAL REPORT）；id. at 174（1934）.

〔4〕 See ANNUAL REPORTS，如今由美国政府作为诉讼当事人的很多案件同样是相对不受重视的。See 1984 ADMINISTRATRE OFFICE REPORT，at 132-133，256（在 1984 年由美国政府作为一方诉讼当事人的案件中，有 2.7% 涉及联邦侵权索赔，2.7% 涉及助学贷款追缴，3.4% 涉及税收活动）。同样，尽管由美国政府作为诉讼当事人的案件中有 27% 涉及社会安全问题，但我们的注意力却被危害社会安全的集体诉讼所吸引，这些案件对法院也是一种挑战。See，e. g.，Lopez v. Heckler，725 F. 2d 1489（9th Cir. 1984）；REV'd，105 S. Ct. 583（1984）.

治意义[1]。1938年既是《联邦民事诉讼规则》颁布的时间，也是伊利铁路公司诉汤普金斯案发生的时间[2]。

引发我们思考的通常不是案件的统计数据。相反，吸引我们的是这些通常不以表格形式出现的鲜活的信息[3]。这一现象不仅体现在半个世纪前的谈论中，还明显地体现在当代关于程序的评论中。两类案件引发了对当前改革的争论：一类是大规模的“公法”或“结构性改革”的诉讼[4]，另一类是复杂的、由多方当事人参与的诉讼（“大案子”[5]）。后一类案件需要历经长达几个月的证据开示阶段和漫长的审判。尽管这两类案件在联邦法院待审理的民事诉讼案件中所占比例较小，但仍然引起了争论[6]。当前关于判决与和解频率之对比的讨论也反映了类似的“生动”信息。今天有许多评论员提出，之所以有95%的和解率，是因为在联邦法院提起诉讼的案件只有5%是经过审判的。审判是生动的判决形成过程，但大量未经审判裁决的案件往往被忽视：大约35%的联邦案件都是通过驳回或采取简易判决的方式处理[7]。

最后，私人金钱纠纷模式之所以仍占据主导地位，是因为没有出现促使我们改变原有范式的事件。现今，我们对联邦法院的诉讼案件有着不同以往的印象。立法、宪法解释和程序性立法呈现出繁荣发展的态势，使得联邦诉讼展现出不同的面貌。20世纪30年代，新政立法尚未生效，联邦

---

〔1〕 See, e. g., Clark, Diversity of Citizenship Jurisdiction of the Federal Courts, 19 A. BA J. 499, 503 (1933)（“尽管异籍案件是造成联邦法院业务繁忙的原因这一论断没有得到证明……但鉴于该类案件争议较大，其带来的任务量也是相当可观的”）。关于异籍案件的批判，see S. REP. No. 530, 72nd Cong., 1st Sess. (1932); Frankfurter, Distribution of Judicial Power Between United States and State Courts, 13 CORNL L. Q. 499, 522-530 (1928).

〔2〕 304 U. S. 64 (1938).

〔3〕 See R. NISBETT & L. Ross, HUMAN INFERENCE – STRATEGY AND SHORTCOMINGS OF SOCIAL JUDGMENT 43-62 (1980).

〔4〕 See Chayes, The Role of the Judge in Public Law Litigation, 89 HRV. L. RNV. 1281 (1976); Fiss, The Supreme Court, 1978 Term-Foreword: The Forms of Justice, 93 HARV. L. REV. 1, 2 (1979).

〔5〕 见Langbein文，第825页。Langbein, “The German Advantage in Civil Procedure”, 52 *U. CHI. L. REV.* 825 (1985).

〔6〕 See 1984 ADMINISTRATIVE OFFICE REPORT,（按类型显示民事案件的分布）。例如，1984的民事案件中只有0.4%是集体诉讼，2%涉及证券或反垄断的申请。

〔7〕 Conversation with David Gentry, Administrative Office of the United States Courts (March 21, 1986).

权力也尚未集中。在那个年代，私人代理诉讼尚未出现，民事诉讼尚未兴起，联邦法院尚未如此鼓励维护权利，针对联邦机构提起的诉讼也尚未如此激烈，集体诉讼的规则尚未形成，法定诉讼程序尚未改革。在那个年代，证券和反垄断集体诉讼尚未出兴起共同诉讼，多争点诉讼也尚未出现，后者的出现在一定程度上与1938年的联邦立法有关[1]。

从私人损害诉讼的模式来看，1938年联邦立法中的一些基础改良具有相当重要的意义。其一，针对不同类型案件间的不连续性，制定一套跨实体法的单一立法是尤其有必要的。但是在单一模式下，不同类型案件之间显著的差异性更容易被忽视，从而低估了制定例外规则以应对变化的必要性[2]。其二，假设财产所有人之间或侵害者与受害者间存在私人纠纷，人们可能倾向于假定当事人都拥有诉讼资源，并且在多数案件中，双方占有的诉讼资源数量大致相当。在诉讼资源数量相当的情况下，一个以律师为基础的对抗制度是有它自身强大的吸引力的（咨询委员会并没有试图阻止这种对抗[3]）。

如果依赖以律师为基础的对抗程序[4]，人们必须预先对诉讼双方作出一系列假设。首先，这种模式的支持者必须假定争议双方的当事人都是理性的，且具有诉讼能力，能够做出深思熟虑的决定以加强自己的立场。其次，支持者必须假定争议当事人可以（通过金钱交易或者权力输送）获得

---

〔1〕 程序权利的改变反映和激发了基本理解的变化。例如，在二十世纪六十年代末以前，联邦法院经常对监狱诉讼采取“放任”的态度。Kaufman，Foreword to 2 Prisoners’ rights SOURCE-OOK at ix（I. Robbins ed. 1980）；See also Note，“Beyond the Ken of the Courts：A Critique of Judicial Refusal to REView the Complaints of Convicts”，72 *YALE L. J.* 506（1963）. 对这类诉讼态度的改变影响了我们对法院作用的理解，这与其他民事诉讼权利一起，赋予了“民事”案件的“公共性”以新的含义。See Yeazell，“Group Litigation and Social Context：Toward a Historyof the Class Action”，77 *COLUM. L. REV.* 866（1977），and Yeazell，“From Group Litigation to Class Action，PartI：The Industrialization of Group Litigation”，27 *UCLA L. REV.* 514（1980）.

〔2〕 跨实体法规则的制定还受到其他方面的影响，包括由严格的辩护要求所造成不公平的困扰，见Moore文，第886—887页。Moore，“The Place of the New Federal Rules in the Law School Curriculum”，27 *GEO. L. J.* 886-887（1939）. 赋予专业法官更多的自由裁量权和权力所带来的利益。

〔3〕 Pepper，Third Circuit Discovery Symposium，at 404.

〔4〕 相比之下，Langbein提出有限的对抗式诉讼，将事实调查的主要责任分配给法院。如果他提出的这种模式是普遍的，且当事人在事实认定过程中是相对被动的，那么文章前面提出的一些假设可能是不够严谨的。Langbein，“The German Advantage in CIVil Procedure”，52 *U. CHI. L. REV.* 823，824（1985）.

资源，从而使得信息产生，并可以使争议双方当事人有机会在相互竞争的环境中作出选择。另外，当依靠律师收集信息，将信息与委托人相联系，并将信息从委托人传递到对方当事人和法院时，他们必须假定：律师作为争议一方的代理人，他们的利益必须与委托人的利益相一致。最终的也是至关重要的假设是，诉讼资源数量相当的双方当事人之间（这些独立的律师及其客户形成的单位）的竞争将有利于真相的发现——或至少是促进具有规范性效力的见解的生成。随着争议双方形成某种程度上的势均力敌，那么至少在理论上，竞争就会使得“正确”的一方胜诉。

这些假设频繁出现在以1938年立法为主题的公开讨论中[1]。但立法者们并没有提及我们如今需要关注的重点——那些没有诉讼资源并且缺乏代理律师的诉讼当事人[2]，或者是虽然有代理律师但其代理律师对案件漠不关心、疏忽大意或过于激进的诉讼当事人。思虑再三，立法者与我们如今关注的问题之所以不同是有原因的。在联邦立法起草之时，许多没有诉讼资源的个人根本无法开展诉讼。那时不存在法律服务公司，也几乎没有

---

〔1〕 例如，关于律师工作成果的讨论。1946年咨询委员会提出的保护律师的建议似乎是基于对信息的平等获取和保持激励的需要。委员会建议法官们考虑，满足对方当事人的信息请求是否会造成“惩罚了勤奋的人”，或者是“保护了懒惰者”的后果。见1946 PROPOSED AMENDMENTS，第46—47页；最高法院在希克曼诉泰勒案有关问题中，同样依赖对手所取得的信息；法院驳回了个人原告在面对公司被告会处于不利地位的论点，法院指出：“证据开示……不是单向命题。它可以适用于所有类型的情况，不论是哪一方当事人的要求，包括个人或公司，原告或被告。”329 U. S. at 507. 随后，部分起草者也承认他们的理想模型存在一定问题。例如，原咨询委员会的成员之一 Edmund Morgan 在他1955年哥伦比亚的讲座中指出，“我们的对抗制度理论很有吸引力”。但这不符合在现代诉讼中的事实——诉讼资源的不平等。尽管如此，他还是得出结论，1938《联邦民事诉讼规则》已经迈出了“诉讼的第一步，即使诉讼成为一种理性的程序，以发现争议纠纷的案件事实”。EDMUND MORGAN，SOME PROBLEMS OF PROOFUNDER THE ANGLO - AMERICAN SYSTEM OF LITIGATION 34 - 35（1975）（reprint of 1955 Charpentier Lecture at Columbia Law School）.

〔2〕 在立法制定时当事人缺乏诉讼资源的情形不会受关注。See，e. g.，MAYNARD PIRSIG，CASES AND MATERIALS ON JUDICIAL ADMINISTRATION 79（1946）（这个问题仅有一点需要注意：即那些无法支付诉讼费用的人可能会否认案件的公正性），id. at 968-1008（chapter on “Agencies and Methods of Reform” does not mention problems of the poor as litigants）；然而，在1919年，卡耐基基金会为美国法律服务的研究提供了赞助，这也激发了律师界的兴趣。See REGINALD HEBER SMITH，JUSTICE AND THE POOR（3rd ed. 1924）. 在那一卷中，关于诉讼资源贫乏的当事人需求这一问题的讨论集中在小额索赔法庭和行政救济的提供上。（由卡内基基金会主席 Henry Pritchett 主持的第三版）在这项研究中，Smith 对为穷人提供法律服务提出了强烈的请求：“通过法庭正确的诉讼程序或保障人人自由而平等，使即便是最卑微的人也有可能诉诸法律。”

诉讼费用减免的立法，只有很小一部分关心公共利益的律师。总体而言，在联邦法庭中积极维权的当事人都是有诉讼资源的人。诉讼资源贫乏的原告联邦法院可以按胜诉与否支付律师费，律师也同样会为委托人提供一些其缺乏的诉讼资源[1]。诉讼资源贫乏的刑事被告在联邦法院面前缺乏众多的“权利”，而这些权利在随后几年得到了法院的承认。此外，这些在刑事诉讼中达成的方面的认识被认为是不同于民事诉讼的[2]，而两者的不同却不会破坏民事诉讼范例中公平的对抗程序[3]。

假设个人或公司之间就诉讼资源存在着竞争，立法者们会力图使这场竞争更加“公平”并减少技术性要求和干扰，将重点放在案件实体问题上。以私人侵害诉讼为范例，其促进了法律知识专业化，增加了信息的可获得性和实用性，展现了 1938 年“联邦立法”中以律师为基础的审判程序、对抗程序的意义。

---

〔1〕 有关律师作为他们委托人的出借方之复杂关系的讨论，see Schwartz & Mitchell，“An Economic Analysis of the Contingen Fee in Personal Injury Litigation”，22 *STAN. L. REV.* 1125（1970）. Cf. Kritzer，Felstiner，Sarat & Trubek，“The Impact of Fee Arrangement on Lawyer Effort”，19 *LAW & Soc'Y REV.* 251，272（1985）（在小案件中，按小时收费的律师会比按胜诉与否支付酬金的律师更加尽力。在大案件中，也不例外）。

〔2〕 具有讽刺意味的是，规则起草者看到了“法律”和“衡平法”的错误二分法，却对无法对“民事诉讼”和“刑事诉讼”进行合理的划分。Cf. United States v. Ward，448 U. S. 242（1980）（依据联邦水污染控制法案实施的处罚是“民事处罚”还是“刑事处罚”，是否可以援引关于刑事被告的宪法保护）。1933 年，国会授权法院颁布关于刑事上诉案件的立法，Act of Feb. 24，1933，Pub. L. No. 371，47 Stat. 904 [codified at 18 U. S. C. § 3772（1982）]，1940 年，国会授权法院颁布统一的联邦刑事法规则，Act of June 29，1940，ch. 445，54 Stat. 688 [codified as amended at 18 U. S. C. § 3771（1982）]；see Order Promulgating Rules of Criminal Procedure for the District Courts of the United States，323 U. S. 821（1944）；see also T. Clark，An Indorsement of Federal Rules of Criminal Procedure，5 F. R. D. 305（1946）；Dession，The New Federal Rules of Criminal Procedure：I，55 YALE L. J. 694（1946）.

〔3〕 我还没有描述诉讼资源贫乏的民事被告在美国政府作为原告的案件中如何进行对抗。其他论坛上关于向贫困的诉讼人提供法律服务的讨论，see EMERY BROWNELL，LEGAL AID IN THE UNITED STATES（1951）；see REGINALD HEBER SMITH，JUSTICE AND THE POOR（3d ed. 1924）. 史密斯（Smith）对法律援助组织的调查显示，到 1916 年为止，估计已有 41 个组织向 117201 名客户提供了服务（主要是工资索赔和国内纠纷）. Id. at xi. 大部分的组织都是由私人慈善机构资助的，但有 9 个城市得到了一些公共支持。到 1949 年，已有 92 个法律服务机构成立，同上注，E. BROWNELL，第 26 页。See EMERY BROWNELL，LEGAL AID IN THE UNITED STATES，26（1951），到 1959 年，人口超过 10 万的城市中有 79% 的人拥有法律援助办公室，id.，Supp. 1961，at 68。还有，大部分资金来自私人慈善机构；1962 年，全国 236 个项目中的大部分都是依靠私人资助。EARL JOHNSON，JUSTICE AND REFORME THIN FORMATRIVE YEARS OF THE AMERICANLEGAL SERVICES PROGRAM 9-10（1978）. 1967 年，联邦资金投入使用，法律服务大幅增加。

二、20世纪60年代及以后

自1938年生效之日起至20世纪70年代初期，《联邦民事诉讼规则》备受好评。虽然评论已从最初涌现的滔滔不绝的赞美之词[1]转变为稍低调的赞美[2]，但从整体来看仍是正面评价更多。人们看到了立法的优点[3]，并普遍认同《联邦民事诉讼规则》所构建的制度[4]。

此外，在20世纪世纪60年代，最高法院在大量案件尤其是涉及刑事程序和行政法的案件中贯彻了《联邦民事诉讼规则》所支持的关于审判程序的理念，这在某种程度上使对抗程序"宪法化"[5]。例如，最高法院通

---

〔1〕 See, e. g. , Chandler, at 515（事实上，联邦民事诉讼规则"可能是本世纪……联邦审判法院取得进步最重要的原因之一"）; Clark, Procedural Reform, at 152（"普遍的认同是相当惊人的"）; Holtzoff, Instruments of Discovery Under Federal Rules of Civil Procedure, 41 MICH. L. RV. 205, 224（1942）（该法为获取必要的信息提供了一种"简单有效的手段"）; Mitchell, Uniform State and Federal Practice: A New Demand for More Efficient Judicial Procedure, 24 A. BA J. 981, 983（1938）（敦促伊利诺伊州律师遵循联邦模式，"完善"司法机构）; Pike & Willis, Federal Discovery in Operation, 7 U. CHL L. REV. 297, 327（1940）（非常明显的是，法官们摆脱了旧的枷锁，从字面上看新的审查范围将遵循第37条规定。联邦证据开示程序已经开始进入实践）; Pike &Willis, The New Federal Deposition – Discovery Procedure（pt. 1）, 38 COLUM. L. REV. 1179, 1180（1938）（在民事诉讼程序的发展史上，新的证据开示程序为进行充分的审判提供了最大的可能）。

〔2〕 克拉克一直保持对该问题的高度关注。早在1963年，他就写道："从长远来看，联邦制度的成功是非凡的。该法律长期以来一直受到热情的支持，这是众所周知的。且直到现在起草者也没有遭受批评。"见Clark文，"Role of the Court"第254页（驳回Black法官和Douglas法官对法院在该法制定作用的批评）。

〔3〕 See Speck, The Use of Discovery in United States District Courts, 60 YALE L. J. 1132, 1155（1951）（"证据开示程序确实满足了各方对信息和证据的期望"）。But see Caskey & Young, Some Limitations Upon Rule 33 of the Federal Rules of Civil Procedure, 28 VA. L. REv. 348（1942）（主张对询问加以限制）; Rosenberg, Sanctions to Effectuate Pretrial Discovery, 58 COLUM. L. REv. 480, 497（1958）（对证据开示程序立法的"内容和管理上的显著缺陷"表示关心）; Comment, Tactical Use and Abuse of Depositions Under the Federal Rules, 59 YALE L. J. 117, 138（1949）（结论源于对法官、律师和法院记者的秘密采访，该采访的内容是：在复杂诉讼中当事人在该法基础上使用诉讼策略，而导致滥用诉讼费用、拖延诉讼时间和询问范围过广的情况）。See generally The Federal Rules of Civil Procedure: 1938 – 1958, 58 COLUM. L. REV. 435（1958）.

〔4〕 成立一个常设咨询委员会来监督立法的修正案被认为是立法制定过程的延续，至少在Clark看来，这使法律条文的含义在司法解释中不被歪曲。Clark, "'Clarifying' Amendments to the Federal Rules?", 14 *OHIO ST. L. J.* 241, 245, 247（1953）; see also Clark, "The Proper Function of the Supreme Court's Federal Rules Committee", 28 *A. B. A. J.* 521（1942）.

〔5〕 Leubsdorf, "Constitutional Civil Procedure", 63 *TEX. L. REV.* 579（1984）.

过在刑事案件中设定强制辩护权和赋予刑事被告以其他权利，进而使得法院能够通过以律师为基础的对抗机制作出可接受的裁判结果[1]。又如，在一个州取消福利津贴之前，法院强制要求其举行一次听证会。法院在裁判程序中贯彻了它信仰的理念。

戈德堡诉凯利案（Goldberg v. Kelly）[2] 是反映法庭公正审判程序与公正判决结果相关联的一个典型例证。取消福利受益人福利的前置程序被认为是正当的程序，其在某些方面与法庭程序十分相似，如通知、允许证人出庭、当面询问对方证人以及中立的决策者作出公正决策所依据的理由只能来源于听证会上获得的信息等程序。此外，虽然法院没有为福利受益人指定律师，但布莱南法官坚定地指出，如果他能在未来获得多数人的支持，那么为福利受益人指定律师也将成为一项重要的权利。“在很多情况下，如果没有律师参与，听证权发挥的作用是微乎其微的”[3]，他说，大多数人跟他一样会拒绝接受国家提供的律师，但参加取消福利津贴听证会的律师除外。正如戈德堡案（Goldberg）所例证的那样，在50年代、60年代和70年代早期，关于民事、刑事和行政程序的典型案件的判决都体现了[4]与《联邦民事诉讼规则》一致的价值选择。最高法院（以及国会）也采取了私人民事诉讼的模式，并将其转变适用于政府和公民之间的纠纷。

然而，那些年的法院意见已预见到但未解决的一个主要困难是（双方当事人的）平等问题。对抗主义是一种看似合理的机制，它可以促进生成一个可接受的判决结果所需的信息，并且只有当双方当事人诉讼资源大致相当时使双方处于平等对抗地位。但是正如我们所看到的那样，许多尝试进行战略对抗的人几乎没有诉讼资源，他们缺乏足够的信息，仅有一个不忠诚、对案件漠不关心的代理律师甚至没有代理律师。在20世纪60年代及之后的诉讼世界中，诉讼资源不平衡已经成为常态而非例外或可以视而

---

〔1〕 See Gideon v. Wainwright, 372 U. S. 335 (1963); Gerstein v. Pugh, 420 U. S. 103, 114 (1975)（预审权）; United States v. Wade, 388 U. S. 218, 236-238 (1967)（起诉后获得律师进行辩护的权利）。

〔2〕 397 U. S. 254 (1970).

〔3〕 Powell v. Alabama, 287 U. S. 45, 68-69 (1932).

〔4〕 See, e. g., Haines v. Kerner, 404 U. S. 519 (1972)（自由主义的抗辩）; Adickes v. S. H. Kress & Co., 398 U. S. 144 (1970)（使用简易程序的严格限制）; Gideon v. Wainwright, 372 U. S. 335 (1963)（辩护权）; Douglas v. California, 372 U. S. 353 (1963)（请求获得律师进行辩护的权利）; Goss v. Lopez, 419 U. S. 565 (1975)（对学生作出停课决定前的程序保障）; Morrissey v. Brewer, 408 U. S. 471 (1972)（假释前的程序保障）。

不见的现实[1]。当（双方当事人力量）总体失衡（的情况）变得普遍和明显的时候，对抗主义就是一纸空谈。因此，20世纪70年代的一个主要问题是最高法院（或有时是国会）在进行审判程序时是否需要政府补贴或通过单向费用转移支付以实现对抗主义。

正如我们所看到的，答案大体是否定的，或者至少还没有或没有完全（实现补贴或费用转嫁）。在一系列案件中，最高法院拒绝长期向贫穷的诉讼当事人提供大量补贴，并作为他们行使权利的保障。虽然宪法要求应对贫困的离婚原告免除申请费[2]，但是法院并没有为请求解除责任的贫困的破产者提供费用减免[3]或为那些请求审查行政机关降低其福利待遇的决定的申请者提供费用减免[4]。尽管宪法要求向面临监禁的贫困被告提供律师[5]，但是法院拒绝长期为面临罚款的刑事被告提供免费律师[6]，或为每一个因终止其亲权而抗辩的父母提供免费的法律咨询服务[7]。对于"国家提供的刑事案件律师数量不足"的抱怨，法院也充耳不闻；法院拒绝提供应予提供的律师咨询，对于刑事被告因律师无效援助提出的索赔，法院也设置了巨大的障碍[8]。

国会比法院更具前瞻性。1974年，美国国会成立了法律服务公司[9]；

---

〔1〕 早期的公开言论偶尔认识到法律服务成本高昂、提供服务的技术低劣的问题以及缺乏诉讼资源的人所面临的不利遭遇等问题。See, e. g. , Clark & Corstvet, "The Lawyer and The Public: An A. A. L. S. Survey", 47 *YALE. L. J.* 1272, 1275-85 (1938)（对中级律师和低级律师进行的调查）；Llewellyn, "The Uncovered Needs for Legal Service", 16*TENN. L. REV* . 641, 648 (1941) ("If the charge at the toll gate to legal rights is too high, you have not got justice under the law!") 如果维护合法权利需要支付的费用过高，法律就无法维护正义。

〔2〕 Boddie v. Connecticut, 401 U. S. 371, 374 (1971) .

〔3〕 United States v. Kras, 409 U. S. 434, 449-450 (1973) .

〔4〕 Ortwein v. Schwab, 410 U. S. 656, 656 (1973) .

〔5〕 Gideon v. Wainwright, 372 U. S. 335, 344-345 (1963) (felonies); Argersinger v. Hamlin, 407 U. S. 25, 40 (1972)（包括任何对自由的剥夺，不论是何种犯罪类型）。

〔6〕 Scott v. Illinois, 440 U. S. 367, 373 (1979)（实际监禁，而不是监禁的威胁，是"界定指定律师进行辩护的宪法权利的界线"）。

〔7〕 Lassiter v. Department of Social Servs. , 452 U. S. 18, 31-32 (1981)（拒绝律师的要求）。

〔8〕 因律师不称职而寻求推翻判决的刑事被告，不仅必须举证证明律师的无能，还必须证明如果提供了称职的律师，判决结果就可能会有所不同。Strickland v. Washington, 104 S. CT. 2052, 2066-67 (1984) . 而且，这样的证明必须依据不合格的律师公开的活动记录。Id. at 2069; see also Hill v. Lockhart, 106 S. CT. 366, 370 (1985)（思特里克兰德测试，适用于有罪答辩）。

〔9〕 42 U. S. C. § §2996-29961 (1982) . 针对该计划的批评，see Abel, "Law Without Politics: Legal Aid Under Advanced Capitalism", 32 *UCLA L. REV.* 474, 532-533 (1985) .

1976 年，国会通过了一项重要的单向费用转移计划，即《民权律师费用法案》，该法案为那些在民权问题上挑战政府行动的人提供了一个重要资金来源[1]。然而最近，政府已经减少了法律服务项目的资助数量[2]，法院也对《民权律师费用法案》进行了解释，以降低其条款的吸引力[3]。

减免申请费，政府资助代理费和单向费用转移并不是补贴贫困诉讼当事人的唯一途径，关注诉讼的细节方面，如证据开示制度以及直接提供补贴也是途径之一。在一些情况下，假定一个贫穷的父亲无力负担血液检测的费用时，最高法院就会积极提供州政府补贴[4]。但是，最高法院已经严格限制了这种方法的适用范围，其他案件也体现了申请国家资助权利的界限[5]。降低信息成本的第二种方法是信息共享，一个对信息掌握全面的对手可能需要向对信息掌握不完全的对手提供信息。在布雷迪诉马里兰州案(Brady v. Maryland)[6] 中曾适度使用了这种做法：最高法院要求检察官为被告提供无罪的信息[7]。不过，近年来法院已经戏剧性地推翻了布雷迪诉马里兰州案中的做法，并拒绝强制检察机关履行提供无罪信息的义务。实质上，法院只是保守地利用信息交换或国家资助的方法，作为减少政府与其相对方之间资源不平衡的手段。

总而言之，当人们共同认可诉讼双方有竞争能力时，相信以律师为基础的审判程序是有意义的。“在各方平等的团队中开展游戏是可行的”[8]。

---

〔1〕 42 U. S. C. §1988 (1982).

〔2〕 See McDaniel, LSC, round five, 71 ABA J., Mar. 1985, at 33;（里根政府提出了第五个年度提案，要求取消法律服务公司的资金）尽管没有成功取消拨款，但总统已经将 LSC 的预算削减了三分之一以上。见 Abel 文，第 533 页。

〔3〕 See Hensley v. Eckerhart, 461 U. S. 424, 440 (1983)（律师费用与特定诉讼案件中的成功程度有关）；Marek v. Chesny, 105 S. CT. 3012 (1985)；Evans v. Jeff D., 106 S. CT. 1531 (1986)。

〔4〕 Little v. Streater, 452 U. S. 1, 16-17 (1981)；see also Ake v. Oklahoma, 105 S. CT. 1087, 1099 (1985)（要求为满足特定条件，提出患有精神病抗辩意见的被告提供精神病学援助）。

〔5〕 See, e. g., California v. Trombetta, 104 S. CT. 2528, 2535 (1984)（不要求各州保存醉酒司机的呼吸样本）。

〔6〕 373 U. S. 83, 87 (1963). 德国的程序模式也许可以提供一个参照，这样的前景将是该制度具有吸引力的原因之一。见 Langbein 文，第 826—829 页。Langbein, “The German Advantage in CIVIL Procedure”, 52 *U. CHI. L. REV.* 826-829 (1985).

〔7〕 See United States v. Bagley, 105 S. Ct. 3375, 3384 (1985)。United States v. Agurs, 427 U. S. 97, 112-114 (1976)（实施实质性标准）。

〔8〕 See Babcock, “Air Play: Evidence Favorable to an Accused and Effective Assistance of Counsel” F, 34 *STAN. L. REV.* 1133, 1163 (1982).

在诉讼资源存在普遍不平衡的情况下（特别是在政府与穷人之间经常产生的纠纷中），维持人们对对抗主义机制的信任有赖于平等的实现。然而，到目前为止，最高法院和国会都不愿意通过强制补充资源来使这一平等对抗的理念转化为现实。

最高法院所主张的程序性权利与联邦立法的价值出现了问题，而这并不能完全归因于案件中所涉及贫困的诉讼当事人。由准备充足（甚至过分准备）的当事人所提起的诉讼案件已经变得越来越复杂，20 世纪 30 年代提出的典型范例模式的适用范围变得越来越窄；1938 年的《联邦民事诉讼规则》需要适用于更广泛的争端类型。联邦法院现今要处理这样的问题：公司要求职工从事一种行为六年以上是否构成就业歧视？而不是像以前那样简单地问 Smith 对 Jones 是否造成损害（是违反合同还是过失行为）？一个行业是否因没有警告工人们在过去十多年中发生的危险情况而违背其职责？是否有一些企业和个人共谋去限制一个市场内部的竞争，且这些市场的边界本身却很难描述？

当然，众多案件仍然对特定事件进行相对独立的回顾性评价。联邦法院有成千上万个所谓的“普通”案件，而当事人、律师和法官很少或者几乎没有时间投入其中。在联邦法院中，大约有一半案件很少或几乎没有进入证据开示程序[1]，绝大多数纠纷都是在审判前被撤回、和解或裁决[2]。

---

〔1〕 See P. CONNOLLY, E. HOLLEMAN & M. KUHLMAN, JUDICIAL CONTROLS AND THE CIVIL LITIGATIVE PROCESS: DISCOVERY 28 (1978)（约有 52% 的调查个案没有记录披露要求；95.1% 的案件有 10 个或更少的要求）；Trubek, Sarat, Felstiner, Kritzer & Grossman, “The Costs of Ordinary Litigation”, 31 UCLA L. REV. 72, 90 (1983)（报告研究中的半数案件没有开示证据）（下称 Trubek）；Brooklyn Law School, Discovery Study Status Report 5 (Sept. 1985) (on file with The University of Chicago Law Review)（在纽约东区的 52 起案件的原始样本中，只有一半涉及开示程序）；cf. Speck, The Use of Discovery in United States District Courts, 60 YALE L. J. 1132, 1134 (1951)（经过研究得出的基本结论是，证据开示是“流行的”，证据开示程序规则在超过 25% 的案件中使用）。

〔2〕 “1984 ADMINISRATIVE OFFICE REPORT”，第 280 页（只有约 5% 的案件进入审判程序）；cf. “ALI CRVM CASES”，第 74 页。（1934 年的研究报告指出，截至 1930 年 6 月 30 日的三年内，只有 9.2% 的酒类案件和 12.4% 的非酒类案件进行了审判）。尽管从表面上看结案率有所增加，但我们仍无法根据这些数据对历史上的相关比率进行比较分析。因为在 1938 年《联邦民事诉讼规则》实施之前，有些案件是在未向法院提交任何文件的情况下开始和结束的，见下文附文。因此，我们无法知道在 20 世纪 30 年代所发生的在今天会被认为属于案件的所有纠纷中，有多大比例是被解决或撤回的。分析两个农村地区的待判决的诉讼，发现随着时间的推移审判率没有下降。See Daniels, “Continuity and Change in Patterns of Case Handling: A Case Study of Two Rural Counties”, 19*L. & Soc'y REV.* 381, 417 (1985).

此外，复杂的案例绝非没有。长期以来，联邦法院一直致力于处理诸如破产程序等存在多方当事人、多个复杂问题交织的纠纷[1]。但是，复杂案件的盛行和整体数量似乎都在发生一种转化，我们对联邦法院所审理的案件复杂的一面有了更多了解，并且关于这方面的忧虑迹象也更加明显[2]。这些案件的审前程序可以说是量大并繁重的，在所审理的案件中有 5% 案件所花费的审判时间比过去要长[3]。

人们的观念和现实的一些变化必须归因于联邦立法本身，它使得案件的复杂性和可见性都得以显现。1938 年《联邦民事诉讼规则》有意放开了共同诉讼的实践；正如立法者所称，这样做的目的就是为了让纠纷（情况）能够被全面地呈现出来，并且一劳永逸地彻底得到解决[4]。但是，人们对单一纠纷的范围的看法随着自由化和普通法与衡平法的统一也发生了变化；依据《联邦民事诉讼规则》起诉的案件及其当事人数量之巨令主张财政紧缩的人们为之咋舌。此外，1966 年的《联邦民事诉讼规则》修正案在共同诉讼和第三人诉讼方面作出了重大修改，允许不同的个人能够以团体的身份向联邦法院提出自己的诉求，并促使人们广泛思考何时可以提起代表诉讼[5]。

---

〔1〕 See Eisenberg & Yeazell, "The Ordinary and the Extraordinary in Institutional Litigation", 93 *HARV. L. REV.* 465, 485-486 (1980).

〔2〕 例如，关于"证据开示程序经历阵痛"的描述。See, in In re Professional Hockey Antitrust Litigation, 63 F. R. D. 641, 643 (E. D. Pa. 1974)（因未能回答质询而驳回起诉），rev'd, 531 F. 2d 1188 (3rd Cir.)（拒绝驳回起诉），rev'd sub nom. National Hockey League v. Metropolitan Hockey Club, 427U. S. 639 (1976)（引用法官判词）（认为驳回不是一种滥用自由裁量权的行为）。See generally Rosenberg & King, "Curbing Discovery Abuse in Civil Litigation: Enough is Enough", 1981 *B. Y. U. L. REV.* 579.

〔3〕 1945 年，59.1% 的民事审判（包括陪审团和法官）在一天或更短的时间内完成，9.9% 的民事审判在 4 至 9 天内完成，0.8% 的民事审判在 10 天或 10 天以上完成。ADMINISTRATIVE OFFICE OF THE UNITED STATES COURTS, ANNUAL REPORT OF THE DIRECTOR 100 (1945)（下称"1945 ADMINISTRATIVE OFFICE REPORT"）. 1984 年，46% 的民事审判在一天或更少的时间内完成，19% 的民事审判在 4 至 9 天内完成，3% 的民事审判在 10 天以上完成。"1984 ADMINISRATIVE OFFICE REPORT"，第 302 页。此外，由于在同一期间内，审理的民事案件所占百分比从 1945 年的 13.5% 下降到 1984 年的 5%，因此，审判延长的现象越来越明显。"1945 ADMINISTRATIVE OFFICE REPORT"（不包括价格管理局处理的案件），"1984 ADMINISTRATIVE OFFICE REPORT" 第 152 页。

〔4〕 See Dobie, "The Federal Rules of Civil Procedure", 25 *VA. L. REV*. 261, 267-268, 270-274, 283 (1939). 关于这一时期（立法）工作的观点的讨论。See R. Bone's forthcoming article on the right, interests, and functional approaches of the rulemakers. Conversation with R. Bone (Spring 1986).

〔5〕 See Yeazell, "From Group Litigation to Class Action, Part II: Interest, Class, and Representation", 27 *UCLA L. REV.* 1067, 1107-1120 (1980)（此文谈到《联邦民事诉讼规则》第 23 条对什么时候需要获得集体诉讼中当事人的同意的规定不明确）。

《联邦民事诉讼规则》也在重新定义了法官和律师相互依存的角色上作出了很大的努力。1938年以前，“主流”的诉讼模式在某些地方盛行，诉讼过程“开始于一方当事人的诉状送达对方当事人之时。除非向法院提出请求，否则不用向法院提交任何文件”[1]。与之相反，1938年《联邦民事诉讼规则》要求每一宗诉讼开始于向法院提起诉讼[2]；因此，所有的审前活动都必须在法庭的主持下进行。当然，像今天这样，在1938年许多案件都是通过自愿和解或撤回的方式而终止的。但是，1938年《联邦民事诉讼规则》要求（当事人）向法庭提起诉讼，而这创造了一个关于当事人审前权利的、具有“革命性”（一个立法者称之为“革命”）的制度，即“证据开示程序”，1938年《联邦民事诉讼规则》促成了一系列全新的诉讼活动的开展，为法官和律师的相互交流创造了新的条件。伴随着诉讼程序的变化出现了“诉讼律师”这种新的律师类型。与真正参与审判的“出庭律师”不同，他们的工作包括提出申请、（采集）书面证词和询问当事人[3]。简而言之，1938年《联邦民事诉讼规则》让我们初步明白，在大多数情况下审前程序的存在是必要的。此外，1938年《联邦民事诉讼规则》使我们能够看到一大批律师的对抗性活动并非出现在法官或公众面前[4]。再加上从职权主义到当事人主义的转变[5]以及法官利用费用转移

[1] 起草者考虑再三拒绝采用这种诉讼模式。See 2 J. MOORE, J. LUCAS, H. FINK & C. THOMPSON, MOORE'S FEDERAL PRACTC. 3. 03, at 3-12（2d ed. 1985）；PALMER EDMUNDS, FEDERAL RULES OF CIL PROCEDURE 113-114（1938）. 针对该模式的抵制，see Advisory Committee of Western District of New York, "Rules of Procedure for District Courts", 9 *N. Y. ST. BABULL.* 268, 268（1937）（诉讼应由原告或他的代理律师签发传票开始，向法院提交诉状不是必须的……送达传票本身是公平地解决纠纷的开端）。

[2] FED. R. Civ. P. 3. Rule 3 "does not affect（the tolling of）state statutes of limitations." Walker v. Armco Steel Corp., 446 U. S. 740, 751（1980）.

[3] Levy, Discovery - Use, and Abuse, Myth and Reality, 17 FORUM 465, 470（1981）.

[4] 当代的一些评论家似乎认为，法庭证据开示将是减少不适当的对抗性诉讼的工具（新联邦民事诉讼规则的目标包括“消除正义的运动理论”）。

[5] 个人日历系统的影响是深远的，因为它将法官与他们的工作量联系起来，从而对“好”法官的成就产生了不同的理解。See MAUREEN SOLOMON, CASEFLOW MANAGEMENT IN THE TRUIL COURT 9（1973）（建议日历系统创造一种激励积极的个案管理的竞争气氛）；Chief Judge Motley Describes Court, Career; Reflects on National Impact of Landmark Cases, THRD BRANCH, Dec. 1985, at 1, 6（下称Motley Interview）（单一的法官日历系统是自轮子以来最伟大的发明……拥有一个单独的日历系统是每个人继续工作的动力，使得他不再是图腾柱上的最后一个人）。

规则调整（诉讼费）[1]，1938 年《联邦民事诉讼规则》中的这些变化使得联邦法官能够熟悉特定案件中特定律师的行为。

大部分法官（以及少数的公众）在审前阶段看到的情况令人惊愕[2]。法庭中对抗行为公开化程度的日益提高揭示出了许多本来令人信服的做法存在问题。首先，法官对律师的质量参差不齐的状况有了更细致的认识；管理型裁判（制度）的初衷之一是担心如果没有司法的"指导"，律师可能会严重地损害委托人的利益。另外，是否会造成"（司法资源的）滥用"也值得关心，人们对此的看法是，（对律师费的）要求太多或提供的服务太少也会浪费委托人和法院的资源[3]。此外，越来越多律师接触到"挥金如土"的客户，他们看似拥有无限的资源，可以购买律师服务进行无休无止的诉讼。最后，由于（聘请律师）需要付费，律师的代理行为（不管好坏）都可以用金钱来精确衡量。

今天的律师和 50 年前的律师有何本质上的区别吗？尽管有将前述的不当行为归咎于"纽约"律师的倾向，但《联邦民事诉讼规则》的立法者们还是意识到了这种不规范的操作和律师的能力不足[4]。但是目前的评论似

〔1〕费用申请展示给我们许多关于律师的工作，see Report of the Third Circuit Task Force, "Court Awarded Attorney Fees", 108 *F. R. D.* 237（1985）; Leubsdorf, "Toward a History of the American Rule on Attorney Fee Recovery", 47 *LAW & CONTEMP. PROBS.* 9, 31-36（1984）（讨论收费转移制度的影响）。

〔2〕See, e. g., Roadway Express, Inc. v. Piper, 447 U. S. 752, 754-757 & n. 4（1980）（将导致决定直接向律师支付律师费的行为）; Miller, "The Adversary System: Dinosauror Phoenix", 69 *MINN. L. REV* . 1, 8-16（1984）; Note, "The Emerging Deterrence Orientation in the Imposition of Discovery Sanctions", 91 *HARV. L. REV.* 1033, 1044-1045（1978）.

〔3〕记录律师不当行为的频率（而不是法庭辩论行为的可见度）是一件很困难的事情。See Brazil, "Views from the Front Lines: Observations by Chicago Lawyers about the System of Civil Discovery", 1980 *A. B. FOUND. RESEARCH J.* 217, 229（律师和法官反映出只有在许多大型的案件中才普遍存在法庭证据开示的问题）。关于律师行为的一些困扰已经以某种方式作用于《联邦民事诉讼规则》，例如，1980 年对第 34 条的修正案对文件的证据开示作出了规定。修改后的规则要求文件应当按其保存顺序或以对方律师要求的顺序提交。作出如此修改的解释是：委员会采纳了这样的看法："显然，当事人通常有意将关键文件与其他混合在一起，以希望掩盖其重要性。" FED. R CIV. P. 34, Note to 1980 Amendment［援引美国律师协会诉讼部分，Report of the Special Committee for the Study of Discovery Abuse 22（1977）］. 最近对第 11 条（关于文件证明的规定）和第 26 条（关于证据开示）的修正也承认了律师越权的可能性，并允许法官对律师强加制裁。See Order Amending Federal Rules of Civil Procedure, 461 U. S. 1097（1983）.

〔4〕Clark, "The Bar"，第 23 页。See also Hickman v. Taylor, 329 U. S. 495, 511（1947）（为了确保防止这种"不规范的操作"，法律服务质量保障是必要的）; E. MORGAN，第 32 页。（"任何程序的成败取决于法官和律师……如何使用它"）。

乎表现出对律师无休止的抱怨。相比于50年前的立法者，现今的立法者们似乎对对抗制的诉讼模式的作用持有更多保留意见。对这种变化的解释有很多：也许50年前“绅士律师”的表现与当今同行的行为确有所不同[1]。或者不同时代律师的行为虽保持了相对一致，但是被律师的不当行为所伤害的当事人已经发生了改变。就像现在一样，不称职或不诚实的律师损害了许多委托人的利益。虽然这只是偶尔发生的，但是对于法官来说，律师的不当行为是一个问题，因为法官不得不审理一项准备不足的诉讼，或经历一场被精心策划的庭审。但今天，随着案件变得越来越复杂，而且审前程序的进行已经成为了以法庭为中心，除非法官需要依靠律师来简化和厘清问题，律师的不当行为才可能转变为法官的问题。当律师失败时，法官也会受到波折。此外，工作过度劳累的法官可能会对太多的细微差别感到不耐烦，并可能会对实际上表现良好的律师感到失望。总之，今天法官的脾气有时会受到律师的行为影响，因此许多法官尝试着主动对律师（的行为）进行监督。

最后，在过去的50年里，一大批新出现的准裁判机构已经发展壮大起来，如今成为争议解决领域的“熠熠新星”。事实上，自美国成立以来，联邦法院就不是联邦裁判的唯一场所[2]，但是在过去的50年间，联邦法院所声称的“唯一性”已经减弱。现在，在联邦（政府）体制内绝大部分事实的调查都是由这些准裁判机构负责[3]。当1938年联邦立法者在立法时，似乎就隐含着这样一个假设，即在法庭中进行的诉讼活动可以容易地被构造出来。如今，他们认为的可能的边界在两个方向上都变得十分模糊了。一方面，联邦法院要求这些准裁判机构像法院一样提供“正当程序”。另一方面，联邦法院更依赖于非正式司法机构（如破产法官和地方治安

---

〔1〕 Cf. Genego, “Risky Business-The Hazards of Being a Private Criminal Defense Lawyer”, 1 *CRIM. JUST.* 2, 39-40 (1986)（针对联邦检察官越来越频繁地使用骚扰策略的调查）。

〔2〕 地区法院也是可以进行裁判，see American Ins. Co. v. Canter, 26 U. S. (1 Pet.) 511, 546 (1828); See generally Resnik, “The Mythic Meaning of Article III Courts”, 56 *U. COLO. L. REV.* 581 (1983) 此文讲述了由非正式司法结构审理的案子数量增加；Comment, The Boundaries of Article III: Delegation of Final Decisionmaking Authority to Magistrates, 52 U. CHL L. REV. 1032, 1038-1048 (1985) (discussing the permissible exercises of power by nonArticle II actors). 此文讲述了非正式司法结构被允许行使审理权而进行的案件审理实践。

〔3〕 截至1984年6月，法院有250962项民事诉讼未决，“1984 ADMINISTRATION OFFICE REPORT”，第124页。相比之下，仅社会保障行政部门就处理了337459个案件。SOCIAL SECURITY ADMINISTRATION, US. DEP'T OF HEALTH AND HUMAN SERVICES, OPERATIONAL REPORT OF THE OFFICE OF HEARINGS AND APPEALS 26 (Sept. 30, 1984).

官）来处理联邦法院的大量案件[1]。最近，最高法院在向国会阐明宪法是不能向非正式司法机构授予哪些权力依据时遇到了困难，这也表明了区分非正式司法权力与（法定的）司法权间的复杂性[2]。

总的来说，在过去 50 年（尤其是过去 20 年），联邦法院的案件在一些方面已经发生了重大的变化。第一，对于许多法学家来说[3]，有更多案例需要进行思考、讨论[4]。第二，其中一些案件涉及强权（经常但不完全是政府）和贫穷的当事人之间的纠纷。第三，新的联邦立法是复杂案件的来源，在这些案件中，潜在的纠纷可能涉及多个事件，需要大量的证人和数以千计的文件[5]。第四，在涉及集体诉讼等一系列重要的案件中，诉讼代表在法庭上尝试使在法庭以外的人的权利得到承认和维护，但他们有时甚至还不知道自己的诉讼尚未判决。第五，在以法庭为基础的案件审理实践中，诉讼有时是漫长而复杂的，这就使得对抗式模式在审判前或审判过程中出现的机会倍增。第六，因为这种对抗机制是在由《联邦民事诉讼规则》确立的以法院为主导的披露权利的保护下，和在当事人主义诉讼体系和费用转嫁规则的背景下存在的，法官们看到了很多激进的或不称职的律师。最后，社会上的许多其他机构都有义务以类似法院审理的方式履行法

---

〔1〕关于将工作委托给治安法官的讨论，see CARROLL SERON, THE ROLES OF MAGISTRATES: NINE CASE STUDIES (1985).

〔2〕See Northern Pipeline Constr. Co. v. Marathon Pipe Line Co., 458 U. S. 50 (1982); Resnik, 1985 年版，第 597—603 页。See generally Resnik, The Mythic Meaning of Article III Courts, 56 U. COLO. L. REV. 597-603 (1985).

〔3〕有关案件统计和处置的讨论主要是联邦司法部门的评论。"Motley Interview"，第 6 页（过去 20 年间的主要变化是诉讼的增加）。

〔4〕1945 年，着手法院处理的民事案件数量为 60965 起。"1945 ADMINISTRATIE OFFICE REPORT"，第 82 页。到 1984 年，该案件数量为 61485 起。"1984 ADMINISTRATION OFFICE REPORT"，第 249 页。当然，法官的数量也在增加，但每个法官负责的案件数量也有所增加。在 1945 年，每个法官大约负责 336 份民事案件。这一数字用当年的民事案件数量，"1945 ADMINISTRATIE OFFICE REPORT"，第 83 页。除以 181 名地区法院法官可得出，see 61 F. Supp. vii, vii-xiv (1945)（法官名单）。1984 年，每个法官大约负责 508 分民事案件。"1984 ADMINISTRATION OFFICE REPORT"，第 129 页。（每个法官的案件处理量）。需要注意的是，这些数据不能说明"诉讼爆炸"问题，行政机关（统计）的数据中没有包括与人口规模形成对照的档案信息。

〔5〕这些案件也使事实问题和法律问题之间的界限出现了问题。到目前为止，对这些复杂案件并没引起。See, e. g., Pullman-Standard v. Swint, 456 *U. S.* 273, 285-290 (1982)（最高法院认为歧视的动机的判断是一个事实问题，最高法院对上诉的范围的界定是合理的）; see also Resnik, Tiers, 57 S. CAL. L. REV. 837, 998-1005 (1984)（批判普尔曼标准）。

院般的职能，而这种替代方式越来越广泛地使用也增加了对联邦法院合理的管辖范围的质疑[1]。

三、失能的信仰

如今，联邦立法者们已经注意到上述变化，1938年《联邦民事诉讼规则》随之作出了相应修改。首先，在法律上和事实上，跨实体法规则存在的前提已被悄然改变。在正式层面上，法院已经颁布了关于对罪犯人身保护案件程序的特别规则[2]。此外，最近修订的《复杂诉讼手册》为涉及多个当事人或复杂问题案件制定了一套截然不同的规则[3]。在非正式层面上，管理型裁判的出现和1983年对第16条的修正案（审前程序的管理）[4]中对这种做法的承认，证明有必要制定适合个别案件的规则。随着学术上对该问题的研究逐渐深入，法官和律师正忙着为各种不同案件创设新的程序[5]。而这些支持者所付出的努力和热情[6]恰恰说明了跨实体法规则往往不够充足。

其次，原来立法中并无关于律师执业行为规范的规定，然而在某种程

---

〔1〕 实际上"法院是什么样"这一问题远比这句话本身的意思复杂得多。我们目前对"裁判"的理解可能不会持续一个世纪，而日后人们将会理解为不同于法院的活动结构。See Schwartz, "The Other Things That Courts Do", 28 *UCLA L. REV.* 438 (1981).

〔2〕 Order Promulgating Rules Governing 28 U. S. C. § 2254 Cases in the U. S. District Courts and Rules Governing 28 U. S. C § 2255 Proceedings for the U. S. District Courts, 425 U. S. 1169 (1976). 这些规则中部分被议会修改。*See* Pub. L. No. 94-426, §§. 1169 (1976). Some of these rules were modified by Congress. See Pub. L. No. 94-426, §§ 1-2, 90 STAT. 1334 (1976); Pub. L. No. 94-577, § 2, 90 STAT. 2730 (1976). See generally Clinton, *Rule 9 of the Federal Habeas Corpus Rules: A Case Study on the Needfor Reform ofthe Rules Enabling Acts*, 63 LOWA L. REV. 15 (1977).

〔3〕 MANUAL FOR COMPLEX LITIGATION, SECOND (1985). 除了讨论适用于普通程序的方法外，手册还提供了处理特定类型案例的方法：反垄断案件（第33.1条），复杂的侵权案件（第33.2条），证券诉讼案件（第33.3条），收购类案件（第33.4）条，用工歧视诉讼（第33.5条）以及专利诉讼（第33.6条）。

〔4〕 根据该联邦立法第16条，法官将批准审前事件的时间表，并在适当时讨论和解。

〔5〕 See Brazil, Special Masters in Complex Cases: Extending the Judiciary or Reshaping Adjudication? 53 U. CHL L. REV. 394 (1986); Lieberman & Henry, Lessons from ADR, 53 U. CHL L. REV. 424 (1986); McGovern, Toward a Functional Approach for Managing Complex Litigation, 53 U. CHL L. REV. 440 (1986).

〔6〕 See Lambros, The Summary Jury Trial and Other Alternative Methods of Dispute Resolution, 103 F. R. D. 461 (1984).

度上因为司法机关扩大了对律师不当行为的制裁，所以立法作出了相应修订。1983 年对第 11 条和第 26 条的修正案以及关于这些修正案的评论和判例[1]都表达了法官们一种新的意愿，即允许一定范围内的对抗，但限制不受约束的不良行为[2]。此外，法官不得不对“律师和当事人都是有职业道德”这一假设的真实性有所保留[3]。“如今，（除了对当事人的制裁之外,）律师受到法庭的制裁并不稀奇。”[4]

第三，1983 年修订案中关于法院参与当事人和解的规定[5]，以及正在进行的将费用转嫁作为和解失败的惩罚的讨论[6]均表明如今法庭调解受到重视。许多联邦法官不仅将自己看作裁判者，而且逐渐开始把自己当成处理和解事务的中间人[7]。其他替代性纠纷解决机制也已经进入纠纷解决的市场，并向向联邦法官和学术界兜售其“产品”[8]。它们旨在促进和解，而不是裁判[9]，目的是“教育”联邦司法机构，使其能够将纠纷解

---

〔1〕 See, e. g. , Schwarzer, Sanctions under the New Federal Rule 11-A Closer Look, 104 F. R. D. 181, 183-184 (1985).

〔2〕 See U. S. District Court for the Eastern District of New York, Standing Orders of the Court on Effective Discovery in Civil Cases, 1984, in 2 LOCAL COURT RULES.

〔3〕 Cover & Aleinikoff, Dialectical Federalism: Habeas Corpus and the Court, 86 YALEL. J. 1035, 1042 (1977).

〔4〕 See, e. g. , Pub. L. No. 96-349, § 3, 94 STAT. 1156 (1980)（由于不合理的、无理取闹的诉讼，让律师“亲自承担”多余的成本，包括律师费）; Fpm. R Civ. P. 11（在签字时无须陈词或辩论过程中具有善意基础便可签字）; FED. R. Civ. P. 26（对证据开示活动的支持）. See generally Burbank, Sanctions in the Proposed Amendments to the Federal Rules of Civil Procedure: Some Questions About Power, 11 HOFSTRA L. REV 997 (1983).

〔5〕 FED. R. Civ. P. 16 (a) 授权地方法院开展一个会议——围绕“便利解决案件”的主题。

〔6〕 最近修订第 68 条的建议，授权法院制裁“无理”的拒绝和解，see Marek v. Chesny, 105 S. Ct. 3012, 3033-3034 & NN. 56-58 (1985) (Brennan, J. , dissenting); 美国司法会议对规则和程序的讨论，联邦民事诉讼规则拟议修正草案初稿，98 F. R. D 339, 361-367 (1983)（拟议规则和委员会说明）; 美国司法会议对规则和程序的讨论，拟议法院规则，102 F. R. D. 407, 432-437 (1984) (hereinafter cited as Proposed Court Rules)（拟议规则和委员会说明的修改版本）。为了讨论 Marek 提出的问题，see Macklin, Promoting Settlement, Forgoing the Facts, 14 N. Y. U. REV. L. & SOC. CHAGE1201 (1986).

〔7〕 审前会议的法官应注意，不要给人一种主张律师来解决问题的印象；法院为律师提供建议这一积极活动的范围不应超出围绕双方达成和解的可能性。But cf. Trends in Federal Law and Procedure, 5 F. R. D. 361, 364 (1946).

〔8〕 See, e. g. , Tan Mm-TRIAL WORKBOOK (Center for Public Resources 1985); ADR Manual, supra note 13; Gordon, You, Too, Can Stay Out of Court, L. A. Daily J. , Sept. 20, 1985, at 4 (discussing En Dispute).

〔9〕 E. g. , Green, Growth of the Mini-Trial, LITIGATION, Fall 1982, at 12（小型裁判是“解决复杂民事案件的有力新技术”）。

决转移到“可替代”的范畴[1]。联邦法官对它们的定义并不明确（分不清它们与其他争议解决中心有何不同），因而已经表示愿意将它们受理的案件分流到这些组织中。

这些变化大概可以理解为是1938年《联邦民事诉讼规则》对当代问题作出的变革性改变[2]。此外，历史上充斥着对“司法行政化”周期性的强烈抱怨，如上世纪80年代。我们或许曲解了这些改变的重要性，但是该变化并没有准确抓住过去10年关于联邦诉讼程序的论调，立法的修订和当前的提议反映了对1938年草案中某些“信仰”的深深不满。当今主流观点是，1938年《联邦民事诉讼规则》的法律框架提供太多可被利用和操控性的空间，但对于完全不熟悉规则的人来说，并不友好。众多改革呼声大都是为了缩短案件审理的时间，比如，缩短起诉到案件处理之间的时间，或者去掉一些程序性选项。从本质上来说，“少即是多”，程序简便化使得案件得到更充分解决，这样处理结果也是能被人接受的[3]。如今，裁判的作用已经隐隐受到人们质疑。

我认为，案件裁判的压力以及毫无顾忌职业操守的律师们在激烈对抗下产生的显然不合逻辑的裁判结果，慢慢导致了（社会舆论中出现）一种愤世嫉俗的负面情绪。如果审判结果或其他形式的裁判结果在系统上或总体上不能被证明（或至少感觉到）比几乎没有经过诉讼程序处理的结果要好，如果律师的不当行为和不称职是一种常态，如果对抗模式是不可行的，那为什么还要坚持这种法定程序？为什么不尽快达成和解并且不需花费大量成本地迅速产生结果呢？为什么不给法庭更大的权力去敦促、甚至强制和解？为什么要给予法定程序寻找正当性？当联邦法官有意识地将其角色从裁判者转变为案件管理者再到居中调解者，当法官要求增加简易判决和其他快速解决方案的使用时，法官们表明了他们自己对边际效用的理解——这也许是全面审判的体现。

---

〔1〕 See Peckham, A Judicial Response to the Cost of Litigation: Case Management, Two-Stage Discovery Planning and Alternative Dispute Resolution, 37 RUTGERS L. REV. 235, 267-277 & n. 93 (1985)（说明私人团体的教育努力及可供选择的备选方案）。

〔2〕 See Elliott, Managerial Judging and the Evolution of Procedure, 53 U. CHI. L. REV. 306 (1986).（认为管理型裁判偏离了1938年立法者的四项核心假设）。

〔3〕 See Newman, Rethinking Fairness: Perspectives on the Litigation Process, 94 YALE L. J. 1643, 1652 (1985)（我们再也不能“保留任何可能增加公平可能性的程序”，因为程序会导致拖延，以及“导致所有受诉讼程序影响的其他人失去公平的机会”）。

这样的关于信仰失能的例子还有很多。在民事领域中，最近最高法院的案件显示，无论在什么程序中，大多数人都迫切要求（纠纷）得到处理。退伍军人福利案（沃尔特斯诉国家辐射幸存者协会案是一个例子）[1]。在沃尔特斯，联邦地区法院发布过一项临时禁令，反对实施从1866年开始实施的“禁止律师在为退伍军人代理由退伍军人管理局处理的案子时收取超过10美元的费用”的法令[2]。显然，在法令颁布之时，代理费并非是律师代理的障碍，但到了20世纪80年代，这笔费用确实妨碍了律师的代理[3]，当我们承认一些律师代理的案件的复杂性时，法院推翻了禁令并支持立法作为针对第一修正案和第五修正案的合宪性异议[4]。法院对律师和由律师提起的程序的敌意是显而易见的。

可以肯定的是，如果有朝一日当事人聘请的律师可以向当事人要求补偿，那么可以说，律师代理将会使得诉讼变得更具对抗性且更加复杂，而此时律师因其能在庭审中恰当地表达当事人的诉请而不可或缺[5]。

简便和非对抗性的交流具有巨大的吸引力，但这在退伍老兵和退伍军人管理局的纠纷中却难以发现。法庭引用的研究资料表明，退伍军人管理局每年处理超过80万份索赔，其中几乎一半是在最初的起诉中不被受理[6]。

第二个例子是Marek诉Chesny的案子[7]。Marek案难点在于如何理解在1976年《民事诉讼律师收费法案》和1938年《联邦民事诉讼规则》关于和解失败的惩罚范围之间的关系[8]。根据最高法院之前的解释，第68

---

〔1〕 105 S. CT. 3180 (1985).

〔2〕 38 U. S. C. § 3404 (c) (2) (1983).

〔3〕 105 S. CT. at 3210 (Stevens, J., dissenting)（就普通军人的基本工资而言，10美元的费用大约相当于今天的580美元）。

〔4〕 105 S. CT. p. 3196-3197.

〔5〕 105 S. CT. p. 3192. 这句话让人想起了首席法官早些时候说过的一句话：“少年法院制度需要的不是更多而是更少的法律程序和司法形式主义的装饰。”In re Winship, 397 U. S. 358, 376 (1970) (Burger, C. J., dissenting)（在少年刑事诉讼中，对证据的反对要求超出合理的怀疑范围）。当然，法院对律师的态度是矛盾的。Cf. Zauderer v. Office of Disciplinary Counsel, 105 S. CT. 2265, 2278 (1985) (White, J.)（“我们不能赞同这样的主张，即诉讼本身就是一种罪恶”）。

〔6〕 105 S. CT. p. 3183.

〔7〕 105 S. CT. 3012 (1985).

〔8〕 42 U. S. C. § 1988 (1982).

条规定，如果在法庭上胜诉的结果不能优于对方当事人提出的和解方案，而原告却拒绝及时签署书面和解协议，则可能会被从协议提交的日期起算收取“诉讼费用”。Marek 案的问题在于“诉讼费用”这个词的定义是什么？一些联邦立法（包括《民事诉讼律师费用法案》）中的“律师费用”是“作为诉讼费用的一部分”吗？[1] 又是否属于第 68 条之下的“诉讼费用”呢[2]？在民事诉讼中，当和解协议的结果优于原告获得的判决结果时，被告是否可以不再对原告胜诉后原告律师的费用承担责任？最高院的解释是否与《民事诉讼律师费用法案》关于费用的规定相冲突呢？因为最高院的解释导致了从被告到有优势原告的单向转变，从而鼓励公民提起民事诉讼（可以理解为实施公共政策）。首席大法官（长期以来一直支持对和解失败进行更多的制裁）为大多数人写了一份肯定的答复：“可以肯定的是，第 68 条规定的适用范围包括律师的费用。”这将要求原告认真思考持续的诉讼是否值得[3]，但“鼓励和解”是关键所在[4]。Marek 案中的多数意见坚持认为他们对这一规则的解读是“中立的”，但是该规则实际上是运行在充满不平等的社会环境中的。表面上看，提起民权诉讼是挑战国家行为的行为；但实际上这表明了许多案件中原告拥有的诉讼资源比被告要远远少得多。最高法院的解释忽略了：经济利益的增加会使得当事人之间拥有截然不同的诉讼资源，从而增加了纠纷和解的复杂性[5]。Marek 案说明了法院希望向当事人施加压力从而摆脱困境。

在过去一段时间内，焦点已经从当事人转移到律师身上。在 Evans 诉 Jeff D 一案[6]中，法院再次表达了它对将判决作为一种决策方式的矛盾态度（如果法院不是抱有敌意的话）。与 Marek 案一样，Evans 按也谈到了《民事诉讼律师费用法案》和联邦法律之间的关系。民权法案第 23 条规

---

〔1〕 Delta Air Lines v. August, 450 U. S. 346, 352 (1981)

〔2〕 See, e. g. , 42 U. S. C. § 1988 (1982), construed in Marek, 105 S. Ct. at 3015.

〔3〕 105 S. CT. p. 3018.

〔4〕 105 S. CT. p. 3018.

〔5〕 See Shavell, Suit, Settlement, and Trial: A Theoretical Analysis Under Alternative Methods for the Allocation of Legal Costs, 11 J. LEGAL STUD. 55, 63-69 (1982); Bone, Brennan, Chemerinsky, Curtis, Genego, Ragsdale & Resnik, Comments on Proposals to Amend the Federal Rules of Civil Procedure, Submitted to the Advisory Committee to the Standing Committee of the Judicial Conference on Rules of Practice and Procedure in the United States Courts (1985).

〔6〕 106 S. CT. 1531 (1986).

定，禁止在没有法院批准的情况下启动或停止集体诉讼的进行。在 Evans 一案，最高法院批准地方法院对和解协议的认可，和解的条件是原告律师免除费用；最高法院又一次通过提升“和解的吸引力”[1] 限制了《民事诉讼律师费用法案》的影响 。那些愿意为民事案件中原告代理的律师，不能再寄希望于收回费用[2]。按这样推测，民事诉讼案件的数量将会减少，而审理的案件数量也会减少。

在刑事和行政案件中，更容易列举反对法庭判决的例证，大多数的刑事案件的判决都是通过和解过程的辩诉交易实现。对辩诉交易的批判来自控告、辩护和司法三方，其实没有人喜欢这种交易，但也没有人愿意为裁判支付诉讼费用[3]。在刑事案件审理的各阶段，审判通常是被拒绝的。因此，当辩护律师需要事实来判断确定量刑或假释时，他们的努力遭到了拒绝；人们极不情愿请求调查听证会或其他与裁判相关的权利[4]。相反，法官、假释审查人员和其他政府官员只能相信检察官作出的道听途说式的评论或出具的机构文件以此来找到裁判的依据，并以最低的举证标准作出裁判。对程序规范的强调损害了“以案件得到处理为主导”模式的经济效益[5]。

此外，少数已结的刑事案件的判决结果令人印象深刻、影响深远。无害过错规则得到发展，而刑事案件中被告人的权利保护力度却被削弱。布

---

〔1〕 106 S. CT. 1540 (1986) .

〔2〕 Compare the approach of the Third Circuit in Prandini v. National Tea Co. , 557F. 2D 1015, 1017 (1977)（禁止同时谈论案情和律师费，以尽量减少客户和律师之间的冲突）。

〔3〕 See Alschuler, Implementing the Criminal Defendant' s Right to Trial: Alternatives to the Plea Bargaining System, 50 U. CH. L. REV. 931, 935 (1983) .

〔4〕 一个例子就是温斯坦法官的努力，被第二巡回法院驳回，将证据规范导入审判过程。See United States v. Fatico, 441 F. Supp. 1285 (E. D. N. Y. 1977), REV' d, 579 F. 2d 707 (2d Cir. 1979), on remand, 458 F. Supp. 388 (E. D. N. Y. 1978), aff' d in part, 603 F. 2d 1053 (2d Cir. 1979), cert. denied, 440 U. S. 1073 (1980); see also United States v. Napolitano761 F. 2d 135, 138-139 (2nd Cir. 1985) (permitting use of hearsay at sentencing hearing), cert. denied, 106 S. Ct. 129 (1985); United States v. Papajohn, 701 F. 2D 760 (8th Cir. 1983) (trial judge has broad discretion in conduct of presentence hearing) .

〔5〕 在美国的联邦体制中，判决通常是由没有参加和解程序的法官决定的。See Curtis, Federal Judicial Power, Parole Guidelines, and Sentence Reform, in 2 PRISONERS' RIGHTS SOURCEBOOK, at 97-98. 然而，最近修订的《联邦刑法》一旦生效，就需要法官明确说出理由——将某种形式的司法事实认定作为判决的依据。See Comprehensive Crime Control Act of 1984, Pub. L. No. 98-473, tit. 2, 98 Stat. 1837 (to be codified at 18 U. S. C. § § 3351-3358) . 如果这种准裁决要求得到执行，将需要大量的事实调查听证。

拉迪诉马里兰州案中确立了一项规则，即“检察官被要求出示对被告有利的证据”，然而该规则在当今的司法实践中却受到破坏，这凸显了过去几十年所确立的司法前提与当今“以案件得到处理为主导”的司法体系之间的鸿沟。在联邦诉巴格利（Bagley）的案子中，辩护律师要求开示政府是否有给予目击举报人酬劳的情况的证据〔1〕，但相关的信息没有被提供，被告被判有罪。该案推动了后来《信息自由法》的出台。依照该法案，获得相关信息需要与举报人签订政府合同并向其支付报酬。然而，最高法院没有对政府拒绝执行“布拉迪规则”的行为进行处罚〔2〕。巴格利（Bagley）案仅是诉讼程序中人身权利保护力度受削弱〔3〕，以及越来越多的非刑事案件以一审判决终结的例子之一〔4〕。一旦得出初步裁判结果，就很难再会变更了。

在立法和执法方面，情况大体相似。Goldberg 诉 Kelly 案可以被理解为法院支持了非正式纠纷解决机制，且减少了对更加规范的诉讼对抗的要求〔5〕。Goldberg 案在 1969 年（也许是在倡导）所确立“基本正当程序”标准〔6〕如今却成了最高水平要求。此外，最高法院在一些案件中的声明并不是其厌恶裁判程序的唯一证据，它最新立法（包括对第 68 条的修改是扩大其适用范围）均表明了了这一倾向〔7〕，像联邦法官所奔走呼号的那样，“更少的裁判，更多的替代方式”〔8〕。

管理型裁判和替代性纠纷解决机制这两种主要的机制都进一步说明了

---

〔1〕 105 S. CT. 3375 (1985).

〔2〕 See Babcock at 1148-1150.

〔3〕 See Resnik at 874-962.

〔4〕 See Resnik at 982-1004.

〔5〕 See, e. g., Parham v. J. R., 442 U. S. 584, 607-613 (1979)（未向国家精神病院提交儿童承诺的正式程序）; Mathews v. Eldridge, 424 U. S. 319, 347-349 (1976); see also Mashaw, The Supreme Court's Due Process Calculus for Administrative Adjudication in Mathews v. Eldridge: Three Factors in Search of a Theory of Value, 44 U. CM. L. RAV. 28 (1976).

〔6〕 Goldberg, 397 U. S. at 267.

〔7〕 See Marek v. Chesny, 105 S. Ct. 3012, 3032-3035 (1985) (Brennan, J., dissenting) (describing proposed amendments); Simon, Rule 68 at the Crossroads: The Relationship Between Offers of Judgment and Statutory Attorney's Fees, 53 U. CIN. L. REV. 889, 893-894 (1984) (proposing expansion of rule 68). 1986 年，咨询委员会投票决定提出这项建议，该建议来自咨询委员会主席，弗兰克 M. 约翰逊法官写给劳拉·麦克林教授的信。(May 19, 1986) (on file with The University of Chicago Law Review).

〔8〕 See, e. g., Lambros, at 476-477; Newman, at 1644-1645 (1985); Peckham, at 277.

对当下诉讼裁判兴趣的减弱[1]。管理型裁判要求裁判法官充当一个案件进程的管理者，推动案件从立案阶段到纠纷解决阶段行进。管理型裁判的支持者声称这种主动型裁判方式可以产生更好的结果，其主要优势在于节约司法成本。管理型裁判因其能提供更快、更节约的处理案件方式而得到推广[2]，然而我对这一说法存疑[3]。我想说明的是，这种方式只是从对裁判困难的讨论转变为对提高案件处理效率需要的讨论[4]。此外，在最近几年，管理型裁判越来越关注和解中的司法干预情况[5]。而对此的关注表明法院的一个目的，即限制对抗行为，在没有裁判的情况下解决纠纷。大量地处理案件已经成为联邦司法部门里的法官的最紧要的事情和最终目标。

替代性纠纷解决机制（简称 ADR）是另一项创新，这同样表明了人们对法院裁判的兴趣降到冰点[6]。我们不是最早对法院裁判以外的纠纷解决方式产生兴趣的人。早在纽约殖民地时期，就有关于使用仲裁员的讨论[7]；在 20 世纪 30 年代早期，一些法官呼吁他们的同行考虑"和解"制度[8]；在上世纪 20 年代和 30 年代，行政决定和仲裁被视为是昂贵而艰难的诉讼程序之重要替代选择[9]。目前对 ADR 的兴趣又重新提起，只是略

---

〔1〕 这两种方法不是毫无关联的，而是单一主题的两个变化。

〔2〕 See FED. R. CIrv. P. 16, Advisory Committee Commentary to the 1983 Amendment（"实证研究表明，当审判法官在早期阶段亲自介入对案件进行司法控制时……这个案件被处理……的费用要比当事人自行处理的费用少"）。See also Flanders, Blind Umpires-A Response to Professor Resnik, 35 HAST. L. J. 505, 516-519（1984）（提供案件处理时间的数据）。Peckham, at 277（"案件管理……可以包含诉讼费用"）。试图把"经济"和"公平"联系起来，see Newman, at 1652。

〔3〕 See Resnik, at 417-31; see also Menkel – Meadow, For and Against Settlement: Uses and Abuses of the Mandatory Settlement Conference, 33 UCLA L. REV. 485, 493-498（1985）（现有数据不支持司法和解协商的效率论证）。

〔4〕 如想了解早期司法遭受严肃对待的事例，see Wyzanski, A Trial Judge's Freedom and Responsibility, 65 HARV. L. REV. 1281, 1304（1952）, Yankwich, The Art of Being a Judge, 105 U. PA. L. REV. 374, 388（1957）, and Devitt, Ten Commandments for the New Judge, 47 ABA J. 1175（1961）.

〔5〕 See D. MARIE PROVINE, SETTLEMENT STRATEGIES FOR FEDERAL DISTRICT JUDGES（1986）.

〔6〕 See generally Alternative Dispute Resolution and the Courts, 69 JUDICATURE 251（1986）.

〔7〕 HENRY SCOTT, THE COURTS OF THE STATE OF NEW YORK: THEIR HISTORY, DEVELOPMENT AND JURISDICTION 43-44（1909）.

〔8〕 E. g. , Randall, Conciliation as a Function of the Judge, 18 KY. L. J. 330, 340（1930）.

〔9〕 See Wilko v. Swan, 346 U. S. 427, 430-432（1953）（arbitration）; WALTER DODD, ADMINISTRATION OF WORKMEN'S COMPENSATION 100-102（1936）; Comment, Judicial Review of Administrative Findings – Crowell v. Benson, 41 YALE L. J. 1037（1932）（arguing for limitedcourt review）.

有改变。过去，仲裁协议[1]和行政决定在法院中是具有执行力的[2]，即便替代性纠纷解决本身就与法院分离[3]。仲裁和行政决定被认为与判决有点类似，但并不然。如今许多参与ADR程序的人都认为，这种方式会被法庭采纳[4]，法官们会形成他们独特的ADR形式，要么赞助ADR，要么法院自己创设仲裁庭[5]。在这方面，ADR（法院附属的仲裁、司法和解会议、简易陪审团审判和调解的形式）不仅可以替代，而且通常是替代裁判[6]。

除了正式的诉讼程序，法官总是会参与到其他的程序当中[7]。但是，过去10年间，司法的关注重点、程序使用频率和透明度等方面都发生了重要的转变。此外，随着法官参与或者监督不同形式的ADR程序，裁判与其他纠纷解决方式的界限变得越来越模糊。上文提到，立法和宪法性解释都赋予行政机关类似裁判的权力，并使行政机关表现得更像法院，因此二者的界限正变得模糊。现在，随着法官被更多地游说去采取不那么具有对抗性的解决方式，压力更多来自于其他方面，因为从定义上来说，司法就是法官所做的事业，那么倘若法官们参与到可替代性纠纷解决机制中，则从某种程度来说，这是对裁判行为的重新定义。

---

〔1〕 United States Arbitration Act of 1925, 9 U. S. C. § 4 (1982). 该法的适用, see Mitsubishi Motors Corp. v. Soler Chrysler – Plymouth, Inc. 105 S. CT. 3346, 3355 (1985); Moses H. Cone Memorial Hosp. v. Mercury Constr. Corp., 460 U. S. 1, 29 (1983); see also Allison, Arbitration Agreements and Antitrust Claims: The Need for Enhanced Accommodation of Conflicting Public Policies, 64 N. C. L. REV. 219 (1986); Atwood, Issues in Federal – State Relations Under the Federal Arbitration Act, 37 U. FLA. L. REV. 61 (1985); Hirshman, The Second Arbitration Trilogy: The Federalization of Arbitration Law, 71 VA. L. REV. 1305 (1985).

〔2〕 See, e. g., Longshoremen's & Harbor Workers' Compensation Act, 33 U. S. C. § 921 (d) (1982); National Labor Relations Act, 29 U. S. C. § 160 (e) (1982).

〔3〕 See Crowell v. Benson, 285 U. S. 22, 57 (1932) (Congress may not shift the "essential attributes of judicial power" to agencies).

〔4〕 See E. LIND & J. SHAPARD, EVALUATION OF COURT – ANNEXED ARBITRATION IN THREE FEDERAL DISTICT COURTS 92-93 (1983).

〔5〕 Cf. FED. R. CIV. P. 16 (c) (7)（联邦法官可能在预审会议上讨论"使用非裁判程序解决争端"的可能性）。

〔6〕 之前的"替代品"也确实起到补充作用，因为在立法颁布之前，法院和其他地方没有任何解决办法。See Perlin, The German and British Roots of American Workers' Compensation Systems: When is an "Intentional Act" "Intentional"? 15 SETON HALL L. REV. 849, 849 (1985).

〔7〕 Schwartz, at 438-439.

倡导 ADR 的理由多种多样[1]。于法官而言，ADR 可以明显地节约司法成本。对于那些主动提起 ADR 的，有许多明显的经济上的动力。有人寻求 ADR 保护以解决他们的纠纷，为的是不为公众所知悉[2]。但也有人单纯地反驳认为裁判过于繁琐、成本过高、效率低下，而相比之下，“微型的”“概要的”或简易诉讼程序更有优势[3]。某些 ADR 程序是基于“诉讼当事人（而不是他们的律师）系参与纠纷解决关键”这一假设建立起来，这与以律师参与为中心的联邦立法相反，ADR 程序旨在促进当事人对纠纷解决的直接参与。在纠纷解决方面，ADR 程序并不排斥对抗模式，只是会对律师与客户间的信任产生挑战。然而，ADR 程序面临着对抗性模式在该程序中是否可取的问题，同时也在努力发展出法庭诉讼以外的更具合作性的方式[4]，下面的不同观点都表达对裁判的厌恶[5]。

对管理型裁判和 ADR 的青睐主要是基于节约成本的考虑，这两种程序都有一个实质性的共同特点，即二者都是建立这样的假设之上的：在当事人同意基础上的纠纷处理在某种程度上比裁判得出的结果更佳[6]。有时

---

〔1〕 See, e. g. , Menkel – Meadow, *Toward Another View of Legal Negotiation: The Structure of Problem Solving*, 31 UCLA L. REV. 754 (1984); Olson, Dispute Resolution: An Alternative for Large Case Litigation, LTIGATION, Winter 1980, p. 22, p. 24.

〔2〕 See Green, Private Judging, TRAL, Oct. 1985, p. 36, pp. 39-40; Note, *The California Rent – a – Judge Experiment: Constitutional and Policy Considerations of Pay – As – You – Go Courts*, 94 HARV. L. REV. 1592, 1599-1600 (1981).

〔3〕 See Menkel – Meadow, *Toward Another View of Legal Negotiation: The Structure of Problem Solving*, 31 UCLA L. REv. 754 (1984), pp. 763-764; Menkel – Meadow, *Judges and Settlement*, *TRIAL*, *Oct.* 1985, p. 24, p. 27. *See, e. g.* , *Menkel Meadow*, *Toward Another View of Legal Negotiation: The Structure of Problem Solving*, 31 *UCLA L. REV.* 754 (1984), pp. 789-793. 一些 ADR 文献与法院提供的解决措施进行了对比，这些解决措施被描述为“赢/输”。

〔4〕 See Menkel – Meadow, supra note 203, at 789-793; Menkel – Meadow, at 487.

〔5〕 See *Chief Justice Urges Greater Use of Arbitration to Relieve Courts of Litigation Burdens*, THE THMD BRANCH, Oct. 1985, at 1（侵权诉讼不允许公民有其正常的追求，有时会使他们消沉）。

〔6〕 Compare McThenia & Shaffer, *For Reconciliation*, 94 *YALE L. J.* 1660 (1985), p. 1664（解决“提高”解决效率和“呼吁实质性的问题解决”）; Menkel – Meadow, Toward Another View of Legal Negotiation: The Structure of Problem Solving, 31 UCLA L. REV. 754 (1984), p. 754。“诉讼是有弱点的，和解是神圣的”; quoting sign in U. S. Magistrates Office), with Alschuler, Mediation with a Mugger: Concerning the Shortage of Adjudicative Services and the Need for a Two – Tier Trial System in Civil Cases, HARv. L. REV. (forthcoming)（美国人……处理过多的民事案件，“以错误的理由解决”——不充分的审判、复杂的审前和审判程序、实体判决的不确定性、司法压力和战略压迫), and Fiss, Out of Eden, at 1670（“首席大法官 Burger 并不是想要找到新的方法来恢复或维护爱情关系，而是被对效率和政治的担忧所感动”）。

候，“更好”仅仅意味着更快更省钱。然而，“更好”偶尔也会建立在其他基础之上，比如，当事人同意比裁判作为纠纷解决的基础更为可取。当然，这一观点也并非首创[1]。不过，“当事人同意”说法在美国引起了热议，这些理论还被恰当地运用到法庭诉讼之中。但这次，达成和解的愿望不仅是基于“善意”的同意，还基于当事人对法庭诉讼的厌恶（因为诉讼至今仍然处在由律师主导一切信息和代理的时代）[2]。

总而言之，在民法和刑法两方面——依靠立法、案件和非正式程序——司法机关正处于构造或利用框架规避裁判的时期。一旦案件处理方式再次被固定，该方式就很难被否决。这一趋势在许多地方已有体现：民法案件中司法介入和解，试图限制证据开示权利、排除上诉权利[3]、权利放弃规则的发展、越来越多的裁判一审终局性。有人想知道，目前联邦法官参与辩诉交易的限制是否会持续十年[4]。

在裁判程序利益受损的人们正积极地倡导和传播 ADR。例如，在产品责任和反垄断案件中，许多被告（以及他们的律师）支持对证据开示权利的限制。他们对 ADR 程序很感兴趣，这是一种保护自己不受负面宣传影响，从而避免他们不希望的裁判结果的方式[5]。尽管如此，大部分支持者

---

〔1〕 举一个经典的例子，参见 FRANCOIS RABELAIS, GARGANTUA AND PANTAGRUEL bk. 3, chs. pp. 39-43, at 396-408（J. M. Cohen transl. 1955）.

〔2〕 See Menkel - Meadow, *For and Against Settlement: Uses and Abuses of the Mandatory Settlement Conference*, 33 UCLA L. REV. 485, 493-498（1985）, pp. 504-505（和解提供了“实质性的正义”，可能比裁判更能回应各方的需要）。

〔3〕 See Ninth Circuit Senior Advisory Bd., Recommendation to the Ninth Circuit Judicial Council（June 1985, submitted to the Judicial Council in Jan. 1986）(urging the Council to recommend that the Judicial Conference of the United States study whether the jurisdiction of the courts of appeals should be made discretionary)(on file with The University of Chicago Law Review); see also Dalton, Taking the Right to Appeal (More or Less) Seriously, 95 YAmx L. J. 62, 63（1985）; Resnik, Precluding Appeals, 70 CORNELL L. REV. 603, 605-606（1985）.

〔4〕 See FED. R. CRIM. P. 11（e）. See generally Alschuler, The Trial Judge' s Role in Plea Bargaining (pt. 1), 76 COLUM L. REV. 1059, 1061（1976）(a “bargaining process can operate in a fairer, more straightforward manner when judges do take an active part”).

〔5〕 See, e. g., Jefferson, Frankly Speaking: A View from the Other Side of the Glass, PRODUCTS LIABILITY, COMMENTARY & CASES 14, 15 (Premiere issue, 1986)。ADR 的可见性突然增加，部分原因是公司和保险公司提供的利息和资金，这可能被理解为 Marc Galanter 的“重复玩家”分析的一个例子。那些在诉讼世界中扮演重复角色的人，可能会作出战略上的举动，不仅是为了赢得一个特定的案件，而且还会为他们的利益结构制定程序性法规则。Galanter, Why the “Haves” Come Out Ahead: Speculations on the Limits of Legal Change, 9 L. & Soc' y REV. 95-97, 100-101（1974）.

都来自于不受经济利益驱使的法官们；与此相反的是，一些对该程序非常熟悉的法官，反而表达了自己对法庭诉讼程序的不满。批判者（比如我）则建议：管理型裁判和 ADR 程序应该受到程序性要求的限制，比如记录的保存和保证公众的知情权。我们有时候会遭遇时而耐心[1]、时而不耐烦[2]的对待："你根本不明白，我们要的是案件得到处理，程序正当只会拖慢节奏"。在 20 世纪 30 年代，大部分的法官和律师都在倡导程序改革，在这些改革中，律师被赋予了一个搜集、运用信息的核心角色，而这些信息起到了辅助裁判的作用。而如今，他们又在倡导一种不同的程序改革。现今改革者似乎对程序的正当性，以律师为中心的诉讼程序感到厌恶，或者他们根本不喜欢裁判。

四、未来的道路

对于近年来兴起的对法庭诉讼的敌意，我们可以通过几个方式来解读。首先，本文可能过度关注信仰的失能。要评估裁判程序的发展过程，50 年不过是一段很短的时间。例如，知道"沃尔特斯案"（Walters）的人可能会对这印象深刻：最高法院的三名法官首次表示，长期以来不受司法监督的退伍军人管理局[3]应该让律师参与诉讼程序。同样，国会虽然没有为贫困的当事人提供全覆盖的法律服务，但还是提供了部分服务。最近对以律师为基础的判决程序兴趣的减少可能只是暂时的。但我显然对这种解

[1] See Peckham, supra note 175, at 260-267.

[2] See Flanders, supra note 176.

[3] *See generally* Rabin, *Preclusion of Judicial Review in the Processing of Claims for Veterans' Benefits: A Preliminary Analysis*, 27 STAN. L. REV. 905, 905 (1975)（"退伍军人管理局作为单一的联邦行政机构，其主要职能明确地与司法审查相隔离"）；关于这"隔离"的消失，see Johnson v. Robison, 415 U. S. 361, 373-374 (1974), Crowne v. Walters, 53 U. S. L. W. 2452-53 (D. D. C. Feb. 26, 1985) (No. 82-0827)（司法审查认为退伍军人管理局曲解了自己的规定）。同样，尽管最高法院拒绝要求在所有诉讼中为贫困父母的律师终止他们的权利，但法院已要求律师在一些案件这么做。See Lassiter v. Dep't of Soc. Serv., 452 U. S. 1, 8 (1981). The Court has also recently reaffirmed the important role counsel plays in criminal cases. See Maine v. Moulton, 106 S. CT. 477, 484 (1985) 此外，把一些法定的、监管的、基于宪法的限制强加于美国假释委员会上，这是在不受要求约束的情况下，在一个领域的审判模式的增加。See 28 C. F. R. § § 2. 1-2. 63 (1985) (Parole Commission regulations); Curtis, Federal Judicial Power, Parole Guidelines, and Sentence Reform, in 2 PRISONERS' RIGHTS SOURCEBOOK 91, 106 (L Robbins ed. 1980).

释表示怀疑，我认为要再过50年才能知道哪个观点是正确的。

第二种方式是，我们在当代的背景下仍然考虑20世纪30年代所关注的问题。这种观点看来，信仰并没有失能，它只是在演变。在20世纪30年代，立法者们对当时考究技巧的、僵化性诉讼程序进行了抨击，并通过相对自由的辩论和证据开示制度来（为了尽快达到“真相”）追求灵活性。他们想要是简单的关于案件事实的决定，从而减少因程序错误而导致的上诉，这也是当今的批评者所追求的，但诉讼程序只有在“考究技巧”这方面得到了改善。紧接着，当时的立法者希望摆脱过去僵化的程序，经由律师进行法庭上的对抗来产生公正的裁判。如今，人们希望律师的作用减弱，减少证据开示的机会，减少司法决策从而产生公正的纠纷解决结果。两代人都对诉讼程序怀有敌意，将其视为“发现真理的障碍”。因此，这不是信仰的失能，而是我们如何看待信仰的新视角——当下落点在限制律师的作用之上，从较小的范围来说，是限制法官的作用。此外，尽管50年前的立法者认为立法必须考虑权利平等和律师不当行为的问题，但他们认为诉讼法不是规定这些问题的地方，但是我们已经认识到，程序性立法是必须考虑到这些问题的。这种说法的问题在于，如今改革者们对裁判结果的质量引起了深刻的担忧，而不是对裁决的案件数量担忧，而这种担忧在当前的争论并不占据主要地位[1]。

第三种理解过去50年发生的变化的方式是将其视为当代政治趋势的一部分。在20世纪30年代，立法者似乎不仅对以律师对抗为基础的诉讼程序有信心，而且对以律师为基础的改革有信心。随着（罗斯福）新政的实施，《联邦民事诉讼规则》也进行起草并受到赞扬。他们关切的是正义、真理以及法律职业的伟大成就，就好像他们确信确实如此一样。正如Gerald Gawalt所说的那样，律师们是“新高级神父”[2]，他们对自身能力和掌握政府所有领域的信息都有信心。在这50年里，这些信仰都被一一动摇。专业化承诺的减少，利己主义越来越明显，而且不确定性愈发明显。在对

---

〔1〕 See Rule 16 Commentary, Landsman, *The Decline of the Adversary System: How the Rhetoric of Swift and Certain Justice has Affected Adjudication in American Courts*, 29 BUFFALO L. REV. 487, 488 (1980). But see Menkel-Meadow, *For and Against Settlement: Uses and Abuses of the Mandatory Settlement Conference*, 33 UCLA L. REV. 485, 493-498 (1985), p. 514. (“I cast my vote for quality”). 当然，虽然我们已经制定了替代措施，但我们缺乏对判决结果质量的衡量。

〔2〕 THE NEW HIGH PRIESTS, at vii.

宗教活动愈发信仰的同时，共同建设社会的信仰总体上却在衰落，诉讼程序仅仅是失能信仰比较明显的代表。从这个角度来看，联邦法官和程序主义者都主张一种普遍的虚无主义。

第四种可能是，对诉讼程序评价的降低是基于对其潜力的现实评估。在20世纪30年代，一些立法者可能对绝对的真相持怀疑态度（毕竟这是法律现实主义出现的时代），但他们似乎更愿意相信可以依靠程序来获得合法的结果。人们相信，更好的诉讼程序会呈现更加更接近真相的事实，进而产生更好的结果。这种信仰在60年代末和70年代初的正当程序改革中反复出现，因为诉讼程序成为保护个人挑战政府的主要途径。事实上，正当程序改革可能被理解为对程序和裁判结果的重视程度一样（曾被批评重视程序的甚于结果）[1]。在过去15年里，诉讼程序被证明并不能充分保护个人尊严，想要通过诉讼程序改革解决的问题依然存在，有人指责诉讼程序掩盖或加重公民受到的冤屈[2]，对裁判信心的下降以及对法院公开表示敌意都是基于这一现象的出现。

最后一种可能是，没有人会关心诉讼程序本身。它始终是一种能达到目的的方式——建立其他待议事项的一种方式。20世纪五六十年代和70年代初有关“程序”的诉讼案件，不应被理解为真正的关于程序的诉讼，而是利用程序的方式以获得法庭认为正确的结果。当代“诉讼程序”的案件也是大量待议事项的例证。同样，人们可以将立法活动（的进行）理解为以实现某些目标为目的而非属一次诉讼程序改革。在20世纪30年代，律师和法官们看到了通过改变工作方式来改变他们境况的可能性，因此他们提倡一系列的规则改革，从而增强他们的职业竞争力，并保障他们客户的利益[3]。如今，新一代的律师和法官正在努力摆脱这些困境。因为厌倦单调乏味的写作、辩论以及关于证据开示申请的决定，害怕公众对他们工作低效的批评，他们又主张了一次保护个人利益的改革。如今律师的职业

---

〔1〕 See, e. g. , Simon, *Legality, Bureaucracy and Class in the Welfare System*, 92 YALE L. J. 1198, 1201-1204 (1983).

〔2〕 See, e. g. , Simon, *Legality, Bureaucracy and Class in the Welfare System*, 92 YALE L. J. 1198, 1200-1222 (1983). 西蒙认为，在某种程度上，由于过去20年的诉讼程序，社会工作者在处理福利方面的自由裁量权更少——这一变化使受益人的生活更加恶化。

〔3〕 See accompanying text. John Leubsdorf 就律师当前支持法院授予费用的立法提出一个论点。See Leubsdorf, at 33.

内容包括了其在替代性纠纷解决机制中发挥的作用，（因此）律师也在寻找新的工作领域。而面临着越来越多行政任务的法官努力想办法从这一尴尬的处境中脱身出来[1]。

然而，我们必须接受现状；我们必须对一成不变的联邦程序法规进行重新修订或者摒弃。那么摆在我们面前的选择是什么呢？答案将根据上面所提出的几个阅读材料的不同而有所不同。例如，如果能理解过去50年是以律师中心的诉讼程序的一段见证期，那么需要做的就是让这个程序更努力地发挥作用。如此下来需要进行几项改革，包括为无力承担“战斗”（诉讼）的人提供实质性的资金补助。这样不仅要增加司法预算，而且我们还必须（不论是通过宪法解释还是立法）在不同的背景下为刑事辩护和不同领域的法律服务提供更多的资金支持[2]。律师的能力水平必须要有一定基础并且要受到监督[3]，才能确保资金能达到其目的。

仅仅为为那些无力承担“战斗”（诉讼）的人提供资金是不够的，我们应该逐渐认识到，对抗模式的问题既来自于诉讼资源的匮乏，也来自于诉讼资源的繁杂[4]。因此，我们必须像一些1983年联邦立法修正案那样，推动立法工作的进一步取得实质性发展。我们必须考虑到在具体不同案件中支出的上限以及下限，而这得深思熟虑。考虑到这项任务的复杂性、费用的高昂以及当今的反对监管社会氛围，这种选择不太可行[5]。

虽然第一种方法不太可行，但是类似方法可能会得到更多的支持。如果没有资金补贴，我们会认为以律师为中心的诉讼程序（次优选择）比其他选择更为可取。例如，虽然法律服务市场很复杂，但政府干预和市场安排（比

---

〔1〕 See Fiss, *The Bureaucratization of the Judiciary*, 92 YALR L. J. 1442, 1443 (1983).

〔2〕 目前对法律服务公司的限制必须重新考虑；See, e. g., 45 C. F. R. §1611. 3 (b) (1984)（收入不超过联邦收入贫穷标准线的125%）；id. § 1615. 2-3（不得向寻求人身保护令救济的囚犯提供法律服务）；id. §1617. 3（集体诉讼只能经当地办事处主任批准）。

〔3〕 See Genego, The Future of Effective Assistance of Counsel: Performance Standards and Competent Representation, 22 Am. CRIM. L. REV. 181, 203-211 (1984).

〔4〕 See, e. g., Berkey Photo, Inc. v. Eastman Kodak Co., 603 F. 2d 263, 268 (2d Cir. 1979)（讲述的是紧张的审前活动）, *cert. denied*, 444 U. S. 1093 (1980); JAMES STEWART, THE PARTNERS 327-365 (1983) (describing the Kodak litigation); see also Miller, *The Adversary System: Dinosauror Phoenix*, 69 MINN. L. RAV. 1, 8-16 (1984), p. 9（原告通过一大堆诉讼文件使被告疲于应对）。

〔5〕 See, e. g., Levine, Is Regulation Necessary? California Air Transportation and National Regulatory Policy, 74 YALE L. J. 1416 (1965); Levine, Revisionism Revised? Airline Deregulation and the Public Interest, 44 LAW & CONTEMP. PROBS. 179 (1981).

如，风险代理）还是可以为某些诉讼当事人提供律师和资源[1]，表面的平衡是存在的，对抗性诉讼程序有时候是可以发挥其作用的。虽然当前程序有必要进行修改，但对当前程序还是满意的。但这种方法的不足之处是，它未能解决备受非议的律师不良行为、纠纷的大量增多以及当事人对现行程序的不满。如果信仰正在失能，那么对旧秩序忠贞的人就犹如殉道者一般。

如果有人认为，在过去的半个世纪里新的信仰已经形成，另一种可能是接受新的案件审理顺序——在开庭前，用较低成本对案件进行批量解决。根据 Rehnquist 法官在退伍军人福利案件中的观点，一个人可以在“非正式”“非对抗”的背景下[2]，支持对众多当事人作出的裁决。在这样的体系中，政府和申请人被视为利益的统一体。对律师行为的规范、记录和裁判理由的说明（限制权力滥用）是不需要的。本世纪初少年法庭改革，某种程度是建立在这样的观点上，监狱和其他机构的改革亦是如此[3]。如果了解过类似改革，那么其实我们知道，对别人生活作决策的信仰是错误的[4]。然而，在没有正式诉讼程序限制时，人们对法官、其他政府官员和其他决策者能很好地履行自己职责的能力却更为乐观。支持管理型裁判和 ADR 的人都相信，非正式纠纷解决机制的权力可以被明智、有效地行使[5]。

正如这篇文章标题而言，我的感觉是，对法院裁判的信仰已经失能。我逐渐接受另一观点，这也是管理型裁判和 ADR 程序一直在奔走呼号的。

---

〔1〕 目前经常使用两种干预方式是直接补贴和收费转移。The Legal Services Corporation Act, 42 U. S. C. § § 2996a-2996k (1982), and the Criminal Justice Act, 18 U. S. C. § 3006A (1982), 是直接补贴的例子。关于一系列的联邦收费转移规则，参见 Marek v. Chesny, 105 S. Ct. 3012, 3035-3039 (1985) (Brennan, J., dissenting).

〔2〕 Walters v. National Ass' n of Radiation Survivors, 105 S. Ct. 3180, 3196 (1985).

〔3〕 ELLEN RYERSON, THE BEST – LAID PLANS: AMERICA' S JUVENILE COURT EXPERIMENT 35-56 (1978); ESTELLE FREEDMAN, THEM SISTERS' KEEPERS: WOMEN'S PRISON REFORM 109-125 (1981).

〔4〕 See, *e. g.*, W. GAYLIN, I. GLASSER, S. MARCUS & D. ROTHMAN, DOING GOOD: THE LIMITS OF BENEVOLENCE 105-124 (1976).

〔5〕 例如，在行政裁决中，司法干预促进了结果的迅速产生，这种形式抑制了行政裁决能发挥的积极作用。一些人将以行政手段处理纠纷的方法的出现与大陆法系联系起来。See, e. g., Langbein, *The German Advantage in Civil Procedure*, 52 U. CHi. L. REv. pp. 858-863. (1985); Alschuler, *Mediation with a Mugger: Concerningthe Shortage of Adjudicative services and the Need for a Two – Tier Trial System in Civil Cases*, HARv. L. REv. (forthcoming) pp. 44-57. 根据 Langbein 教授的说法，德国法官的训练和选择，以及对德诺的上诉审查的前景，都有很大的限制。尽管如此，Langbein 还是主张美国采用德国模式，尽管在这个体系中没有这样的限制。Langbein, *The German Advantage in Civil Procedure*, 52 U. CHi. L. REv. pp. 848-857 (1985).

同样的担忧使我对这两种纠纷解决方式表示赞同，但也发现了其所面临的困境。我也认同50年前制定的诉讼程序制度已经不能适应当今出现的许多问题，即在某些类型的纠纷中当事人间的严重失衡，不同案件类型中律师的能力不足和不良行为，以及声称在某些案件中难以说取得的结果可以无限接近“真相”。然而，在我看来，新替代方式似乎也有同样缺点。事实上，当我看待这些替代机制时，比如管理型裁判和大部分ADR程序，我发现他们对支持者称赞他们的担忧没有反应。

如果我们都认可在案件中都存在诉讼资源的失衡的问题（聘请律师代理收费很高，没钱聘请律师自己出庭的当事人缺乏专门知识；受关注的案件数量过多、难以作出裁判结果），那么，除了单纯地对该问题模糊处理外，我们应该怎样面对？在这种双方力量不平衡、参与律师不称职、结果的不确定性和司法强制等条件下达成的和解是否比在同样条件下达成的判决更好？“当事人同意”能比“裁判”解决更多的问题吗[1]？

尤其让我感到不安的是，这些替代方式赋予了裁决者更多权力，却没有充分解释他们权力扩大的正当性，我们确实该对纠纷解决的方式进行改善，并且我对任何特定程序都没有浪漫或怀旧的依恋。但我强烈赞同有需要对法官和其他裁决者、诉讼当事人和律师的行为进行规范，我对在回避这一问题的纠纷解决方式感到不安。裁判是远远不够完美的，裁判只是国家授权个人所作出的决定，被授权的法官对纠纷双方和公众负有一定责任。我们目前对裁判还是持尊重态度的，法官必须在公开范围内工作：对某些案件的审理必须在公众视野内运行，而大多数非公开审理的案件其判决应当公之于众[2]；当陪审团决策时，他们无须给出理由；社区司法官作

---

〔1〕 从这个意义上说，我并不像欧文·菲斯那样对判决实现当事人之间诉讼资源的平衡的能力感到乐观。See Fiss, Against Settlement, 93 YALE L. J. 1076-1078 (1984).

〔2〕 在刑事诉讼方面，公众已经获得旁听审判和类似程序的权利。*See* Waller v. Georgia, 104 S. Ct. 2210, 2216 (1984) (sixth amendment rights of accused); Richmond Newspapers, Inc. v. Virginia, 448 U. S. 555, 580 (1980)；公众参与民事诉讼和庭前活动的权利不太明确。*See* Seattle Times Co. v. Rhinehart, 104 S. CT. 2199, 2206-2207 (1984)（当事人没有“通过审前的证据开示获得传播信息的自由权利”）。In re Reporters' Committee for Freedom of the Press, 773 F. 2d 1325, 1338-1339 (D. C. Cir. 1985)（由于移动石油公司的雇员与华盛顿邮报之间的诉讼时“私人间的纠纷”，公众对其裁判结果的兴趣大减，公众对案件相关材料的知情权也受到限制）。But cf. In re San Juan Star Co., 662 F. 2d 108, 118 (1st Cir. 1980)（预示着《联邦民事诉讼规则》修正案第1条可能会保护公众对在案件中所开示证据的相关材料的知情权）。

为国家专设的机构，无须对裁决作出解释；当法官掌握国家司法权并作出裁判时，他需要作出明确的解释。在许多情况下，对一审不满的诉讼当事人可以上诉，司法判决也因此受到一系列保障当事人权利的规范的约束。然而，这些保障措施还未完善，糟糕的判决继续存在。法官们有很多隐形的权力，不过裁决模式提供了对一些限制自身的方式，即规定什么是可以可允许和禁止的裁判。“替代方式”权力的来源没有正当性，快速解决和表面上节省诉讼费用的特点并非完整的答案。

过去50年的教训是，不受限制的信仰是不可行的，我们需要通过构建处理纠纷体系来阐明我们希望实现的目标。因为我始终坚信诉讼程序是有尊严的[1]，并且我对无限制的政府和强大的律师及当事人缺乏应有的信心，我不愿意将构建诉讼程序框架的任务交给对盲目相信替代裁判的人或明显没有任何信念的人。

五、联邦立法

考虑到过去50年所受教训，我提出了更紧迫的任务，即在50年后的今天怎样进一步加深对《联邦民事诉讼规则》的理解。必须承认，对《联邦民事诉讼规则》的反思已经悄然开始，有些主张已经开始影响修法（例如管理型裁判和对律师的处罚）。但是，从整体而言，这并不意味着舍弃50年前的民事诉讼立法的全部（或大部分）；相反，《联邦民事诉讼规则》要考虑过去50年的发展情况。总而言之，我希望在我们庆祝《联邦民事诉讼规则》颁布50周年之际所有人都可以共鸣地发出赞美，我们并不知道什么事情会让我们的工作暂停。

对于现今诉讼程序中的问题，《联邦民事诉讼规则》需要重新规定以下几个方面的问题。首先，《联邦民事诉讼规则》得以适用于不同的实体案件的前提已经被证明是失灵的。我们必须面对的是，无论诉讼的形式多么复杂，我们需要确定什么样的案件对应得需要何种特殊种类的立法，并且对不同类型案件制定相应的法律。因此，类型化主义应运而生。

这种方法存在的风险必须在一开始就被指出。正如本次研讨会上的论

---

〔1〕 *See Resnik*, *Tiers*, 57 *S. CAL. L. REV* 845-859 (1984).

文所说明的那样[1]，投毒型侵权案件和其他特大案件等高度可视化的诉讼案件如今引起了关于联邦法院的众多讨论，而修法单纯应对在这些高度可视化的案件诉讼中产生的问题是容易的。结合立法建议委员会成员的背景以及曾对诉讼程序发表过看法的人的个人工作经验来看，所谓“普通案件”[2]，是指法院和当事人没有或几乎没有投入诉讼资源的案件，这类案件往往是会被人遗忘的[3]。重要的是，我们要记住，超过40%的国内案件没有经过法院的诉讼程序而结案[4]，50%的案件是在没有进行证据开示程序的情况下[5]被撤回或和解。在“大案子”中我们要遏制滥用职权、警惕当事人双方过度的对抗以及法官的消极审理，但我们必须谨慎不给所谓的“普通案件”施加不必要的负担。

让我列举两个例子。一些地区法院对律师在证据开示过程中的行为感到忧虑，因此如果律师需求请求法庭协助以获得证据开示权利，法院要求律师记录他们与对方律师协商的过程和努力[6]。在案件证据开示方面出现问题的情况下，这种记录是有意义的。另外，对所有案件而言，地方立法咨询合作是一个很好的建议。然而，前述的记录要求可能会增加证据开示的成本，以至于一个当事人在一个小问题上寻求法庭援助可能会受阻。同样，第16条规定要求法院在提起诉讼之日起120天内安排预审时间，这要求对于那些有一个可预见的预审阶段的案件有所作用。但是，超过40%的案件没有进入诉讼程序便结案，那么审前阶段所作准备便毫无作用。乍一看，第16条似乎承认并解决了这个问题：咨询委员会纪要授权了地方法院可以根据自身的规定免除部分案件按照预审时间表要求来进行。然而，该纪要表明，例外情况包括涉及人身保护令、财产没收和残疾人社会保障问

---

〔1〕 E. g. , Brazil, Special Masters in Complex Cases: Extending the Judiciary or Reshaping Adjudication? 53 U. CHL L. REV. 394 (1986); Schuck, *The Role ofthe Judge in Settling Complex Cases: The Agent Orange Example*, 53 U. CHI. L. REV. 337 (1986).

〔2〕 See Trubek et al. , *The Costs of Ordinary Litigation*, 31 UCLA L. Rv. pp. 83-84, 89-90 (1983).

〔3〕 See Subrin, The Law and the Rules, N. Y. Times, Nov. 10, 1979, at p. 23, col. 4.

〔4〕 1984 ADMINISTRATIVE OFFICE REPORT, ADMINISTRATIVE OFFICE OF THE UNITED STATES COURTS, ANNUAL REPORT OF THE DIRECTOR 286 (1984), at 280 (47%). 当然，其中有些是当代的“走后门”案例——当事人希望永远不会提起诉讼，并将申请作为一种机制来达成和解。

〔5〕 P. CONNOLLY, E. HOLLEMAN & M. KULMAN, UDICIAL CONTROLS AND THE CIVIL LITIGATIVE PROCESS: DISCOVERY 28 (1978), p. 28（根据在法庭上记录的证据开示请求）。

〔6〕 See, e. g. , CAL. LOCAL RULES CODE § §7. 15. 1-7. 15. 2, at 750 (West 1985) (C. D. Cal.).

题等案件，而这些案件均需要司法协助来解决对抗式诉讼当事人之间资源失衡问题[1]，因此第16条规定充分说明了经过深思熟虑对案件进行类型化的必要性，而不是对不同案件提出的问题表示敏感。

从程序上讲，跨实体法规则可以通过两种方式中的一种（通过个案中的法官或地区法院的特别决策，或通过制定综合性法规则）来实现类型化。我个人关于这个问题的看法可以说是众所周知的，我对单独的法官在个案基础上立法的能力深表怀疑[2]。联邦法官反复表示需要他们处理的案件数量巨大，我不认为他们能够履行他们的裁判任务的同时，仍有充足时间来确定哪种模式的程序最适合于每种不同类型的案件[3]。另外，我对这种特别的裁判组织的正当性持有很大程度的保留意见。对一类特定案件设定特定的程序，可能会把法官牵涉进一件既具管理性质又具对抗性质的事件当中，这样会削弱法官的裁判能力，但这是必要的吗[4]？因此，我建议联邦法官积极参与审查立法，而不是针对每个案件进行具体的程序设定[5]。

其次，《联邦民事诉讼规则》必须处理好律师在法庭中的行为规范问题。我们不能只对律师不良行为进行道德上的谴责，在对程序性立法的可行性进行设想时却忽视律师在庭上的行为。由纽约东区首席杰克·温斯坦法官（Jack Weinstein）牵头的组织起草了“律师行为标准”，尝试将其纳入法庭规则，他最近采取了一套由律师团体起草的标准规则，该规则为恰当的法庭证据开示程序作出了详细的解释[6]。《联邦民事诉讼规则》必须详细规定律

---

〔1〕 FED. R. Civ. P. 16（b），1983 Advisory Committee Note.

〔2〕 See Resnik，“Managerial Judges”，96 HARV. L. REV. 417-431（1982）.

〔3〕 根据纽约南区联邦地区法院的 Gerald L. Goettel 的说法，法院的法官最多只能花半小时的时间来处理案件的审前程序。Letter from Hon. Gerald L. Goettel（May 13，1986）（on file with The University of Chicago Law Review）.

〔4〕 在对这一问题的处理上，一些联邦地区设有地方立法：在没有征得当事人同意的情况下，参加审判的法官不得参与和解谈判。See，e. g.，CAL. CIVIL RULES CODE 句子，破折号后也是一个完整的句子）（N. D. Cal.）. 加州北部地区的首席法官建议将和解谈判提交给不同的法官或地方法官。See Peckham，“A Judicial Response to the Cost of Litigation：Case Management，Two-Stage Discovery Planning and Alternative Dispute Resolution”，37 RUTGERS L. REV. 264 & n. 93（1985）；see also Schuck，“The Role ofthe Judge in Settling Complex Cases：The Agent Orange Example”，53 U. CHI. L. REV. 364（1986）（也谈到这个观点）。

〔5〕 当然，立法的适用涉及司法自由裁量权，司法机关针对特定案例的需求而作出部分调整是不可避免的，也是适当的，必须避免的是不受限制的自由裁量权。

〔6〕 See U. S. District Court for the Eastern District of New York，Standing Orders of the Court on Effective Discovery in Civil Cases，1984，in 2 LOCAL COURT RULES.

师在庭上什么样的行为是被允许的，以及什么样的行为应该受到惩罚[1]。

最后，《联邦民事诉讼规则》应该对当事人和解作出规定，特别是关于法官在和解中的角色？有人可能会认为，提议制定有关和解的立法不会很奇怪吗？毕竟，和解是双方当事人在没有裁判的情况下对双方之间的纠纷解决达成一致的一项协议，而若对此立法意味着需要对法官某些裁判职能进行规范。但是，无论是当下的《联邦民事诉讼规则》和司法实践都允许法官参与到和解程序中的两个阶段：当事人之间的协商和解和批准和解。首先出现的是批准和解。1938年《联邦民事诉讼规则》规定在未经法庭批准的情况下，集体诉讼不得撤回或和解。1983年的修正案则赋予了法官得参与和解方面的权力。现今的《联邦民事诉讼规则》第16条规定和解和"非正式纠纷解决机制的使用"属于在庭前会议中需要双方当事人发表意见的议题[2]，该修正案确认了许多法官已经在和解中发挥的作用。此外，过去几年关于扩大第68条适用范围的讨论，本质上是关于法官在推动当事人和解方面拥有多大权力的讨论。对第68条修订的建议之一，是给法官在和解中增加第三个任务，即惩罚"不合理"拒绝和解的当事人[3]。在当事人和解的问题上修订规则是必要的，但是无须以司法权力的扩张为代价来，问题更多的是出现在当前的《联邦民事诉讼规则》。正如橙剂事件那样，法官们如今参与到当事人为达成和解的协商中，然后却以居中裁判的方式批准该"公平"的协议[4]最后，伴随着当事人对和解兴趣的激增，一众联邦法律促成为当事人成功解决纠纷。起诉备受鼓励，而裁判则不然。

在询问当事人是否和解、指导当事人参与ADR程序以及在批准双方当事人和解达成的和解协议时，法官应该做些什么？要求当事人和解协商的法官，是否是在实施着一个具有社会影响性的决定，不再向希望得到法院裁决并拥有充分诉讼资源和精力的社会大众提供"裁判"的机会呢？司法促进和解的信号是否表明了司法机关的一种全方位的倾向，即无论何时何

---

[1] 我毫不低估起草组织处理这个问题时面临的困难。杰克·温斯坦法官牵头制定的立法存在实施上的困难，其中一个主要问题是（在大型律师事务所和政府中）律师人员在诉讼过程中更换频繁（来自于与Margaret Berger教授、首席研究员在布鲁克林法学院关于"法庭证据开示程序研讨项目"上的对话）。

[2] FED. R. CIV. P. 16 (c).

[3] See Marek v. Chesny, 105 S. Ct. 3012, 3033-3034 & nn. 56-58 (Brennan, J., dissenting).

[4] See, e. g., In re "Agent Orange" Product Liability Litigation, 611 F. Supp. 1396, 1410 (E. D. N. Y. 1985)（和解应该是"公平、合理和充分的"）。

地，只要有可能，那么和解优先于裁判？但是和解在所有案件中优先于裁判是否不太合适呢[1]？

我们不仅要考虑和解的合法性，还要更多地考虑司法在和解程序中权力来源和范围等内容。在理论层面上，联邦法官在和解的问题上的职权范围是模糊的。联邦最高法院三名法官指出，“一旦当事人同意撤诉或和解，就不会存在‘案件或争议’，法官也因此缺乏确认任何特定的协议的权力。”[2] 根据这一观点，赋予法官干预当事人和解协议的权力的立法是违宪的，法官不能为保护当事人或公众而介入当事人和解。对此，多数法院如今采取的较为宽松的态度。在认定法官有权“批准或拒绝由当事人协商的和解协议”的同时，联邦最高法院坚持认为法官无权“要求当事人接受他们未达成协议的和解协议”[3]，即法官并不在当事人进行和解协商（而不是命令）过程中发挥作用，双方当事人要么等待法院对“案件”进行裁判，或者由双方作出私下妥协以避免裁判。

《联邦刑事诉讼规则》和《联邦民事诉讼规则》关于法官在当事人和解中的职权的规定模棱两可。依据《联邦刑事诉讼规则》，虽然检控官和被告人之间可以对一个特定的罪名进行协商谈判（法官可以接受或者拒绝控辩双方的协商结果），但该法清楚禁止联邦法官“参与当事人之间关于和解的任何协商讨论”[4]。与此相反的是，《联邦民事诉讼规则》允许法官在庭前会议上讨论和解事宜[5]，两部法律都授予法官不予批准某些和解协议的权力，即在刑事案件中，未经法院批准，控方不得撤回起诉。但

---

〔1〕 建议修订第68条的草案包括建议，其制裁不适用于涉及集体诉讼或寻求禁令救济的案件。*ProposedCourt Rules*, 102 *F. R. D.* 407, 432-444（1984）. 反对这项提案的人，包括我自己在内，都认为豁免声明太过狭隘。在我们看来，对于那些连国会都制定了法律鼓励来起诉的案件，对坚持对审判的制裁是不合理的。USC Law Professors' Testimony, Bone, Brennan, Chemerinsky, Curtis, Genego, Ragsdale & Resnik, Comments on Proposals to Amend the Federal Rules of Civil Procedure, Submitted to the Advisory Committee to the Standing Committee of the Judicial Conference on Rules of Practice and Procedure in the United States Courts (1985), at 7-8; see also Fiss, "Against Settlement", 93 YALE L. J. 1085-1090（1984）（尤其反对在某些案件中适用和解程序，也反对所谓的“两轨制”，即在某些案件中适用和解程序，某些案件中则由法官作出判决）。

〔2〕 Maryland v. United States, 460 U. S. 1001, 1004-1006（1983）(Rehnquist, J., joined by Burger, C. J., and White, J., dissenting).

〔3〕 Evans v. Jeff D., 106 S. Ct. 1531, 1537（1986）.

〔4〕 FED. R. CraM. P. 11（e）（2）.

〔5〕 FED. R. CIV. P. 16（a）（5）.

是，在法庭准许控方撤诉时（尽管是不应准许撤诉的），该法律便对此保持沉默[1]。辩诉交易也不是最终的结果，因为其缺少法庭询问被告是否对现有的可能选择已经理解[2]。在民事案件中，在未经法院批准的情况下，集体诉讼和破产保护不得撤回或和解，但同样对于法庭同意的情况不会进行司法审查[3]。在刑事案件和集体诉讼中，法院决定是否批准和解的理由是一样的：司法机关的作用是保护第三方（在刑事犯罪中，那就是公共利益；在集体诉讼中，那就是未出席诉讼的成员）免受不忠实代表作出决定而遭受损害[4]。换句话说，我们明确对"当事人同意"在判决中的充分性表示怀疑。然而，我们并不清楚如何消除我们的疑虑：（在当事人和解的场景，）法官缺乏裁判权，难以评估当事人所达成的和解协议的结果是否公平性。此外，强制个人提起诉讼是有问题的，地方法院非常罕见地拒绝检察官提出的驳回起诉的申请，证明确实存在困境[5]。最后，除了刑事案件、集体诉讼和破产保护以及法律规定的一些特殊的案件[6]，《联邦民事诉讼规则》没有正式赋予法官批准和解协议中有效与否的权力，在大多数民事诉讼中，当事人的和解协议不受审查[7]。

不仅和解协议的批准上司法权力的潜在缺失令人担忧，许多人担心法官在当事人和解协商的过程中可能拥有太多的权力。司法和解活动记录显示出法官在参与当事人和解协商过程中时所施加的一丝丝微妙的压力[8]。

---

〔1〕 对这些决定的司法监督实际上是微乎其微的。See United States v. Cowan, 524 F. 2d 504, 514-515 (5th Cir. 1975), cert. denied, 425 U. S. 971 (1976).

〔2〕 FED. R CRIM. P. 11 (c).

〔3〕 FED. R Civ. P. 23 (e), 66.

〔4〕 此外，在刑事案件中，法院的监督是为了保护被告人不受专业水平不够的律师或检察官的过分干预的影响，并保护被定罪的人免受间接攻击。

〔5〕 E. g., United States v. Cowan, 524 F. 2d 504, 512 (5th Cir. 1975)（"司法审查的内容很少，比行政长官行使自由裁量权决定何时和是否提起刑事诉讼时考量的因素更少"）[quoting Newman v. United States, 382 F. 2d 479, 480 (D. C. Cir. 1967)]。

〔6〕 See, e. g., Tunney Act, 15 U. S. C. 382 F. 2d 479, 480)（对于政府发起的反垄断诉讼，不能在未经法院调查该和解是否"符合公众利益"的情况下，控辩双方自行和解）。

〔7〕 See FED. R. Civ. P. 41（由双方自愿撤回）。

〔8〕 See, e. g., MANUAL FOR COMPLEX IMGATION, SECOND § 23. 11 (1985)（警告法官不允许他们参与和解谈判而导致破坏司法公正的形象）; see also Kothe v. Smith, 771 F. 2d 667, 670 (2d Cir. 1985)（该判决认为即便当事人拒绝以法官所提议的金额达成和解协议时，法官不得对此施以处罚）; D. PROVINE, SETTLEMENT STRATEGIES FOR FEDERALDISTRICT JUDGES (1986), at 30-35.

一些司法“建议”被认为是一种含蓄的批判，即诉讼当事人坚持要求裁判的行为是不恰当的。我们再次认识到，当事人“同意”由法院裁判本身并不能作为合理裁判、实现公平或当事人满意的充分保证。

《联邦民事诉讼规则》应怎么规定当事人和解的问题呢？理论上对权力滥用主义的犹豫和担心，是否会导致法官在纠纷解决过程中只能对案件进行裁判，而不能参与裁判以外的其他纠纷解决方式呢？是不是我们对当事人之间的诉讼资源是否平等的问题和律师不当行为问题的敏感，以致我们认为在所有情况下（尤其是集体诉讼和刑事诉讼中）法官都是当事人和公众利益的保护者，进而授权法官在批准或不批准和解协议中发挥积极作用？如果我们采用这种方法，在不进行某种程度上的事实调查的情况下，法官如何判定一个既定协议的合法性？在警惕过多的二次司法预测以及过多的裁判的同时，这一问题在集体诉讼案件中备受关注，因为法院已经（就如何审查和解协议）发展出一些判断标准（一方提出的和解方案的价值所在、成功达成妥协的可能性、双方当事人的妥协）[1]。在刑事案件中，法官们已经注意到在当事人和解时的角色转换，以及意识到拒绝批准撤诉存在本质上的困难，但却对批准辩诉交易标准有一个更清晰的认识[2]。简而言之，制定和解的标准是困难的[3]，因为如果没有裁判，法官怎能指导哪些结果是合适的，哪些和解协议是公平的，或者应该赔偿多少损害赔偿金？我们能否能够在和解与裁判之间建立某种程序，并为法官界定一个适当的范围？又或者说法官参与裁判以外的其他程序，是否会削弱审判的合法性并降低和解的作用[4]？

在某种程度上，替代性纠纷解决方式可以避免这些困难。与其让法官

---

〔1〕 See, e. g., MANUAL FOR COMPLEX LITGATION, SECOND §30.41 (1985) Armstrong v. Board of School Directors, 616 F. 2d 305 (7th Cir. 1980). See also several of the cases constituting In re " Agent Orange" Product Liability Litigation: 611 F. Supp. 1296 (E. D. N. Y. 1985); 611 F. Supp. 1396 (E. D. N. Y. 1985); 611 F. Supp. 1452 (E. D. N. Y. 1985); 618 F. Supp. 623 (E. D. N. Y. 1985).

〔2〕 是否批准辩诉交易不是没有问题了。See North Carolina v. Alford, 400 U. S. 25, 31-39 (1970)（接受被告承认有罪的决定，尽管他坚称自己无罪）。

〔3〕 See generally Luban, “Bargaining and Compromise: Recent Work on Negotiation and Informal Justice”, 14 PmL. & PuB. AFF. 397 (1985)（不管是否有第三方介入，问题依然存在）。

〔4〕 关于司法介入如何降低裁判的正当性讨论，see Sarokin, “Justice Rushed is Justice Ruined”, 38 RUTGERS L. REV.

在没有裁判的情况下提出解决方案，不如使用“替代方案”，即地方法院法官、破产管理人、简易陪审团审判、小额诉讼、法院附属仲裁。但根据反馈，法官参与和解中的一些相关问题也出现在了ADR程序中。如果没有对案件进行审理审理，法官缺乏足够的信息来判断和解协议是否合理，那么我们为什么要假设“替代纠纷解决”能做得更好呢？若不尽职的裁判者基于当事人同意或强制加入到ADR程序中来，那么ADR程序又如何限制这种情况下的权力滥用行为呢？

答案可能是，它取决于所采用的ADR形式。在学术论文和其他地方随处可见一种趋势，即将所有的ADR程序都集中起来，但也许是时候要逐渐将它们进行区分开来。例如，一个简易陪审团程序的庭审会安排公民听取与案件相关的简短陈述，然后向当事人告知陪审员对各方权利和义务的看法。该案在形式上是“经过公开审判的”，但陪审团的意见不具约束力的。相比之下，法院的调解员通常在私下工作，穿梭于各方当事人之间说服当事人进行和解。因为，如前文所述，我相信审判对公众仅存的一个吸引力就在于它的“公开”[1]——通过公开审理对公众进行教育、培养责任意识。我对调解员的担忧比我对简易陪审团审判的担心得要多（管理型裁判工作的非公开性也因类似的原因而使我感到忧心）。如果我们在受公共财政支持的纠纷解决程序中雇佣调解员，我们怎么知道他们在做什么？我们是否应该清楚他们工作的规范或他们试图解决纠纷时传达的观念[2]？他们是否会以胁迫的方式进行调解呢？

关于制定和解的法律（无论是是由联邦法院法官或者由地方法院法官制定）说到底是一个信仰问题。对“简易程序”（如非正式和解会议和简易陪审团裁判）的称颂隐含这样的设想，即由裁判而产生的信息量并非是必要的，因为较少的信息、更简便的程序、较少的限制也可以产生良性的纠纷解决结果。支持裁判的观点的相信，纠纷往往是复杂而微妙的，而正式的权力以及与该权利相关的一切必须受到约束。在我们制定和解的法律之前，我们需要选择这些观点中的其中之一，或者将那些使我们观点不一的案件找出来。我们需要进一步确定我们是否应该维护法官的专业性以及

---

〔1〕 See Resnik, The Public Dimension (forthcoming).

〔2〕 对德国调解员使用的规范进行评估，see Plett, Mediation and Settlement of Building Construction Disputes: The Case of the “Bau－Schlichtungsstelle” in Frankfurt, West Germany 32-36 (Mar. 1986)。

将法官的权力限制在对案件的审理裁判的范围内[1]，或者是否应该给他们分配额外的参与和解的任务。如果法律赋予法官们在当事人和解中强大的权力，法律就必须决定是否将该权力限制在和解之中而不对裁判产生影响，以及如何为司法机关在当事人和解中行使权力寻求正当性依据。依赖一些与裁判相关的程序如裁决可视化、法庭记录、公众监督和参与和上诉审，都是限制司法权力的一种方式，但是如果我们把所有这些程序加入司法和解或 ADR 机制中，除了重蹈覆辙以外[2]，又有什么区别？和解的问题引发了法院职权范围的根本性问题。人们很容易忽视这些问题，忽视概念的混淆，并在逃避这些问题的情况下修改法律。但这个问题必须得到解决，至于由谁来完成，它不应该仅由咨询委员会单独负责。

这些建议并不能解决所有问题。例如，应该如何理解“案件”的扩展定义，才能允许诸如橙剂事件被纳入法院审理的案件范围？当案件、当事人数量变得越来越多时，通过裁判或和解来提供可接受的结果的功能就会变弱。法官、陪审团、ADR 专家如何消化审议裁决所需的大量信息？在这个时候，我们是否应该抛弃我们的传统方法并且勇于创新？关于橙剂事件的众多观点对创新纠纷解决方式表示欢迎[3]。但是，考虑到先例，法官应当如何对和解进行协商并且保证它的公正性呢？我们是否可以在某些特殊案件中找到一种处理的模式，比如以橙剂事件为标志性特殊事件，但是在别的案件不可以采用该种方式？或者，法官们是否会对这种创新感兴趣？还是会满足于为他们大部分案件提供普通的（有时是乏味而又缺少有吸引力的）判决吗？在实践中，这些创新是否会找到它们的出路？

五、结论

当我们沉浸在《联邦民事诉讼规则》这个伟大的成就之中时，我们也必须对 50 年前的立法保持谨慎和批判态度。我们必须明白，对于那些难以直接表达的讨论，通常会以关于程序的讨论作为载体。关于“侵权责任改革”

---

〔1〕 See Resnik, “Managerial Judges, 96 HARV. L. REv. 430-445, (1982)”.

〔2〕 See generally Note, “The Dilemma of Regulating Mediation”, 22 Hous. L. REV. 841 (1985).

〔3〕 See Blumenthal, “How U. S. Judge Helped Shape Agent Orange Pact”, *N. Y. Times*, May 11, 1984, § 1 at 1, p. 2（有律师曾说：“这是温斯坦法官的最佳时刻。”）。

的建议（包括赔偿责任限额方面），来自那些要支付损害赔偿金的人以及无利益关系的社会科学家，他们关心侵权责任规定的影响和信赖侵权诉讼对风险扩张和威慑所能起到的作用[1]。希望废除上诉权利的建议不仅来自那些希望降低诉讼成本的人，也来自那些希望给予一审法官更大权力的人，以及那些希望限制公民个人挑战司法不当行为的人。简而言之，如今抱怨法院过度使用裁判程序的某些言论，对个人权利保护的过分强调，已经过度地掩盖了司法权在如今社会中的重要作用。在当前对诉讼程序创新的关注中，我们必须给出一些建议以限制司法权力，而这些建议是为了提升司法运作效率的。

最近，著名的法学家（包括联邦最高法院的成员）反复提到诉讼程序和律师都是在糟糕地衰落。这些法官给予那些对联邦权力具有敌意的人一种强有力的回应——抱怨要处理的案件数量太多，以及抱怨律师和诉讼当事人。对此，我一点也不觉得惊讶。从司法机关的角度来看，一定会有没完没了的案件，有当事人、问题和律师的细小过失，对"简单、非对抗"的渴望是可以理解的。法官没有休息的时间，没有公休日，也没有高薪。法官们希望远离所有案件，要求更高起诉费用，更少上诉，更少参与庭审对抗，以及不用再裁判，这些都是不可思议的。我强烈呼吁我们抵制将司法疲惫转化为使损害裁判公信力的规则或实践的做法，但不能以不受约束的裁判程序来取代它。

我粗略地叙述了《联邦民事诉讼规则》过去50年历史，也许是我的阐述过于简单，相反的例子比比皆是，而相反的趋势也是可以被预测的，现实状况远比这篇文章所表达的要复杂得多。我们必须探索20世纪30年代与今天的价值选择，以确定什么样的诉讼程序可以为那些寻求司法关注的人提供帮助。当我们考虑修订《联邦民事诉讼规则》时，应当设法保护他们的权利，包括随时向司法机关起诉的权利。

（初审：巢志雄）

---

〔1〕 里根政府在产品责任、政府承包人责任和联邦侵权责任等领域提出了联邦"改革"立法，所有这些都旨在限制责任。Product Liability Reform Act of 1986 (on file with The University of Chicago Law Review); Government Contractor Liability Reform Act of 1986, S. 2441, 99thCong., 2d Sess., 132 CONG. REC. S5814-15 (1986); Federal Tort Claims Reform Act of 1986, S. 2440, 99th Cong., 2d Sess., 132 CONG. Rc. S5812-13 (1986). 其中两项提案还宣布，它将成为美国"鼓励"替代纠纷解决机制的"政策"。Product Liability Reform Act of 1986, §11; Government Contractor Liability Reform Act of 1986, § 11。

评　论

Comments

认罪认罚从宽程序流程简化：传统模式 v. 新路径

李利　陈诗慧*

【提　要】　认罪认罚从宽制度包括“实体从宽”和“程序从简”两个方面，本文聚焦于认罪认罚从宽程序的简化。具体而言，本文建议了两种路径来简化完善认罪认罚从宽程序，包括在审查起诉阶段设立案件分流点，以强调不起诉制度的配套功能来建立案件分流机制，后沿用“公—检—法”三阶段标准诉讼模式的传统模式，以及突破“公—检—法”三阶段的传统标准流程而采用诉讼阶段的“跳跃”、“重叠”或者“省略”的更加简化、更有效率的新路径。两种路径都可能存在制度风险。传统模式的风险在于认罪认罚的自愿性及不起诉的合法合理性，相应的防范策略为设计“自愿性审查程序”、加强检察院的权力监督以及保证律师帮助。对比传统模式，新路径的开辟更为大胆，学界对其公正性甚为担忧。其风险防范策略为严格确定和控制新路径的适用范围、重视法庭审理以及保障认罪认罚的自愿性。

【关键词】　认罪认罚从宽程序　案件分流机制　传统模式　新路径　风险防范

一、问题的提出

认罪认罚从宽制度虽然是近年来才提出的概念，但是它并非是一种新

---

* 第一作者李利，女，中山大学法学院讲师，中山大学法学学士、香港大学法学博士，研究领域为刑事诉讼法、司法制度、宪法，Email：lili96@mail.sysu.edu.cn。通讯作者陈诗慧，女，中山大学法学院硕士研究生，中山大学法学学士，研究领域为刑事诉讼法，Email：chenshh27@mail2.sysu.edu.cn。

此文写作于2018年《中华人民共和国刑事诉讼法》修改之前，是对刑事诉讼法修改的立法建议。

的制度。它与我国一贯的“坦白从宽，抗拒从严”的刑事政策一脉相承，与刑事实体法中的自首、坦白的规定相互依承，与简易程序、刑事和解程序、刑事速裁程序并行不悖。因此，认罪认罚从宽制度是一个综合性的制度，它应该适用于大部分的刑事案件[1]；它同时应该贯穿于整个刑事诉讼过程，包括侦查、审查起诉、审判的各个阶段，比如说在侦查阶段自首的，或是坦白且认罪态度良好的，可以考虑从宽处理，变更强制措施等；它也应该适用于各类的审理程序，比如在普通程序、简易程序、刑事速裁程序。

认罪认罚从宽程序包括“程序从简”和“实体从宽”两方面内容。本文集中讨论未来修法时如何实现“程序从简”，以及应该如何厘清认罪认罚从宽程序与各种程序之间的关系，并加以完善。那么“程序从简”这一内涵如何通过法定的程序制度化？如何厘清认罪认罚从宽程序与现行各程序之间的关系？刑事案件的案件分流机制分流节点如何确立？认罪认罚从宽制度的程序应当如何构建才能最终实现程序简化和使被追诉人切实享有程序利益的双重效果？笔者通过对以上问题的深入剖析，探讨完善认罪认罚从宽程序的对策，提出修改法律的建议。

关于如何完善认罪认罚从宽程序，学界也进行了一些研究。例如，对认罪认罚从宽程序的适用范围如何，从宽幅度如何，是否要引入辩诉交易制度等方面进行了深入的探讨。但对于程序本身如何构建，大部分的学者只进行了抽象模糊的描述，或是仍然停留在了坚持程序必须经过“侦查、审查起诉、审判”三诉讼阶段的传统诉讼程序构建模式，且在坚持三诉讼阶段的传统模式下，仅探讨法庭审理时间的缩短简略。陈光中教授认为，认罪认罚从宽程序简化应当合理、合法、有效，要设置权利告知程序、听取辩护人及值班律师的意见等[2]。魏晓娜教授认为，完善认罪认罚从宽程序不能脱离我国现有的程序环境，要建立审前分流机制，同时引入协商程序来实现程序繁简的进一步分化[3]。陈瑞华教授提出了对“流水作业”式的诉讼构造进行突破的改革思路，进而提出可以进行侦查、审查起诉、

---

〔1〕 认罪认罚从宽制度适用范围要排除手段极其残忍，影响特别巨大等案件。

〔2〕 参见陈光中《认罪认罚从宽制度实施问题研究》，《法律适用》2016年第11期，第9—13页。

〔3〕 参见魏晓娜《完善认罪认罚从宽制度：中国语境下的关键词展开》，《法学研究》2016年第4期，第79—98页。

审判程序的合并和重叠的设想。但是，陈瑞华教授的论证失于过分简略，没有具体对比论述传统模式与新思路的构建路径，亦没有确定简化后的认罪认罚从宽程序具体的适用范围和进行风险论证。本文创新性地给认罪认罚从宽程序提供了两种具体的简化完善的模式路径，划定了不同路径适用的案件范围。本文进行的具体路径构建不但易于司法实践的掌控，利于认罪认罚从宽程序在实践中的顺利推行，还能发挥出该制度的应有功能，兼顾司法公平与效率。

二、传统模式 v. 新路径

（一）认罪认罚从宽程序与现有各程序间的关系

认罪认罚从宽程序可以适用于现有各种类型的诉讼程序，包括普通程序，简易程序以及速裁程序。简易程序在2012年修改中改动较大，在修法之前简易程序主要适用于轻微案件，修法之后适用于证据简明的案件。简易程序是贯彻落实刑事案件“繁简分流”理念而诞生的刑事普通程序的一种简化形式。它是在基层人民法院审理某些事实清楚，证据简明且较为轻微的刑事案件时所适用的较普通程序更为简化的程序。简易程序可以实行独任制，审理程序较为灵活，其适用条件包括被告人承认所犯罪行以及同意适用简易程序。速裁程序开始试点的时间则更为晚些，根据2014年《关于在部分地区开展刑事速裁程序试点工作的办法》，刑事速裁程序适用于依法可能判处一年以下有期徒刑、管制、拘役，或单处罚金的轻微刑事案件。适用速裁程序同样需要被告人承认犯罪事实及其同意适用该程序。

而认罪认罚从宽程序与上述程序类似，是一个独立的、与以上两种程序并行不悖的程序机制。也就是说，认罪认罚从宽程序并非仅仅适用于简易程序或者速裁程序，也适用于普通程序。认罪认罚从宽程序具有独立性。在适用案件范围上，认罪认罚从宽程序应该可以适用于大部分的刑事案件（除手段极其残忍，影响特别巨大等案件外）。只要被追诉人认罪认罚，原则上都应该给予宽大的处理。

认罪认罚从宽程序与简易程序和速裁程序的相同点在于，三者都需要被追诉人承认犯罪事实且同意适用相应程序。并且，三种程序想要达到的效果是相似的，都是为了完善刑事诉讼程序，实现案件的“繁简分流”，提高司法效率，促进司法资源的合理配置，产生良好的社会效果。当然，三者的不同点也是非常明显的。认罪认罚从宽程序的适用范围应当更加宽泛，该程序并非仅限于法庭审理，而是着眼于整个诉讼阶段。同时，简易程序、速裁程序和普通程序三者之间是相斥的，而认罪认罚从宽程序与三者应该是并行关系。

（二）传统模式：认罪认罚从宽程序的案件分流点的确定

为了实现"程序从简"的目标，前置繁简分流节点对诉讼效率的提高，节省诉讼资源，简化诉讼程序具有重要意义。认罪认罚从宽制度推广实施之后，所有的刑事案件都应该可以分为认罪认罚的刑事案件和非认罪认罚的刑事案件。理论上，无论在侦查、审查起诉还是审判阶段，一旦被追诉人认罪认罚，即可将此类案件归类为认罪认罚的刑事案件。但是这样宽泛的分流节点显得过于灵活不切实际，在司法实践中会因为缺乏操作性而被搁置，无法真正起到想要的制度效果。

基于以上考虑，笔者认为今后的修法应将审查起诉阶段确立为认罪认罚从宽程序的案件分流点较为适合。因为在审查起诉阶段，一方面，案件的侦查已经结束，案件已经达到事实清楚，证据确实充分的侦查终结的标准。案件在此节点分流不会影响侦查工作的进行，不会对侦查的公正性和严谨性产生影响，减少"顶包替罪"情况的发生，也不会对案件的证明标准产生实质性的不利影响。另一方面，案件还没有进入法庭审理阶段，在审查起诉阶段的分流有利于对后续审理程序进行适当的选择和做进一步的简化分流处理。当然，这并不是说被追诉人不可以在审查起诉阶段前后认罪认罚争取从宽处理。在侦查阶段，犯罪嫌疑人自首或者坦白，公安机关亦可将其归于认罪认罚从宽案件，可以决定对犯罪嫌疑人变更或者解除强制措施（比如，轻微刑事案件犯罪嫌疑人侦查阶段认罪认罚可以不羁押，强制措施可变更为取保候审，以增加程序的吸引力和使用率）。只是要到达程序分流时间点才会对是否起诉和后续审理程序产生影响。进入审理程序后法庭审理终结前被告人同样应当可以认罪认罚，此时法院同样可以考虑从宽判决，只不过此时程序就不再倒流回案件分流点或重新选择程序了。但是，如果被告人在法庭审理阶段程序终结前反悔，不再认罪认罚，那么程序理应倒流回分流点，且被告人在认罪认罚从宽程序所作认罪等不利供述不可以作为证据使用。

既然确定案件分流时间点在审查起诉阶段颇为合适，那么案件的分流机制该如何构建呢？笔者认为，应当强调不起诉制度的配套功能。

首先，目前我国的刑事诉讼制度中有附条件不起诉制度，附条件不起诉的权力在检察机关手中。附条件不起诉是指检察机关对于涉嫌人身财产犯罪依法应当判处一年有期徒刑以下刑罚的未成年犯罪嫌疑人，认为可以不立即追究刑事责任，而给其设立一定考察期，赋予其一定的义务，如果其在考察期内遵守规定，积极履行相关义务，足以证实其悔罪表现的，检察机关将依法作出不起诉决定。这原本可以是一个将刑事案件繁简分流、减少法庭案件总量、提高司法效率的很有价值的制度，然而由于它各方面的制度缺陷不但降低了该制度的适用率且很大程度上限制了其功能的发挥。因此，应当完善附条件不起诉制度，强调其配套功能，促进认罪认罚从宽制度功能的发挥。

第一，应当扩大附条件不起诉制度的适用范围，从仅适用于未成年人犯罪案件扩大到成年人案件，并保有其他适用条件不变。这样既有利于充分发挥此制度的原应有的社会效用，同时也不至于过分扩张，给认罪认罚从宽程序提供案件分流机制。第二，附条件不起诉制度所附条件也应当尽量合理，体现惩罚和对社会关系修复的双重功能。体现惩罚功能的措施可以包括缴纳一定数量的罚金，为社区或者公共设施提供一定的服务，遵守一定的要求等；体现对社会关系的修复功能的措施可以包括真心悔罪，对被害人的赔礼道歉，向被害人支付一定数量的赔偿金等。一旦犯罪嫌疑人违反所附条件，检察机关视其严重程度予以警告，延长其考察期或者直接决定起诉。第三，现行的附条件不起诉制度把对被不起诉人的监督考察机构定为检察院，附条件不起诉的适用范围一旦扩大后，可适用案件增多，检察机关会不堪重负。此外，监督考察职责也超出了检察院应有的职能，造成检察机关非检控职能的扩张，影响其检控功能的实现。因此，应当将对被不起诉人的监督考察统一交给社区矫正机构，避免检察机构在决定适用附条件不起诉时过多的顾虑，同时使决策机构和监督机构分开，增强附条件不起诉制度适用的公正性及透明性。

其次，还应将酌定不起诉制度与认罪认罚从宽制度配套使用。酌定不起诉是指检察院虽认为犯罪嫌疑人的行为已经构成犯罪，但是由于犯罪情节轻微，依照刑法规定不需要判处刑罚或免除刑罚的，人民检察院可以作出不起诉决定，程序到此终结。将酌定不起诉也纳入认罪认罚从宽程序当中，能更好地体现“程序从宽”的制度内涵，保持整个认罪认罚从宽程序的完整性。即刑事侦查结束后，人民检察院发现符合酌定不起诉的案件范围和条件，犯罪行为情节轻微，社会危害性较小，犯罪嫌疑人又认罪认罚的，可以决定酌定不起诉，至此，程序终结。虽然酌定不起诉可以从宽的幅度小，只在认定犯罪嫌疑人的社会危害性较小时可以适用，但是将其纳入认罪认罚从宽的制度中来确能更好地保持制度的整体性。

以上就是认罪认罚从宽程序传统模式的完善措施与方法，从侦查结束，到案件分流点由检察院决定起诉与否，再到沿用简易程序或者速裁程序进行法庭审理阶段的简化，整个流程没有突破公检法三阶段的诉讼模式，也没有省略公检法三阶段内部的层层审查，既达到一定程度的案件分流、提高诉讼效率的效果，也没有理论上的障碍，保证了案件的公正审理。

最后，对于一些更为轻微的、可能判处缓刑，或者单处罚金刑事案件来说，例如，近期热议的公共交通猥亵案件，认罪认罚从宽制度的传统模式改造仍是过分冗长，没有达到程序简化的最优效果。数据显示，2012年，全国法院判处三年有期徒刑以下刑罚的人数占生效判决人数的76.65%；2013年占80.61%；2014年占82.73%[1]。而全国被判处缓刑、拘役以下刑罚的人数占比在2012为42.96%，2013年为45.66%，2014年为46.38%[2]。根据这些数据我们可以看到，被判处三年有期徒刑以下刑罚的人数占了总案件数的八成，且仍在逐年上升的地步；而被判处缓刑、拘役以下刑罚的非常轻微的刑事案件数量占到总案件数的几乎一半。对于这些较为轻微的刑事案件而言，按照认罪认罚从宽程序的传统模式来进行案件审判仍然十分繁琐，传统模式无法给这些案件的当事人实际的程序利益，无法达到程序简化的最优效果。因此，新路径的开辟就变得非常重要了。

---

〔1〕 参见刘洪庆、魏婧《全国法院判处三年有期徒刑及拘役以下刑罚人数逐年递增》，登载于“中国网”，网址：http://news.china.com.cn/txt/2015-11/02/content_36958074.htm，访问时间：2017年11月22日。

〔2〕 参见刘洪庆、魏婧《全国法院判处三年有期徒刑及拘役以下刑罚人数逐年递增》，登载于“中国网”，网址：http://news.china.com.cn/txt/2015-11/02/content_36958074.htm，访问时间：2017年11月22日。

（三）新路径：重构认罪认罚从宽程序以至最优的简化策略效果

对于一些轻微刑事案件而言，认罪认罚从宽的传统模式并不具有吸引力，因为按照传统模式处理的轻微刑事案件与其他较为复杂严重的刑事案件一样，都要经历立案、侦查、审查起诉、审判这样几个诉讼阶段，程序繁复，周期冗长。因此，针对这些轻微刑事案件另觅思路，另辟新路径才是充分贯彻“繁简分流”思想的最佳选择。

那么在今后的修法中如何重构一个更加简化、更有效率的认罪认罚从宽程序才能实现最优的简化策略？笔者认为，单纯地简化法庭审理程序、压缩法庭审理时间这样的简化是有限度的，超过限度将侵犯被追诉人的诉讼权利，损害程序的正当性，使公正的审判实现不能，也会影响“以审判为中心”的司法改革走向。新路径的程序简化需要思路上的突破。而新思路的打开必须从刑事案件必经的“侦查、审查起诉、审判”三诉讼阶段入手。

笔者认为，要想从根本上提高司法效率，实现司法资源的最优配置，从而达到程序简化的最优效果，应当打破传统僵化的流水作业般的必经“侦查、审查起诉、审判”三诉讼阶段的诉讼程序构建模式，实现诉讼阶段的“跳跃”、“重叠”或者“省略”。因为在传统的三机关流水作业式的诉讼阶段中，每一个刑事案件的案卷都要由侦查人员、审查起诉人员、审判人员先后分别进行查阅和研读，后一工序的实施者要对前一工序的质量进行重新审查和检验，造成三机关诉讼活动的重床叠架，造成诉讼拖延[1]。而且在三机关内部每一个案件也都要经历复杂、冗长的多重环节，如在公安机关内部，案件会经历刑侦、预审、法制等多个部门层层把关；在检察机关内部，案件会经历反贪污贿赂侦查部门、侦查监督部门、审查起诉部门的多重审查；而在法院内部，案件则会经历合议庭审理、有时会经历院庭长，甚至审判委员会讨论等多重决策环节[2]。案件经历的阶段越多，无谓的重复审查就越多，案件处理时间延长，司法成本增加，而这些

---

〔1〕 陈瑞华：《刑事诉讼的前沿问题（第五版，上册）》，北京：中国人民大学出版社，2016 年，第 277 页。

〔2〕 参见商西、程姝雯《今年司法改革七大看点，孟建柱称将试点认罪认罚从宽制度》，载《南方都市报》2016 年 1 月 22 日，第 4 版。

重复审查和重复检验对于轻微的认罪认罚的刑事案件来说几乎没有必要。因此，突破三机关三重阶段的传统诉讼模式，简化缩短三阶段固有的审查时间，甚至跳跃、省略一些对于认罪认罚案件不必要的诉讼阶段。而横亘在三阶段之间的中间程序更是应该彻底贯彻“能省就省，能跳即跳”的思路。此种突破性的思路对于认罪认罚从宽程序新路径的开辟十分有用。

那么如何“跳跃”，如何“省略”才能够达到简化的最优效果，提高司法效率从而实际最终给予当事人程序利益？举些例子来说明。由于我国的刑事案件在实践中的逮捕率一直居高不下，根据最高人民法院和最高人民检察院历年工作报告的统计数据显示，我国2003年至2012年的平均逮捕率高达86.38%，2012年刑事诉讼法颁布后逮捕率也没有明显的下降。在这样的现实条件下，对于一些虽符合逮捕条件但较为轻微的刑事案件，如被追诉人表示认罪认罚，且犯罪事实清楚，证据确实充分，是没有必要进入审查批捕的阶段的，从而省略掉公安机关和检察机关内部的层层把关和重复审查。遵照这一思路，省略了逮捕阶段的案件可以直接交于一个独立处理的此类案件的公诉人，由独立公诉人经过简单审查后直接提起诉讼。对于轻微刑事案件里的现行犯（比如，上文提到的近期话题度很高的公共交通猥亵案件），事主报警且确认犯罪事实后，犯罪嫌疑人认罪认罚的，可以在拘留后直接由公安机关将案件交到法院排期审理，由法院交于独立公诉人审查并按期出庭提起公诉，在庭上由三方同时审查犯罪嫌疑人认罪认罚的自愿性问题，从而省略掉中间繁复的审查程序。

综合来讲，认罪认罚从宽程序简化的新路径就是，不必每一个案件都历经完整的刑事诉讼程序（即侦查、审查起诉、审判的流水作业般的诉讼程式），诉讼的几个阶段也不再具有严格的先后界限，原来机械存在的立案、审查批捕、审查起诉、审判等诉讼阶段可以根据案件的需要选择性历经（即“跳跃”“省略”其中的某些诉讼阶段），同时同一诉讼阶段内的机关内部层层审批和重复审查也能通过诉讼阶段的“跳跃”“重叠”“省略”简化或者通过改成简单人数的专门人员负责制来减少甚至消除。这种诉讼阶段跳跃的选择可以由公检法三机关在案件进行阶段性移送时根据案情作出，当然，如果案件移送到法院后法官认为程序的跳跃不合理以至于影响到案件的公正处理，应当允许进行程序倒流或者程序补正。

更值得兴奋的是，在刑事速裁程序的试点工作的实践当中，已经出现了与上述思路相类似的改革设想。这就是所谓的“刑拘直诉”制度。“刑拘直诉”是指对于犯罪嫌疑人认罪认罚、可以适用刑事速裁程序的案件，侦查机关作出拘留决定后，均不再提交检察机关审查批捕，而是在刑事拘留的法定期限内完成移送审查起诉和提起公诉的活动，并由法院快速作出裁判。实践表明，这样的做法有效地避免了诉讼拖延，大大减少了未决羁押时间[1]。据此，实践已经证明了诉讼阶段的跳跃和省略思路的可行。以下笔者用表格来进一步明晰笔者建议的传统模式与新路径的异同。

认罪认罚从宽程序流程简化的传统模式与新路径的异同对比

	传统模式	新路径
简化思路	在审查起诉阶段设立案件分流点，不突破公检法三阶段的诉讼模式。	打破传统僵化的流水作业般的公检法三阶段的诉讼模式，跳跃、重叠或省略某些不必要的诉讼阶段。
简化后的案件流程	案件侦查结束后，在案件分流点由检察院决定是否起诉，若起诉就沿用简易程序或者速裁程序的相关规定进行法庭审理阶段的简化。	无固定模式。只是原来机械存在的立案、审查批捕、审查起诉、审判等诉讼阶段可以根据案件的需要选择性历经。例如“刑拘直诉”，或者“简单人数的专门人员案件负责制”等构想。
适用范围	全部认罪认罚案件（除手段极其残忍，影响特别巨大等案件之外）。	可以适用于轻微的认罪认罚案件。
配套措施	1. 建立案件分流制度（分流点为审查起诉阶段）； 2. 强调不起诉制度的配套功能（包括附条件不起诉和酌定不起诉）。	1. 确定具体的案件适用范围；笔者的设想是可能判处三年有期徒刑以下刑罚的案件；可以选择适用新路径； 2. 确定可以决定程序跳跃的具体机关 。
简化效率	一般，程序仍然比较繁琐。	很好，程序达到最优化效果。
程序倒流	均允许程序倒流。	

从表格中我们可以看出，传统模式和新路径的简化思路是完全不同的。传统模式仍然在原有的三阶段诉讼模式当中构建，虽然程序仍然较为繁琐，简化空间有限，但是对司法公正的兼顾更为妥善，风险更小，因此传统模式应当适用于全部的认罪认罚案件（除手段极其残忍，影响特别巨大等案件之外），也即是，传统模式应为认罪认罚案件的基本模式。而新路径对原有的三阶段诉讼模式进行“跳跃”“重叠”“省略”，思路新颖，简化幅度非常大，程序非常灵活和简便，但是对司法公正潜在威胁较大，

〔1〕 陈瑞华：《刑事诉讼的前沿问题（第五版，上册）》，北京：中国人民大学出版社，2016 年，第 277 页。

因此笔者认为应该在认罪认罚从宽案件当中可能判处三年有期徒刑以下案件（非常轻微，且轻微案件占总案件的比例较大）才可以适用，并由相关机关选择适用。但由于两者均允许程序进行倒流，从一定程度上可以避免程序过分简化对司法公正的侵蚀。

三、传统模式与新路径的简化风险及其防范

公正和效率在一定程度上是矛盾的。完善认罪认罚从宽程序的关键在于简化，在于效率。正因如此，如何最大程度兼顾刑事案件公正处理和提高司法效率、给予当事人程序利益这两者就成为了最为关键的问题。换而言之，即是简化和效率是有风险的，案件是否得到公正处理的风险，也是众多学者和司法人员担心的症结所在。那么，关于危及公正的风险防范问题值得我们关注。

（一）认罪认罚从宽程序传统模式的风险防范

笔者建议的简化认罪认罚从宽程序传统模式流程是，首先是公安机关侦查结束达到“事实清楚，证据确实、充分”的证明标准，然后建立审查起诉为案件分流点，当案件移送至分流点时由检察院决定是否起诉，再到法庭上沿用普通程序或者简易程序或者速裁程序进行法庭审理。整个模式的风险在于，被追诉人认罪认罚的自愿性及检察院的附条件和酌定不起诉的合法合理性。

第一，关于被追诉人认罪认罚的自愿性。

由于认罪认罚从宽制度是需要被追诉人自愿承认犯罪事实的，因此，一旦进入认罪认罚从宽的程序，就意味着被追诉人失去了进行无罪辩护的机会，失去了法律所提供的诸多正当程序的保护[1]。

同时，由于认罪认罚从宽程序效率高，绩效快，且学界普遍认同引入控辩的量刑协商程序作为量刑的参考，检察院权力膨胀，司法工作人员很容易剑走偏锋，为了绩效、逼迫或者是诱骗被告人认罪认罚，又或者是收

---

〔1〕 陈瑞华：《“认罪认罚从宽”改革的理论反思——基于刑事速裁程序运行经验的考察》，《当代法学》2016年第4期，第6页。

受贿赂，滥用权力，让本不应该从宽的案件无底线从宽处理，侵蚀司法公正。因此，保证被追诉人的认罪认罚的自愿性问题是保证案件公正处理，保障司法公正的关键一环。

首先，为保证被追诉人认罪认罚的自愿性，可以设计一个“自愿性审查程序”。若是检察院审查后决定起诉的案件（检察院不单独审查认罪认罚的自愿性问题），可以在开庭之前设置一个“审查会”，由法官、书记员、公诉人、被告人及其辩护人参加，单就被告人认罪认罚的自愿性问题进行审查和确认。各方轮流提出问题并由被告人回答后，法官如果对被告人认罪认罚的自愿性存在疑虑，可以退回检察院或者直接转为非认罪认罚从宽程序来处理。这个审查程序要作为认罪认罚案件法庭审理前的重要环节。若是检察院审查后决定附条件不起诉或者酌定不起诉的案件，无须额外审查其认罪认罚的自愿性问题，由检察院（或可考虑加入人民监督员）顺带审查犯罪嫌疑人认罪认罚的自愿性问题。但同时要赋予被决定不起诉人否认认罪认罚自愿性而异议的权利。

其次，要加强对检察院权力的监督。将案件分流点建立在审查起诉阶段，扩大附条件不起诉的适用范围，并引入控辩量刑协商机制后，检察院的权力得到很大的膨胀，鉴于对滥用不起诉权力和量刑建议权力的警惕，必须对其加强监管。笔者认为，参照法官终身负责制，可以建立附条件不起诉和酌定不起诉案件的检察人员的终身负责制。倘若发现刑事案件不符合附条件和酌定不起诉的要求却由于检察人员的贪污贿赂、徇私枉法、或者玩忽职守等原因导致案件最终被不起诉，相应检察人员需要终身负责。同时可以加入人民监督员对附条件和酌定不起诉案件的审查、决定过程的程序监督。被害人、被不起诉人都可以直接向上级检察院提出异议，上级检察院审查后发现问题的，可以督促下级检察院起诉或者直接起诉。同级法院也可以向检察院提出起诉的司法建议。

最后，必须保证被追诉人的律师保障机制。根据福清市法院的一项关于被告人文化程度的调查统计结果显示，在福清市法院受理的刑事速裁程序案件当中，文盲被告人占 5.19%，小学文化占 40.26%，中学文化占 53.25%，大专以上文化仅占 1.3%〔1〕。由此可推知刑事被追诉人的文化水

〔1〕 郑敏等：《刑事速裁程序量刑协商制度若干问题研究——基于福建省福清市人民法院试点观察》，《法律适用》2016 年第 4 期，第 23—30 页。

平普遍不高，对于法律的理解、对自我罪行的认知和对权利的自我争取都不可能达到法律期待的应然结果，无法避免在信息不对称的前提下国家公权力对被追诉人的压迫和“冤假错案”的发生。因此，引入律师的帮助在保障控辩双方的平衡、保护被追诉人的合法权利和确保认罪认罚的自愿性上尤为重要。具体措施可以大范围推广现行的在看守所、法院设立的值班律师制度，或是扩大法律援助的范围，使得在认罪认罚从宽程序中每一个认罪认罚的当事人都可以得到律师提供的咨询、辩护等帮助。

（二）认罪认罚从宽程序新路径的风险防范

笔者建议的认罪认罚从宽程序新路径的思路是，实现诉讼阶段的“跳跃”“重叠”“省略”。因为新路径还正处于不断探索阶段，因此该路径也并未完全固定下来。但其风险可以通过分析预测并加以防范。对比认罪认罚从宽程序的传统模式，新路径的开辟更为大胆，对诉讼阶段进行跳跃甚至省略，学界对其公正性甚为担忧。

因此首先，风险的防范需要确定新路径的适用范围。对于重大、复杂、疑难的刑事案件，如果跳跃、省略诉讼阶段，对于案件的公正处理会造成极大的破坏，因此新路径应该仅能适用于轻微刑事案件。轻微刑事案件案情轻微，加上犯罪嫌疑人又认罪认罚，证据确凿，即使跳跃、省略诉讼阶段，也基本不会影响案件公正处理，同时可以更大幅度地提高效率。那么适用的具体范围定在多少比较合适？由于可能判处三年以下有期徒刑、拘役刑罚的案件都有判处缓刑的可能，符合比较轻微的范畴，而判处管制、单处罚金的案件更是轻微。因此，笔者认为，将可能判处三年有期徒刑以下刑罚的案件均纳入可以适用认罪认罚从宽程序的新路径的范畴，即可以进行诉讼阶段的“跳跃”或者“省略”，这样的案件适用范围有利于达到程序优化效果的最大化。当然，也不是说所有判处三年有期徒刑以下刑罚的案件都应当适用新路径，具体是否适用新路径，可以由公检法三机关根据案件的具体情况作出选择，当事人也可以提出申请。当然，为了规避风险，如果案件到了承办法官手中后，法官认为新路径的选择不合理，影响到案件的公正处理，应当进行程序倒流。检察院和公安机关（非新路径的选择机关）或当事人认为新路径的选择有问题的，均可以向法院提出建议，由承办法官决定是否进行程序倒流。

其次，新路径虽着重于诉讼阶段的跳跃或省略，但是不管是“刑拘直诉”还是其他设想，法庭审理阶段仍然应该是最重要和不可或缺的。这也符合近来我国“以审判为中心”的司法改革的核心思路。进入法庭审理后，法官仍应该对犯罪事实清楚、证据确实充分与否进行审查。其实，只要新路径的重心仍在于法庭审理，即使诉讼阶段的跳跃、省略了其他的案件处理阶段，案件还是需要经过法庭的充分审理，那么公正就可以得到很好的保障。

最后，保障被追诉人认罪认罚的自愿性在新路径中同样重要。在上文，笔者阐述认罪认罚传统路径的风险防范时也提到了保障被追诉人认罪认罚自愿性问题，上文建议的针对被追诉人认罪认罚自愿性在开庭前专门设计一个由法官、公诉人、被告人及其辩护人三方参加，单就被告人认罪认罚的自愿性问题进行审查和确认的“自愿性审查程序”；加强对检察院权力的监督，例如设置被不起诉案件检察官的“终身负责制度”，加入人民监督员的监督等；以及保障每一个被追诉人都能得到律师的法律帮助等建议在新路径的风险防范中均可以参考适用。

四、余论

关于如何在今后修法中完善认罪认罚从宽程序，笔者认为可以把认罪认罚从宽程序分为两种途径，一种是认罪认罚从宽程序的传统模式，另一种是认罪认罚从宽程序的新路径。

认罪认罚从宽程序的传统模式，可以适用的刑事案件范围应该比较大。其是按照“公—检—法”三阶段的标准流程进行的。首先公安机关侦查结束达到“事实清楚，证据确实、充分”的标准，然后进入案件分流点，由检察院决定是否起诉，符合附条件或酌定不起诉条件的检察院可以决定不起诉，决定起诉的话，在开庭之前首先进行一个“认罪认罚自愿性审查会”，确认自愿性没有问题后，再选用普通程序或简易程序或速裁程序对案件进行法庭审理（若符合后两种程序的适用条件，在认罪认罚从宽程序中尽量适用后两种程序进行法庭审理）。在此模式下，简化是有限度的。

认罪认罚从宽程序的新路径，由于其思路非常大胆，突破传统固化的立案、审查批捕、审查起诉、审判的标准诉讼流程，对诉讼阶段进行跳跃甚至省略，因此其可以适用的案件范围应当较小。新路径的适用范围为可能判处三年有期徒刑以下刑罚的案件。由于新路径的模式现在还没有完全定型，笔者认为，模式一，可以参考在速裁程序试点工作中出现的“刑拘直诉”模式。以公共交通“色狼”案件为例。公共交通上猥亵他人的犯罪嫌疑人（现行犯），如果有相应视频或周围乘客的证言或其他证据，犯罪嫌疑人又认罪认罚的，将犯罪嫌疑人刑事拘留后，在刑事拘留的法定期限内完成移送审查起诉和提起公诉（比如设立一个能负责此类案件的独立公诉人）等工作，法院快速审结。模式二，如前例。事主报警且确认犯罪事实和证据后，犯罪嫌疑人认罪认罚的，在拘留后直接由公安机关将案件提交到法院排期，由法院交于某独立公诉人审查并按期出庭提起公诉（即法庭审查的同时独立公诉人亦对案件进行审查，阶段重叠），在庭上由三方同时审查犯罪嫌疑人认罪认罚的自愿性问题和提出案件疑问。当然，几种模式也都还可以存在一些变数，比如，犯罪嫌疑人不需要刑事拘留，可以取保候审的，就在与“刑拘直诉”相同的时间内完成移送审查起诉和提起公诉即可。其关键在于设立一个短时间来跳跃层层的内部审查程序，其他强制措施也是一样的。又比如，既然侦查终结和审查起诉的审查标准都是“犯罪事实清楚、证据确实充分”，那么在认罪认罚程序当中，让独立公诉人直接参与到侦查机关侦查终结的审查工作当中去，让侦查终结与审查起诉这两个步骤重叠，从而实现侦查终结的同时审查起诉完毕，可以直接去法院提起公诉等设想。

总而言之，对于全部认罪认罚案件（除手段极其残忍，影响特别巨大等案件中外），笔者认为，都应该可以适用认罪认罚从宽程序的传统模式进行审理，而对于可能判处三年有期徒刑以下刑罚的轻微认罪认罚案件，则可以选择适用新路径来进行快速的案件审理。认罪认罚从宽程序两种模式的并存，能够最大限度地实现程序的简化，给予被追诉人实际的程序利益，增强制度的吸引力，同时也能最大限度的兼顾案件的公正处理，在实现司法资源的合理配置、提高司法效率的同时，又能最大程度兼顾司法公正。但需要明确的是，笔者提出认罪认罚从宽程序简化完善的两种模式，并不是要以新路径来替代传统路径，而是让两者共存，相互弥补，相互完善，从而达到共同推进刑事程序的最优简化和司法资源的优化配置的效果。

（初审：谢进杰）

争 鸣

Academic Debate

认罪认罚从宽的量刑适当性研究

——以 Y 法院试点改革数据为样本

郭玉[*]

【提　要】　经全国人大授权开展的刑事案件认罪认罚从宽制度试点工作亟需尽快完成从理论到实践的落地。经过一至两年基础理论研讨之后，对该命题的研究理应完成从宏观到微观、从定性到定量的转型。认罪认罚从宽制度试点以来，样本数据不够丰富，但由于认罪认罚从宽制度并非新鲜事物，其精神内涵已然在速裁程序试点过程中得到了践行。本文遂以速裁作为研究从宽量刑的样本，将研究目标选定在了沿海地区的 Y 法院，基于实务工作提出了认罪认罚从宽制度在定罪、量刑和执行中存在的五个问题，提出要进行认罪认罚从宽制度的顶层设计首先必须重塑认罪认罚从宽的目的论和基本原则，努力实现“四个平衡”。本文提出了新改革试点下探索认罪认罚从宽的适当方法，从界定核心概念的边界入手，提出了“从宽”应在四个方面进行限定，摒弃了单一幅度限定从宽幅度，设计了更为科学合理的立体量刑标准体系，为推进刑事案件认罪认罚从宽制度提供了实践依据。

【关键词】　认罪　认罚　从宽　量刑　适当性

引　言

认罪认罚从宽制度的着眼点在认罪认罚，而落脚点在从宽量刑。从宽幅度过大或过小，导致量刑失当，会直接引起被害人不满、被告人失望、

---

[*] 作者郭玉，广东省广州市越秀区人民法院刑事审判庭法官，Email：nicolec@ qq. com。本项研究为国家社会科学基金重大项目（项目批准号 17VHJ004）的阶段性研究成果之一。

公众怀疑，则司法权威必将因此受损。刑罚学理论发展到现当代，早已普遍承认刑罚本身即是一种“恶”，必须控制在最有必要的限度之内。在理论研究中，量刑一直作为难题而存在。司法实务中普遍存在的粗放式“估堆”量刑方法早已大受诟病，而量刑规范化制度又能否克服自身局限成为法官量刑的“趁手兵器”，学界莫衷一是。在全国人大授权试点认罪认罚从宽制度的大背景下，如何从宽方为适当以及对从宽应该作出怎样的规制等问题，已率先成为量刑问题中亟待解决的问题。

2016 年最高人民法院、最高人民检察院、公安部、国家安全部、司法部《关于在部分地区开展刑事案件认罪认罚从宽制度试点工作的办法》作为试点工作纲领，对认罪认罚若干关键问题进行了原则性界定。2018 年 10 月 26 日通过的《中华人民共和国刑事诉讼法》修正案将认罪认罚从宽制度正式纳入刑诉法框架，相对于试点工作办法而言，在体例结构进行了重大调整，调整重点放在了审前阶段。在审判阶段，刑诉法修改的重点放在了速裁制度在程序法意义上的规则制定。以量刑为代表的若干实体法问题，仍存有大量研究空间。

一、样本数据：Y 法院速裁案件中的状况及量刑特点

由于认罪认罚案件超过六成是适用速裁程序审理，本文遂以速裁案件为研究对象，选取了开展速裁程序试点两年多、全国领先的沿海地区 Y 法院作为样本法院，两个完整年度的数据作为研究样本。2015 年 1 月 1 日至 2016 年 12 月 31 日，样本法院共适用刑事速裁程序审结案件 1162 件，共 1189 人，占同期审结刑事案件总数的 34.10%。由公诉机关提请启动速裁程序的 949 件，由样本法院主动启动速裁程序的 213 件，人民法院、人民检察院合力助推速裁程序的广泛应用。此外，适用速裁程序后转为简易、普通程序审理的案件有 36 件。适用速裁程序审结的案件中，当庭宣判 1138 件，当庭宣判率 97.93%；被告人上诉 30 件，上诉率 2.58%；无抗诉案件；95.95% 的案件在 10 天内审结，其中 528 件在 5 天以内审结，587 件在 6 天—10 天审结，42 件在 11 天—15 天审结，5 件在 16 天—20 天审结。速裁程序有效提高了轻微刑事案件的办案效率，缩短了在押人员羁押时间。

表1　2015—2016年Y法院刑事速裁案件概况

年度	速裁案件结案数	速裁被告人人数	上诉案件数	上诉率	当庭宣判案件数	10日内审结案件比例
2015	554	562	17	3.06%	545	93.14%
2016	608	627	13	2.13%	593	98.51%
合计	1162	1189	30	2.58%	1138	95.95%

在刑罚方面，适用管制刑的3人，占速裁案件数的0.25%；适用拘役刑（实刑）的199人，占16.74%；一年以下有期徒刑（实刑）的493人，占41.46%；适用缓刑的494人，缓刑适用率41.54%。

表2　2015—2016年Y法院速裁案件刑罚情况

年份	被告人人数	管制刑人数	比例	拘役	比例	一年以下	比例	缓刑	比例
2015	562	2	0.36%	121	21.53%	200	35.59%	239	42.52%
2016	627	1	0.16%	78	12.44%	293	46.73%	255	40.66%
合计	1189	3	0.25%	199	16.74%	493	41.46%	494	41.54%

在分析数据的基础上，笔者向该院办理速裁办案人员调查了解后，认为该院速裁案件在量刑方面主要存在如下问题：

第一，从宽幅度有限，缺乏确定的从宽标准。该院对通过速裁程序办理的案件予以从宽的幅度大约是在10%—20%之间。[1]量刑减让不大，激励作用有限，缺乏详细从宽指引，法官们认识尚不统一。

第二，公诉机关量刑建议失衡、幅度过大。以该院审理的三件贩卖毒品案为例，表中三件案例的案由相同，涉案的毒品类别、数量接近，其他量刑情节不明显，但公诉机关的量刑建议差异较大。如贩毒0.17克的案件，公诉机关建议的量刑上限反而较贩毒0.41克的案件更高。量刑建议的幅度过大，如案例三，量刑建议为“有期徒刑或拘役”，被告人无法从中获得某种确定性，可能会影响对“认罚”的理解，从而失去“认罚”的真实效果。

---

〔1〕详见笔者参与完成的调研报告：《关于刑事速裁程序运行机制有关问题的调研——以广州市刑事速裁程序改革试点为参照》，最高人民法院2015年度司法调研重大课题，2016年11月。

表3　三个贩卖毒品案件的量刑对比

案例	案例概要	查获毒品	量型建议	宣告刑
案例一	被告人何某某与购毒人员刘某某在越秀区夏茅小学门口毒品交易，其将携带来的1小包用红色塑膜包装的白色块状物以人民币200元的价格售卖给购毒人员刘某某，交易完成后准备离开时，被公安人员人赃并获归案。	净重0.41克，检出海洛因成分	六个月至一年有期徒刑	八个月
案例二	被告人黄某某在越秀区万福路137号，以人民币100元的价格向购毒人员钟某某贩卖1小包毒品，交易完成后被公安人员当场抓获。公安人员在被告人黄某某处缴获毒资人民币100元，在购毒人员钟某某处缴获白色粉末1小包。	净重0.17克，检出海洛因成分	六个月至一年六个月有期徒刑	七个月
案例三	被告人李某某在越秀区环市西路电信大楼附近将1小包毒品以人民币100元的价格售卖给购毒人员田某某，交易完成后被公安人员人赃并获归案。	净重0.06克，检出海洛因成分	有期徒刑（注：具体刑期未作建议）或拘役	六个月

第三，非监禁刑适用率仍有提升空间。根据此前的数据，Y法院所在市的速裁案件中非监禁刑适用率仅为35.60%，与简易案件或普通案件相比仅高6.93个百分点。2015—2016年Y法院速裁案件共有494人适用缓刑，缓刑适用率41.54%，判处拘役刑数量微乎其微，只有3人，仍有较大提升空间。

二、实务困惑：定罪、量刑及执行中的从宽适当性问题

（一）《最高人民法院关于常见犯罪的量刑指导意见》应刚性适用抑或参考适用

《最高人民法院关于常见犯罪的量刑指导意见》（以下简称《量刑指导意见》）如何适用在实务中意见并不统一。第一种意见认为应当刚性遵照；[1]第

〔1〕如深圳市宝安区人民法院于2016年6月通过并实施的《关于轻微刑事案件快速审理的工作规程》第二十一条规定：对被告人在综合考量全案量刑情节的基础上，在量刑指导意见允许的幅度内，给以较大幅度的从宽处罚。

二种意见认为仅在其罗列出的15个具体犯罪领域内适用，其他案件不受羁束；第三种意见认为，只起指导作用，让法官在量刑之前有总体认识，参考适用即可。适用《量刑指导意见》存在的问题：第一，坦白情节的从宽幅度较小，也没有区分认罪且认罚的情况。根据该意见，坦白情节从宽幅度在20%以下，当庭认罪的在10%以下。第二，其实按照既定比例对量刑进行从宽，则犯罪越严重、刑期越长的犯罪，获得的刑期减幅越大；犯罪越轻，本该更看重体现改造可能性和重新回归社会能力的认罪悔罪情节，按比例计算后能够获得的刑期减幅反而越小，看似公正的方式不一定总是能够带来公正的结果。

表4　《量刑指导意见》部分情节的量刑幅度

量刑情节	从宽幅度	量刑情节	从宽幅度
自首	40%以下	赔偿+谅解	40%以下
普通坦白	20%以下	赔偿	30%以下
当庭认罪	10%以下	谅解	20以下

（二）一并从宽抑或额外从宽

一种观点认为，自首、坦白包含着认罪，如再将认罪认罚作为单独的从宽情节，则等于对“认罪”这一举动从轻两次，违背了“禁止双重评价”原则。另一种观点认为，认罪认罚的被告人应当获得额外的从宽，虽然认罪已经被自首、坦白包含在内，但“认罚”和“程序选择权”也应当作为量刑情节，而不能笼统包括在“认罪”中。如天津市2014年底修订速裁程序实施细则，明确规定额外量刑折扣。[1]对此，第一种观点认为被告人选择速裁程序，可以更快审结，这也是一个实实在在的好处，不应该设置更多的量刑折扣，因“认罪+认罚+程序选择”而获得的从宽处罚幅度基本相当于坦白的从宽幅度，速裁程序的额外量刑减让于法无据。

（三）可以从宽抑或应该从宽

司法实践中，一般都要对认罪的犯罪嫌疑人、被告人进行从宽处罚。但是处理上是“应当”从轻处罚还是“可以”从轻处罚，实践中和理论上

---

〔1〕 2015年7月全国法院刑事案件速裁程序研修班会议材料，第58页。

还存在着认识上的差异。刑法、刑事诉讼法乃至《量刑指导意见》都保守地将量刑幅度的从宽认为是“可以”的范畴，那么就意味着某些情况下可以从宽，某些情况下也可以不从宽。在刑事速裁程序试点工作中，经比对，也确实存在有些案件相同程度、类似情节的被告人并没有获得比以前更优惠量刑结果的情况。

（四）只能从轻抑或可以减轻

严格的量刑档断代是量刑难以向下穿透的“地板”。除极少数情况层报最高院批准的特例外，对于处于该量刑档范围但本身犯罪情节较轻的情况，由于不能在该量刑档的法定刑最低线以下量刑，此时被告人能获得从轻的空间非常有限，在还具有其他从轻情节的情况下，每一情节所能带来的从宽幅度微乎其微。在速裁试点过程中这一问题尚不突出，但认罪认罚从宽制度将适用速裁程序案件标准放宽，由1年以下提升到3年以下，罪名不再采用列举的方式加以限定，与之前单一量刑档试点的情况不同，今后刑事速裁案件量刑档将会多层次、立体化，法定刑以内量刑的从宽局限性将会在之后的实践中凸显出来。

（五）能否从罪名、罪数上从轻

我国的“认罪认罚从宽”与英美法国家的“有罪答辩”存在相似的精神内核，然而同样是被告人选择放弃对抗，承认罪行，启动的却不是同样的程序，结果也截然不同。我国的认罪认罚从宽明确禁止将罪名的替换、罪数的减少作为换取被告人有罪答辩的对价。然而理论界和实务界观点并不一致。很多学者对先前探索持反对态度，[1] 坚守职权主义发现客观真相之价值内核，拒绝对犯罪事实做任何的“模糊化”处理。而一线法官认为实际上公诉机关在换取被告人认罪时，存在折中起诉的现象，实际上已不再局限于刑期范围。下一步的试点改革，能否进一步突破，建立一种带有中国特色的认罪认罚从宽制度，也是量刑中亟待解决的问题。

---

〔1〕 顾永忠：《关于“完善认罪认罚从宽制度”的几个理论问题》，《当代法学》2016年第6期。

三、规则设计：认罪认罚从宽的基本边界及价值检验标准

（一）认罪认罚从宽的基本边界

“认罪”是完善认罪认罚从宽制度需要厘清的第一个概念。“认罪”应是自愿之认罪、亲为之认罪、对事实之认罪、有效之认罪。“认罚”就是犯罪嫌疑人、被告人愿意接受刑罚处罚，实体要求是对公诉机关的量刑建议表示认可。“从宽”作为制度设计的落脚点，其边界应该从如下方面进行界定。

1. 明确从宽的内容

被告人得到更宽缓的处理，有多种体现方式：定罪的从宽，如重罪改轻罪、数罪改一罪、免罪。量刑的从宽，如减少刑期、对非强制适用的附加刑不再附加、单独适用附加刑、定罪免刑；刑罚执行方式的从宽，如实行改判缓刑。其中，哪些可以允许法官作为对被告人作有罪答辩的“奖励”？这是明晰认罪认罚从宽制度在量刑上必须划定的第一道界限。目前我国禁止将罪名和罪数作为从宽的内容，对此笔者同意学界的观点，理由在文末详述。

2. 明确从宽适用方向

确定认罪认罚从宽只能单向使用，不能逆向反推，不得根据这种心理暗示对不认罪认罚的被告人施以更重的刑罚。也不能想当然地认为，拒绝认罪悔罪表明其人身危险性更大。[1]不自首、不坦白是犯罪人在犯罪后的“常态”，不能成为增加预防刑的情节。[2]在肯定认罪认罚从宽的同时，更需要明确：被告人当然有权利不自证其罪，在不认罪的情况下获得公正审判，应坚决杜绝存有“抗拒从严”的心理预设。

3. 明确从宽为“应当型”从宽

我国目前对各类从宽情节保守而稳健地采取了“可以型”规定，即可以从宽亦可以不从宽，在“可以型”规定下，从宽与不从宽均可，不需要

---

〔1〕 王保战：《悔罪如何影响量刑——量刑方法的具体适用》，《法律方法》2014 年第 2 期。
〔2〕 张明楷：《论犯罪后的态度对量刑的影响》，《法学杂志》2015 年第 2 期。

解释。[1]建议调整为“应当型”规定。认罪认罚的案件，应当从宽，以形成事实激励。从宽的方式有多种，如因为客观原因无法进行一种方式的从宽，如刑期难以缩短的情况，可以尝试适用其他替代的从宽方式，如减少罚金数额等。对于特殊情况，设置例外规则。建议改“可以型”从宽为“应当型”从宽，表述为：认罪认罚的犯罪嫌疑人、被告人“除具有特殊情况确实不宜从宽的，应当依法从宽处理”。

4. 确定可以从宽的幅度

从宽幅度太低不能形成量刑激励，不利于促使犯罪嫌疑人、被告人选择认罪；然而从宽幅度也不能宽大无边，我国刑诉法的设置终究不是以单纯的纠纷解决为目的，必须兼顾公平。过大的量刑折扣还可能刺激无辜者作出有罪答辩，会造成选择正式审判程序的被告人与有罪答辩者在量刑上严重失衡，导致被告人选择正式审判程序时面临过大的压力。[2]量刑折扣不能成为被害人或公众眼中“不公正的仁慈”。[3]

（二）认罪认罚从宽量刑是否适当的价值检验标准

认罪认罚从宽的目的论，直观反映了我国刑事诉讼制度对认罪认罚的被告所坚持的价值取向，是从宽制度规划设计的总纲领，应综合考量报应效果、预防效果、后世日益凸显的司法恢复效果和越来越难以忽视的效率因素，考虑更多现实中的客观条件约束，考虑刑法的谦抑性和刑罚的必要性，充分认识到人性的差异、个案的不同，重视刑罚个别化，在如下几对矛盾中找到平衡点，努力体现以下四种价值。

1. 公正价值——刑罚个别化与刑罚一般化之平衡

追求公平正义是司法制度所应追求的第一价值，同时也是应当坚守的底线。就个案来说，罚当其罪、不纵不枉、该重则重、当轻则轻。要充分

---

[1] 张明楷教授认为：虽然法律规定的是“可以”，但已经可以表现出刑法的倾向性意见，也就是说，在刑法规定“可以”从轻、减轻时，对被告人从轻、减轻处罚不再需要其他理由，只是不减轻时才需要特别理由。故而在没有特别理由表明不得对该案的被告人进行从轻、减轻处罚的情况下，法官其实是应该对被告人从轻、减轻的。参见张明楷《刑法学（第五版）》（上），北京：法律出版社，2016年，第580页。

[2] 熊秋红：《认罪认罚从宽的理论审视与制度完善》，《法学》2016年第10期。

[3] ［英］麦高伟、杰弗里·威尔逊主编：《英国刑事司法程序》，姚永吉等译，北京：法律出版社，2003年，第336—337页。

考量个案情况调整刑罚幅度，选择适用矫正办法，以达到罪责刑相一致。通过刑罚的个别化，使刑罚处罚结果对本案的被告人公正。就整体来说，除了关注个案，也要通观其他案件的处理结果，尽可能使同类案件、相似情节的被告人得到大致相近的刑罚结果，使本案的刑罚处罚结果对他案的被告人公正。

2. 人道价值——报应主义与预防主义之平衡

人道价值的关键在于刑罚要适度，体现在认罪认罚从宽制度中，概括为应当轻缓、适度轻缓。第一，基于对特殊预防效果的追求，对于认罪认罚的犯罪嫌疑人、被告人宽缓化处理，是对其放弃对抗、愿意接受惩罚之积极态度的肯定，同时也是促使其接受改造从而尽快回归社会的实际支持。第二，基于对报应主义和一般预防效果的追求，宽缓的幅度不能宽大无边。过度宽缓会使犯罪分子得不到对等的报应，同时一旦当惩罚之痛苦小于犯罪获得的快感时，一般预防便会失灵，刑罚对大众的威慑效果将会日渐式微。因此人道价值要求在保证犯罪与刑罚不严重失衡、震慑犯罪效果不减损的情况下，降低刑罚的严苛程度，在报应主义、一般预防与特殊预防之间综合考虑，达成平衡，既要惩罚犯罪，又要保障秩序，还要考虑改造和矫正犯罪人，使其重归社会，在此基础上，充分保障被告人人权。

3. 社会价值——犯罪人与被害人之平衡

20 世纪中后期，以修复被犯罪破坏的权利和秩序为要旨的恢复性司法运动兴起。该运动呼吁在对犯罪人和被害方之间建立对话关系，以犯罪人主动承担责任以消弭双方激烈对抗，深层次化解矛盾，并通过社区等有关方面的参与，修复受损社会关系。社会价值要求认罪认罚从宽制度在设计时，要考虑被害人乃至社会公众的接受度，防止因过度从轻减轻定罪量刑而引发社会骚乱，动摇司法权威。在考虑从宽情节时，应将积极退赔、对被告人作出经济补偿、获得被告人谅解等情况作为衡量恢复程度的重要依据。

4. 效率价值——司法公正与司法效率之平衡

虽然司法公正和司法效率是刑事司法活动的两个不同方向的价值追求，两者之间存在一定的冲突关系，但两者的关系又是密不可分，如有偏废，则一损俱损。从 20 世纪实证法学派、社会法学派兴起以来，人们已经逐渐看清了效率本身是一个不能再被忽视的标准，存在于刑事诉讼制度之中。在构建和完善认罪认罚从宽制度之时，必须充分平衡司法公正与司法效率之间的关系，寻求双方都能够接受的“帕累托最优值”。应当将公正作为司法的本质特征和内在要求，将效率视为司法的外部特征，做到“司法公正优先，兼顾司法效率”。[1]

四、进路选择：认罪认罚从宽制度改革视野下量刑适当的方法

（一）构建立体化的从宽量刑标准体系

认罪认罚案件从宽的幅度必须考量两个维度：案件本身的罪行轻重和认罪认罚作出的时间段。第一，认罪认罚作出时间。越早认罪，能节省越多的司法资源，给予从宽的幅度就应当越大。因此，在审判阶段才当庭认罪的，从宽幅度应小于在侦查、审查起诉阶段就认罪的情况。第二，刑罚的轻重。如前所述，按照比例从宽的方式最大的弊端是犯罪越严重、刑期越长的犯罪，按比例从宽后获得的刑期减幅越大；犯罪越轻、刑期越短的犯罪，按比例计算后能够获得的刑期减幅反而越小。轻型犯罪比重型犯罪的犯罪人更有可能实现改造和重新回归社会，因此轻刑犯罪更应当注重认罪悔罪情节；重型犯罪因性质恶劣、后果严重，无论是基于报应刑论，基于特殊预防、一般预防原则，还是基于被害人及社会接受程度的考量，都不应作出比轻罪更大尺度的从宽减让。两者在从宽上的体现见下图：

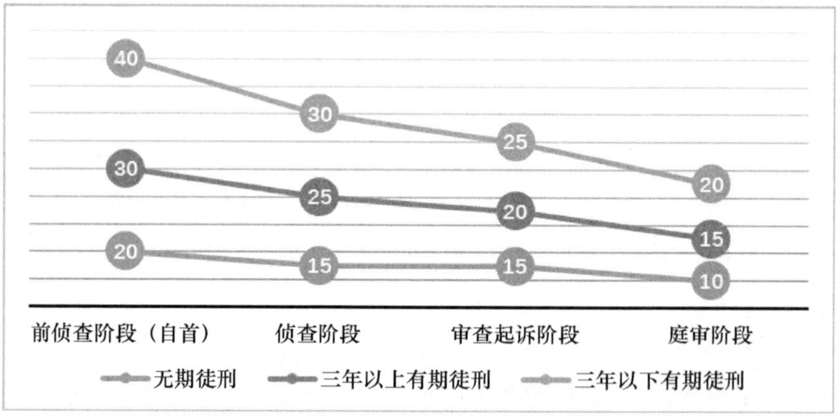

图1　立体化从宽量刑标准体系

---

[1] 万毅、何永军：《司法中公正和效率之关系辩正——兼评刑事普通程序简易审》，《法律科学（西北政法大学学报）》2004年第6期。

认罪认罚的从宽程度不能高于自首，但也不低于当庭认罪，因此，《量刑指导意见》规定的认罪认罚从宽理应大于等于10%，但不能超过40%。如果属于自首，减刑最高限40%，但犯罪较轻的不受限制，最高可以免除刑罚。这一大的量刑框架基本符合国际立法例。在尊重《量刑指导意见》划定的大框架的基础上，作出调整以优化量刑。

因此，对应到立体化量刑体系中：第一，三年以下有期徒刑、自首，减轻不受限制，最高可以免除刑罚。第二，非自首认罪认罚最轻的情况为三年以下有期徒刑，在侦查阶段就认罪认罚，对应的从宽幅度不超过40%。第三，无期徒刑，当庭认罪对应的从宽幅度不超过10%。其他情况以此类推，形成梯级，避免造成量刑情节的不均衡。可由司法解释先行确定，在执行过程中视效果进行调整。

量刑规范化运动开展已有八年之久，《量刑指导意见》标志着量刑规范化作为中国刑事司法的常态性制度得以确立并实践。然而通过一份文件实现规范量刑谈何容易？规范太细，又易使量刑陷入僵化适用的难题。那种希望“无论遇到多复杂的情况都能像查字典一样在法典中检索到现成解决方案”和“法官的作用就像机器，如同自动售货机投入硬币就能出来商品一样，将案情与法条投入法官的大脑就能产生判决结果”，[1]均不可能真正实现公正的刑罚裁量。标准化处理在防范司法腐败和法官个人偏见的同时，会使法官过分拘泥于量刑规则的机械输出，影响法官基于个案事实和道德良知作出判断，[2]以致在严格适用量刑规范的情况下输出与社会效果严重背离的判决结果。[3]

法官作出的量刑结果应是手工制品，而非机器产品，[4]最终还是要依

---

〔1〕由于经验本身的流变性和不稳定性，作为经验集大成者的《量刑指导意见》不得不随时保持一种警醒——某类量刑起点或情节幅度在未来某天可能不再合乎时宜，需要重新调整和修改。量刑规范化工作必然常年处于被动自检状态，司法资源的持续消耗也不可避免。转引自石经海：《量刑思维规律下的量刑方法构建》，《法律科学（西北政法大学学报）》2010年第2期。

〔2〕王利荣、张孟东：《记载量刑经验的制度方式——以〈最高人民法院量刑指导意见〉为分析样本》，《人民司法》2012年第23期。

〔3〕最典型的为许霆案。

〔4〕严剑飞、陈思佳：《五年回首：对基层法院量刑规范化改革的检视与修正——以法官量刑思维的转变为视角》，载贺荣主编：《尊重司法规律与刑事法律适用研究》，北京：人民法院出版社，2016年，第780页。

靠匠人一般的法官对逐个案件细细琢磨。《量刑指导意见》具有笼统性、概括性以及由此带来的不精确性，用来判断个案量刑是否适当无异于削足适履，但可以起到树立标杆的作用，用它来标定一般意义上量刑适当大致是什么状态。因此，建议软化《量刑指导意见》的强制适用条件，定位为“量刑意见指导”，由指导法官量刑的守则变为法官量刑后用来检视量刑是否适当的参照，将“意见”变为“指导”，效果可能更好。

（二）建立有别于辩诉交易的量刑协商机制

量刑协商是速裁程序中体现被告人“认罚”的关键。全国人大授权试点的刑事速裁程序改革，没有改变我国刑事诉讼职权主义的本质。速裁程序省略法庭调查与法庭辩论环节，但法官查明犯罪事实的责任并未减轻；速裁程序以被告人对量刑建议无异议为前提，但公诉机关的量刑建议对法官量刑并无强制约束力；值班律师制度使速裁案件被告人获得更好的法律援助，但辩护人的诉讼能力与公诉机关相比仍有相当差距；速裁程序让证据更充分，但发现客观真相的诉讼价值追求从未发生动摇。故应坚持证明标准不降低，在证据不足时，应当作出不起诉决定；在部分事实无法查清时，也不得以不起诉相关罪名或降格指控的方式换取被告人的有罪供述；真正可以用来“让渡”的，只有量刑部分，如刑期长短、是否适用缓刑及罚金数额等附加刑的程度等。

职权主义模式下辩诉交易理论缺乏构建基础，但辩诉协商的制度可以借鉴。如职权主义诉讼模式的法国，设庭前认罪答辩程序就借鉴了辩诉协商制度，允许公诉机关在被告人认罪前提下就量刑问题与被告人协商。在审查起诉阶段，由公诉人进行证据开示，并与被告人和辩护人就量刑事实和量刑理由进行辩论、协商，询问被告人关于量刑的意见，力求在法理情理范围内达成辩诉量刑意见的一致，并将双方认可的刑期以量刑建议形式提交法庭。

辩诉协商的实质是量刑协商，量刑协商的关键在于量刑建议的明确性。量刑建议不够明确，根本原因在于辩方的缺位。目前的量刑建议，仍是传统式的公诉方单方“量刑”。量刑活动的相对性，导致量刑建议只能是较宽泛的幅度。量刑活动作为罪责实现的最后一步，综合体现着国家对于被告人行为的否定性评价（报应刑）、降低被告人的再犯可能性（特殊预防）以及向社会上其他可能实施类似行为的人提示该行为的法律后果（一般预防）的三重目的。而对其中任一目标的平衡与调和，都需要对社会形势以及公众心理、刑事政策、被告人的主观恶性或心理状态等进行主观评判。规范化的量刑标准、判例有助于缩小法官在量刑活动的自由裁量，但主观性带来的相对性不可避免。对此建议：一是限定量刑建议浮动范围不宜过大，在三至六个月的幅度范围内较为合适；二是正确对待公诉机关对量刑建议采纳率的考核，既不能畏首畏尾给出过于宽泛的刑期建议，又应防止检法两家在审前沟通好刑期进行精准量刑的情况，以致未审先判，使庭审流于程序。

（三）增加非监禁刑适用率

应慎重权衡认罪认罚的轻微刑事犯罪对被告人判处监禁刑的必要性。对人身危险性低、无监禁必要的被告人，综合其他情节考虑增加非监禁刑尤其是缓刑适用率。在对 Y 法院的调研中了解到，由于 Y 法院规定速裁案件结案时间极短，工作环节环环相扣，书记员工作可谓争分夺秒。比如，判处缓刑，除审前就已办理取保候审的被告人之外，需要在宣判当日立即前往看守所办理取保候审手续。取保候审手续并没有随试点推进而简化，法官在作出缓刑判决时不得不考虑书记员的工作时间安排，与其使自己的辅助人员手忙脚乱、忙中出错，实务中更常见的是以“关多久判多久”的方法替代缓刑，事务性工作成为阻碍缓刑适用的一个不可忽视的原因。建议简化办理取保候审手续，探索司法辅助人员远程为宣判缓刑的被告人办理取保候审手续的工作流程，以缓解缓刑适用的案外阻力。

五、结语

“理想主义的公正观毕竟是人们一个美好的愿望，在向这个理想过度过程中，要付出许多代价，而代价就是将理想公正观改变为现实公正观。”[1]探索对认罪认罚的被告人进行适当的从宽，实际上就是理想主义公

〔1〕 杜民霞：《略论美国辩诉交易制度及检察官的作用》，《犯罪研究》2003 年第 3 期。

正观落地过程中进行的现实主义调适。在这一过程中，既要摒弃固步自封的量刑保守主义，把握从宽的目的论和原则性，大胆、灵活、综合适用各种从宽的方法，也要让量刑符合罪刑法定的要求，兼顾同类案件的量刑平衡，防止太过冒进。

（初审：谢进杰）

阅读经典

Reading of Classic Works

公共选择与法律

——利益集团理论述评

敖海静*

【提 要】 将经济学的理论和方法应用于其他社会科学领域是当代西方社会科学学术的重大发展。其中，公共选择理论是这一理论趋势中颇为耀眼的一颗新星。这一理论将理性人假设和方法论上的个人主义贯彻到政治和法律运作的过程中，更新了以往的研究结论。作为公共选择的两大理论分支之一，利益集团理论与法律研究的关系极为密切，被应用于诸多法律议题的研究领域，为我们更加深入地洞察法律制定和运作的逻辑提供了理论钥匙。在这一交叉研究的发展过程中，立法的交易模式作为一种新兴的具体的研究工具，尤为关注立法的供需关系和供需两方的行为逻辑，为我们从公共选择的视角认识和解释法律制度奠定了基础。这一进路标志着社科法学中一种既不同于法律社会学，也不同于借助微观经济学的传统法律经济学的本土化研究进路。中国学者需要足够的理论自觉，要紧紧盯住公共选择理论的方法论意义，找到本土法律实践中的行为人，并利用方法论的个人主义去建立有因果机制的理论解释。

【关键词】 公共选择 法律 利益集团 立法的交易模式

---

* 作者敖海静，男，中国人民大学法学院博士后研究人员，武汉大学法学博士，研究领域为公法学和法制史，代表作有《“法庭之友”：一种诉讼信息披露机制》《人生就是一场实验——新政时期的州际贸易条款研究》《文本、宪法解释与第二修正案——以 District of Columbia v. Heller 为中心的分析与展开》《英国衡平法上救济先于权利原则的衍生》等，E－mail：aohjwhu@ foxmail. com。感谢匿名审稿人的修改意见，一如成例，文责自负。

一、引言

著名经济学家丹尼斯·C. 缪勒将公共选择定义为“对非市场决策的经济学研究，或者简单地定义为把经济学运用于政治科学的分析”[1]。在公共理论学界和法律学界，这一概念受到了广泛的接受和运用[2]。简单地说，公共选择正是在与私人选择相对的意义上获得定义的。从更为狭义的角度而言，公共选择理论不外是将微观经济学的分析应用于政治决策，几乎政治过程的所有方面都能成为它的应用领域和分析对象。这些方面包括投票规则和行为、利益集团问题、政治制度的内部结构、宪政体制内的政治互动、国家理论、政党政治、政治交易、政治冷漠、官僚选择、政策分析，以及管制理论等[3]。历史地看，公共选择观念的起源似乎可以追溯至两百多年前两位法国数学家让查尔斯·博尔达和马奎斯·孔多塞对投票表决过程的数学分析。对此，诸如塔洛克、托利森、莱芙莫尔、皮科克、缪

〔1〕［美］丹尼斯·C. 缪勒：《公共选择理论》，杨春学等译，北京：中国社会科学出版社，1999年，第4页。

〔2〕例如，戴维·B. 约翰逊就认为，“政治市场的研究，实质上是将经济学的方法应用于政治科学”。See David B. Johnson, *Public Choice: An Introduction to the New Political Economy*, California: Bristlecone, 1991, p. 12；公共选择理论巨擘戈登·塔洛克也说，“公共选择在本质上是利用经济学的工具解决传统上属于政治科学的一些问题”。［美］戈登·塔洛克：《公共选择》，载《公共选择——戈登·塔洛克论文集》，柏克、郑景胜译，北京：商务印书馆，2011年，第17页。斯特恩斯也认为，“正与私人决策相对，（公共选择）就是对公共决策的经济分析”。See Maxwell L. Stearns, *Public Choice and Public Law*, Cincinnati: Anderson, 1997, p. xvii. 其他类似的观点可参见 Daniel A. Farber, Philip Frickey, *Law and Public Choice: A Critical Introduction*, Chicago: The University of Chicago Press, 1991, p. 7; Jerry Mashaw, “The Economics of Politics and the Understanding of Public Law”, 65 *Chicago Kent Law Review* 123 (1989), p. 124.

〔3〕对于麦考罗和 Medema 来说，公共选择理论也构成了一种法律经济学的研究方法，这种方法与关注司法裁决，并以普通法为面向的芝加哥法律经济学派不同，它主要关注通过政治过程——法律的需求和供给——来实现的法律的创制和实施。See Nicholas Mercuro, Steven G. Medema, *Economics and the Law*, New Jersey: Princeton University Press, 2006, p. 156.

勒，以及布坎南等著名的公共选择论者基本上都是认可的〔1〕。而进入现当代，除了上述学者的著述以外，布莱克、阿罗、唐斯、赖克和尼斯坎南等人的作品也极大地推进了公共选择理论的发展〔2〕。

然而，在公共选择理论方面，布坎南和塔洛克合著的《同意的计算——立宪民主的逻辑基础》〔3〕一书堪称石破天惊的里程碑作品。有学者认为，布坎南和塔洛克的这项研究在很多方面都具有开创性的意义。它将经济学中效用最大化的行为模型的适用范围扩展至政治选择和“作为交换的政治”的概念化领域。不仅如此，它还将这些学界原本认为毫无关联的元

---

〔1〕参见［美］戈登·塔洛克《公共选择》，载《公共选择——戈登·塔洛克论文集》，柏克、郑景胜译，北京：商务印书馆，2011 年，第 17 页；Robert D. Tollison，“Public Choice and Legislation”，74 *Virginia Law Review* 339（1988）；Saul Levmore，“Parliamentary Law，Majority Decision Making and the Voting Paradox”，75 *Virginia Law Review* 971（1989）；Alan Peacock，*Public Choice Analysis in Historical Perspective*，Cambridge：Cambridge University Press，1992；Dennis C. Mueller，*Perspectives on Public Choice：A Handbook*，Cambridge：Cambridge University Press，1997；James Buchanan，*The Collected Works of James Buchanan*，*Vol.* 13：*The Politics as Public Choice*，2000.

〔2〕例如，邓肯·布莱克为研究委员会和候选人在选举中的行为发展了一套中间选民理论，并且建立了一个丰富的微观分析框架。See Duncan Black，*The Theory of Committees and Elections*，Cambridge：Cambridge University Press，1958. 肯尼思·阿罗则对社会福利环境下的多数决规则进行了评估，并提出著名的阿罗不可能定理，简单说来就是如果众多的社会成员具有不同的偏好，而社会又有多种备选方案，那么在民主的制度下不可能得到令所有人都满意的结果。参见［美］肯尼思·阿罗《社会选择与个人价值》，陈志武、崔之元译，成都：四川人民出版社，1987 年。安东尼·唐斯以及后来的一些学者，如塔洛克，则视个人的投票决策为一种消费行为，而不是出于个人利益的理性的投资性行为。参见［美］安东尼·唐斯《民主的经济理论》，姚洋、邢予青、赖平耀译，上海：上海世界出版集团，2005 年。威廉·H. 赖克提出了著名的最小获胜联盟原则（Minimum Coalition Principle）的假定，并提供相关证据。参见 William H. Riker，*The Theory of Political Coalitions*，New Haven：Yale University Press，1962. 威廉·A. 尼斯坎南阐发了代议制政府背景下官僚机构行为的理论，提出了官僚预算最大化模型，即官僚是追求总预算规模最大化的，并且认为在预算程序中，官僚机构支配者立法机关。泛详 William A. Niskanen，*Bureaucracy and Representative Government*，Chicago：Aldine，1971；［美］威廉姆·A. 尼斯坎南：《官僚制与公共经济学》，王浦劬等译，北京：中国青年出版社，2004 年。

〔3〕James Buchannan，Gordon Tullock，*The Calculus of Consent*：*Logical Foundations of Constitutional Democracy*，Michigan：University of Michigan Press，1962. 中译本参见［美］詹姆斯·M. 布坎南、戈登·塔洛克《同意的计算——立宪民主的逻辑基础》，陈光金译，北京：中国社会科学出版社，2000 年。对于布坎南和塔洛克来说，立宪设计是这样一个问题，即对于任何国家行动来说，根据宪法来决定何种投票规则或者选择机制。See Ludwig Van den Hauwe，“Public Choice，Constitutional Political Economy and Law and Economics”，in Boudewijn Bouckaert，Gerrit De Geest（eds.），*Encyclopedia of Law and Economics*，Vol. 1，Edward Elgar Publishing，1999，p. 612.

素整合为一个逻辑连贯的结构[1]。

但对于塔洛克本人而言，唯一令人感到诧异的是，有关公共选择的命题在历史上从来没有进入过正统学科——无论是经济学还是政治科学——的视野。“确实抓住过这些命题的著书立说者，如马基亚维利在《君主论》中有几处论述，常被视为道德上可疑的人，而且往往被拿出作为坏人的事例，而不被视为深刻的分析者。”[2] 对此，塔洛克认为，正是公共选择改变了这种看法，但更为重要的是，“通过使用一种模型，其中的选民、政客和官僚都被假定为主要是自利的，公共选择变得有可能利用取自经济学方法中的分析工具了。结果，得出了一些相当严密的模型，尽管模型中的数据取自政治范畴，却可以用在经济学中使用的同样的统计方法进行检验。这个结果就是政治学的一种新理论，它更加严密，更加现实，也比老的正统方法更好检验”[3]。

本文旨在对当代公共选择理论在法律研究方面的应用脉络进行初步的理论梳理，主要分为四个部分进行论述。首先，本文将介绍有关公共选择理论的基本假设。其次，将对作为公共选择的两大理论分支旨之一的利益集团理论的发展脉络进行述评，因为这一理论对美国的法律研究产生了重大影响，为我们深入理解法律制定和运作的逻辑提供了理论钥匙。再次，从理论解释发展到具体的研究工具，是公共选择理论应用于法律研究领域的一个突出的特征，基于此，本文将介绍作为该特征代表的立法的交易模式这一工具。最后，本文会对上述理论脉络作一个简要的总结和评析。应当说，将公共选择理论与法学研究进行恰当和有机的联系是颇有价值的学

---

〔1〕 路德维希·范·德恩·豪威认为，《同意的计算——立宪民主的逻辑基础》是一本具有开创性意义的著作，“它将经济学中效用最大化的行为模型的适用范围扩展至政治选择和‘作为交换的政治’的概念化领域。不仅如此，它还将这些学界原本认为毫无关联的元素整合为一个逻辑连贯的结构”。因此，政治过程就被概念化为一个互利互惠的交易。正因如此，作为一种集体决策规则的全体一致规则就具有了吸引力。既然规则间的选择是一种社会性的选择，而非交易，那么自愿交易的形式就是政治同意。See Ludwig Van den Hauwe, “Public Choice, Constitutional Political Economy and Law and Economics”, in Boudewijn Bounckaert, Gerrit De Geest (eds.), *Encyclopedia of Law and Economics*, Vol. 1, Edward Elgar Publishing, 1999, pp. 604-605.

〔2〕 [美] 戈登·塔洛克：《公共选择》，载《公共选择——戈登·塔洛克论文集》，柏克、郑景胜译，北京：商务印书馆，2011年，第18页。

〔3〕 [美] 戈登·塔洛克：《公共选择》，载《公共选择——戈登·塔洛克论文集》，柏克、郑景胜译，北京：商务印书馆，2011年，第18页。

术探索，因为这种学术努力契合了当代学术研究中各学科相互借鉴、融合的发展趋势。而这不仅是本文的基本立场，也是促使笔者写作本文的原因和初衷。

二、基本的理论假设：理性人与个人主义

从分析的视角来看，要想一窥公共选择理论的堂奥，则必须首先正视这一理论的两个基本前提假设。首先是理性人假设，又称经济人假设。而对于理性人到底是什么样的“人”，唐斯借助阿罗的理论所进行的分析和定义至为精当。他认为，“一个理性人是一个按如下方式行为的人：(1) 当他面临一系列可选择方案时，他总能够作出一个决定；(2) 他根据他的偏好顺序按这样一种方式来排列所有可选择的方案，使得每一方案或者优于其他方案，或者与其他方案无差异，或者劣于其他方案；(3) 他的偏好顺序是传递的；(4) 他总是选择在他的偏好顺序中位置最高的可选方案；(5) 每当他面临同一选择时他总是作出同一决定。”[1] 通常来说，理性人的前提假设关联着任何一种理性选择理论的基本证立。用经济学家加里·贝克尔的话来说，“所有人类行为均可以视为某种关系错综复杂的参与者的行为，通过积累适量信息和其他市场投入要素，他们使其源于一组

---

〔1〕［美］安东尼·唐斯：《民主的经济理论》，姚洋、邢予青、赖平耀译，上海：上海世界出版集团，2005 年，第 5 页。托马斯·尤伦则在两种意义上界定了理性这个术语。第一种是在非正式的意义上，即当某项选择的作出是审慎和协商的结果，那么他就是理性的。另一种则是在正式意义上，即消费者具有可传递的偏好，且在各种约束条件下通过这些偏好而寻求效用的最大化。See Thomas S. Ulen，“Rational Choice Theory in Law and Economics”，in Boudewijn Bounckaert，Gerrit De Geest（eds.），*Encyclopedia of Law and Economics*，Vol. 1，Edward Elgar Publishing，1999，pp. 791-792. 相对而言，布坎南和塔洛克的定义则十分简便易行。他们认为，理性人或者经济人的假设不过就是指“当有代表性的或普通的个人在交换中面临现实的选择时，他将选择‘更多’而不是‘更少’”。参见［美］詹姆斯·M. 布坎南、戈登·塔洛克《同意的计算——立宪民主的逻辑基础》，陈光金译，北京：中国社会科学出版社，2000 年，第 19 页。在十年后的《公共选择理论：经济学在政治方面的应用》一书中，布坎南进一步发挥了这一立场。他说道，“当总量和‘更少’是以可独立识别和界定的物品为单位进行测量时，行为符合经济理性的代理人则偏向选择更多而不是更少”。See James Buchanan，Robert Tollison，*Theory of Public Choice*：*Political Applications of Economics*，Michigan：The University of Michigan Press，1972，p. 17.

稳定偏好的效用达至最大”[1]。

由于社会对公共物品的现实需求和公共物品本身具有的消费的非排他性和非竞争性的特征，使得市场机制难以以合理的成本提供满足社会基本需求的公共物品。在这个意义上，很多人将政府视为一种成本更低的市场替代机制。但是，在公共选择论者看来，这显然是一个误解。因为人们所处的地位的变化并不会必然改变他的本性。个人的行为天生地要使效用最大化，直到遭受对他们的抑制时为止[2]。过去经济学和政治学的分析出于两个相反的标准，经济学假定在经济活动中人人都是自私自利的，政治学则认为政治人是利他主义者。这种分析前提在实际上撕裂了人的本质，使得制度分析无法在一个统一的基础上展开。如果假定人人都是利他主义者，就不会存在坏的体制，也无法解释坏政策的产生[3]。

第二个基本假设是方法论上的个人主义。传统的政治理论在分析集体行为时，往往将团体作为一个不可分割的整体，从整体的角度来分析个人的政治或社会行为。尤其在分析国家时，更是将国家视为代表社会的唯一决策单位，不仅认为存在客观实在的国家利益（公共利益），而且这一利益必然是凌驾于个人利益之上的。然而，当经济学的方法被纳入政治分析时，这一理论前提就面临难以自洽的矛盾。不仅阿罗的不可能定理和“投票悖论”理论已经证明个体偏好集结为公共偏好时，诸如自由、效率和理性等诸多基本价值是不可能同时实现的，因此，不可能找到过于理想化的社会选择规则。而且本身对于经济科学来说，集体本身是无法选择和行动的，只有个人才作出选择和行动。社会不是别的什么事物，不过是一种个人追求自身利益的总量效果，国家也只是个人借以寻求自身效用的机构。根据方法论的个人主义原则，埃尔斯特认为，“根本就不存在所谓的集体目标或者集体信念。经过一番讨论，一个家庭或许会就使用其收入的方式作出决定，但这一决定绝不是建立在所谓的‘它的’目标和‘它的’信念

---

〔1〕［美］加里·S. 贝克尔：《人类行为的经济分析》，王业宇、陈琪译，上海：上海三联书店、上海人民出版社，1995年，第19页。

〔2〕［美］詹姆斯·M. 布坎南：《自由、市场和国家：20世纪80年代的政治经济学》，吴良健、桑伍、曾获译，北京：北京经济学院出版社，1988年，第23页。

〔3〕参见许云霄编著《公共选择理论》，北京：北京大学出版社，2006年，第22—23页。

的基础上，因为根本就不存在这些东西”[1]。我们说公共选择理论在方法论上坚持个人主义的立场，不过是认为个人才是决定私人行动与集体行动的唯一的终极抉择者，应当将个人利益或偏好作为基本的分析单位，视个人偏好为唯一的价值测量方式，行为的目的是个人偏好的满足与分配效率的实现。不论在经济市场上，还是在公共选择论者也视为一个市场的政治领域，这一目的都是通过根据资源的价值进行分配实现的，而资源的定价则以个人的支付意愿而定。由于每个人的偏好、能力与条件并不相同，个人所理解的成本和收益是有区别的。个人的选择具有主观性质，他人无法预测。由于个人是集体决策的最终承受者，也只有个人才具备评判决策结果的资格[2]。

就以上两个基本假设的应用而言，最容易引起争论的问题之一就是自利原理在政治市场上的运用。根据公共选择理论，我们的确有望在政治市场上发现那些存在于任何市场环境中的自利的个人[3]。如此一来，政治人这个在传统政治科学文献中被描述为在集体行动中体现了公共精神的利他主义者就应当被视作政治市场中理性自利的决策个体，诸如议员、选民，以及官僚等概莫能外。换言之，这就表明了一种方法论上的一致性，即不论是在私人领域，还是在公共领域的制度环境下，我们都有望在自利的个人中间找到一种同等的行为动力机制。对此，有论者认为，个人在在政治生活中理性自利的假设是错的，理性人假设，尤其是政治生活中的理性人假设不符合现实。因为在政治生活中，人们的行为动机是多样化的，公共选择理论家简化或者说漠视了这种多样化，没有看到政治生活中常常出现

---

〔1〕 John Elster, “Introduction”, in Jon Elster (ed.), *Rational Choice: Readings in Social and Political Theory*, New York: New York University Press, 1986, p. 3.

〔2〕 参见许云霄编著《公共选择理论》，北京：北京大学出版社，2006 年，第 20 页。

〔3〕 从学术传统上看，关于个人自利的假设可以追溯到亚当·斯密的以下这段名言：“人总是需要有其他同胞的帮助，单凭他们的善意，他是无法得到这种帮助的。他如果诉诸他们的自利之心，向他们表明，他要求他们所做的事情是于他们自己有好处的，那他就更有可能如愿以偿。任何想要同他人做买卖的人，都是这样提议的。给我那个我想要的东西，就能得这个你想要的东西，这就是每项交易的意义；正是用这种方式，我们彼此得到自己所需要的帮助的绝大部分。不是从屠夫、酿酒师和面包师的恩惠，我们期望得到自己的饭食，而是从他们自利的打算。我们不是向他们乞求仁慈，而是诉诸他们的自利之心，从来不向他们谈自己的需要，而只是谈对他们的好处。”参见［英］亚当·斯密《国富论》，杨敬年译，西安：陕西人民出版社，2008 年，第 18 页。

的利他行为[1]。但正如新古典经济学家弗里德曼所指出的，理论假设只是对纷繁复杂的社会现象进行概括性描述的方式之一，对假设进行取舍的标准并不是它本身的真伪，或是在多大程度上符合现实，而是据此假设建立起来的理论的预测价值。这也就是说，公共选择理论的基本理论假设之所以被学界广为接受，其原因并不是它真的反映了客观事实，而是因为相较于其他种种人性假设，它提供了可以接受检验的理论和预测成果[2]——尽管行为人客观上并没有按照经济学家的理论分析工具行为和决策，但这并不妨碍经济学家们通过运用这些理论得出的结论来预测他们的行为和决策。有一些学者在质疑理性人和方法论的个人主义假设的基础上，提出了诸如“比较利益人”“政治理性人”“公共人”等新的理论假设[3]，以求呼应行为人政治行为动机多样化的现实情况。这些新的假设或许更贴近现实，然而问题在于它们丧失了理论自洽和预测的功能——因为它们无法解决这样的问题，即行为人的决策在何种情况下是自利的，而在何种情况下又是利他的；何种情况下是理性的，何种情况下又是受到情感支配的。事实上，这些批评只能是一种“批评”，根本无法提供“建设”。

但即便如此，公共选择论者也并不否则理论的局限性。他们本身也对理性人假设的各种问题——信息不充分、个人偏好、情感因素等——保持着适当的开放态度。正是在这种意义上，经济学家与公共选择论者都试图避免在有关人类个人欲望与动机方面设定过于强烈的假设。相反，他们都将自己的模型建立在看似简单的个人“理性”的假设上。斯特恩斯和茨维基就指出：

个人理性假定不论人们拥有多么不同的个人偏好，他们都会以有效率

---

〔1〕 此类批评性观点，可参见褚松燕《一种政治学研究范式的局限——评公共选择理论》，《天津社会科学》2000年第4期，第43—47页；方福前《“经济人”范式在公共选择理论中的得失》，《经济学家》2001年第1期，第88—95页；李培林《理性选择理论面临的挑战及其出路》，《社会学研究》2001年第6期，第45—57页；张晒《理性选择理论：优势、局限性与可能出路》，《湖北经济学院学报》2015年第3期，第106—112页。

〔2〕 See M. Friedman, “The Methodology of Positive Economics”, in M. Friedman ed., *Essays in Positive Economics*, University of Chicago Press, 1953.

〔3〕 参见吴金群《行政人是“经济人”还是“公共人”：事实与价值之间》，《探索》2003年第5期；陈庆云、曾军荣、鄞益奋《比较利益人：公共管理研究的一种人性假设——兼评“经济人”假设的适用性》，《中国行政管理》2005年第6期，第40—45页；汪波《政治学基本人性假设的再探讨——论“政治理性人”的基本逻辑》，《浙江社会科学》2007年第6期，第52—58页。

地使用成本的方式来达到自己的目的。通常与经济学家一样，公共选择论者也接受个体动机的假设，并将其作为开展进一步研究的既定起点。例如，一个人在创办或者经营一家公司的过程中所表现出的理性与在建立或者促进一家慈善机构时并无差别。因此，对理性的经济学解读完全不同于所谓的经济人（homo economicus）。经济分析的批评者通常认为这一理论建立在总是将个人行为理解为完全狭隘的利己主义的基础上。然而事实上，这是对经济学家有关理性假设的拙劣的歪曲。一个人的行为可能会受到各种各样的想法的驱动。这些动机可能会——而且往往确实会——包括最大限度地增加收入或者利润的愿望，但同时也可能会包括诸如竞争忧虑、增加休闲、获取智力刺激、支持家人和朋友，以及对宗教、慈善或者社区表现出认同等因素。经济学家认为，无论个人寻求的目的和效用是什么，他都会理性地实现目标。进一步而言，经济学家也认为，尽管个体间的差异如此的惊人，但理性则呈现出了某些人类所共同分享的自然天性[1]。

因此，公共选择理论在方法论上的个人主义立场并不是说个人的决策和选择是完全孤立的，不会因为制度环境的变化而永远不变。经济学的确假定个人的偏好是稳定有序，且可传递的，但这并不意味着偏好是唯一的。公共选择理论承认人们的偏好不仅存在个体间的重大差异，而且也认为个人可能会追求多种效用和偏好，决定行为的动机也是多种多样的。自利并不完全等同于自私。个人的选择会随着制度环境的不同而不同。只不过无论是什么制度环境，公共选择理论都认为任何选择都是个体的选择。同时，个人主义并不必然就是利己主义，个人主义并未限定个人所追求的目标一定是个人主义的，其目标取向也可以是利他主义的[2]。应当允许人们按照自己的价值观来过自己的生活，这是公共选择理论方法论的精神实质。

这也就是说，完整的公共选择理论框架还包括制度功能和制度设计的

---

〔1〕 Maxwell L. Stearns, Todd Zywicki, *Public Choice Concepts and Applications in Law*, Minnesota: West, 2009, pp. 7-8.

〔2〕 参见许云霄编著《公共选择理论》，北京：北京大学出版社，2006年，第20—21页。

分析与评估[1]。因为这些因素会极大地影响到对政治行动者的激励和约束。同时，在政治过程的语境下，代理成本问题也会于代理人（如在选举中被选出而代表选民利益的人）的行为与委托人（例如，选民或者其他决策者）的目标间的背离处显现出来[2]。

三、重新理解法律：利益集团理论之脉络

在公共选择理论领域，存在着两大理论分支：社会选择理论和利益集团理论。这两大理论分支均缘起于经济学研究方法和范围的拓展。社会选择理论主要关注偏好聚合问题，利益集团理论则为我们更深入地洞察法律制定和运作的逻辑提供了理论资源。因此相较而言，在美国的法学界，利益集团理论受到更多的关注和应用。法学家们利用这一理论来研究立法需求和供给、“法庭之友”制度、财产征收，以及竞选资金管制等问题。就本文的研究进路来说，本文也将主要关注后一个理论分支，即利益集团理论，并试图理解政治市场的运作逻辑。同时，在借助交易模型的前提下，尤为关注立法的供需关系和供需两方的行为逻辑。

传统的政治学观点认为，在理想化的民主制度中，公共政策是通过“一人一票”的投票原则对公众意愿的真实反映。然而，这种看法终究是一种美好的政治理想。正如研究美国政治的学者们所指出的，“美国的政治体系，在实质上是以利益集团或群体为根基的。权力的分配和政策的形成，都要以不同竞争群体的现实平衡为基础”[3]。事实上，美国的宪制结构本身就反映了麦迪逊对政治过程中党争影响的深深忧虑——党争败坏了

---

〔1〕 经济学家诺斯认为，制度是一个社会的游戏规则，是为决定人们的相互关系而人为设定的一些制约，它通过向人们提供一个日常生活的结构来减少不确定性。它由正式制约（如规则、法律、宪法等）、非正式制约（如行为规范、习俗、自我实施的行为规则等），以及它们的实施特征构成。同时，制度也构造了社会中的激励结构。See Douglas C. North, “Economic Performance Through Time”, 84 *American Economic Review* 359 (1994), p. 369.

〔2〕 斯特恩斯与茨维基认为，“代理人——不论是立法者还是法官——都不是白板一块。公共选择理论的一个基本信条就是代理人并非委托人用以实现自己目的的中立的渠道。相反，代理人自身的偏好和动机有时候与委托人是一致的，有时候则背道而驰。代理成本是一个非常复杂的问题，因为在我们找到用以降低代理成本的措施前，我们必须先解决一个逻辑上在先的问题，即谁是委托人？” See Maxwell L. Stearns, Todd Zywicki, *Public Choice Concepts and Applications in Law*, Minnesota: West, 2009, pp. 12-13.

〔3〕 刘润忠：《美国政治与利益集团》，《天津社会科学》2002年第1期，第58页。

联邦的公共管理，造成了不稳定和不公正。在他看来，“党争就是一些公民，不论是全体公民中的多数或少数，团结在一起，被某种共同情感或利益所驱使，反对其他公民的权利，或者反对社会的永久的和集体利益”。党争的潜在原因深植于人性之中，“相继把人们分为各种党派，煽动他们彼此仇恨，使他们更有意于触怒和压迫对方，而无意为公益而合作。”“但党争的最普遍而持久的原因，是财产分配的不同和不平等。有产者和无产者在社会上总会形成不同的利益集团。债权人和债务人也有同样的区别。土地占有者集团、制造业集团、商人集团、金融业集团和许多较小的集团，在文明国家里必然会形成，从而使他们划分为不同的阶级，受到不同情感和见解的支配。管理这各种各样、又互不相容的利益集团，是现代立法的主要任务，并且把党派精神和党争带入政府的必要的和日常的活动中去。”〔1〕 在关于党争的治理问题上，麦迪逊认为既然党争的原因无法消除，则只能对其结果加以控制以求解决，而共和政体就是最佳的控制机制〔2〕。虽然麦迪逊所论述的党争还并不是现代意义上的利益集团政治，这从他在论述中不加区别地换用政党和派别两个词中可以看出来，但他提出的对民主制度进行结构性保护的理论使他成为美国有史以来阐述利益集团理论的第一人〔3〕。而后这一美国政治实践中真实问题成为学术界研究的重要课题，并成为公共选择理论的一个学术生长点。事实上，美国的政府结构能否真的体现并保障公共利益，防止某些利益集团绑架公共政策，至今仍然是值得质疑和讨论的问题。在法学界，也有不少学者开始运用公共选择理论来分析利益集团在立法过程中的角色和功能。

从现代的视角来看，政治学家和宪法学家亚瑟·本特利最先对利益集团的功能展开了理论研究。他在首版于1908的《政府的过程：社会压力研究》一书中认为，不存在没有集团利益的集团，政治压力是一种集团现象，而集团之间的压力平衡构成了一个社会的现状。这种观点也为后来的杜鲁门、道尔和V. K. 基所接受，形成了多元主义的利益集团理论。这种

---

〔1〕［美］汉密尔顿等：《联邦党人文集》，程逢如等译，北京：商务印书馆，1980年，第45，46—47页。

〔2〕［美］汉密尔顿等：《联邦党人文集》，程逢如等译，北京：商务印书馆，1980年，第48—51页。

〔3〕谭融：《美国的利益集团政治理论综述》，《天津大学学报（社会科学版）》2001年第1期，第7—8页。

理论认为，社会成员总是归属于某一个或几个利益集团，这些集体的目的也各不相同。正式的民主过程本身包含着局限性，尽管选举的结果反映了多数人的选择，但却不能保证决策结果能够反映多数人的意志。政府的决策总是满足那些相对较小的集团。因此，必须通过利益集团之间的相互作用和竞争来满足多元社会的要求，一致性要通过复杂的过程，涉及多种问题、多个集团、多个成员、多种资源和多个切入点，最终汇合为公共利益[1]。这种理论实际上是对“个人行动的目的是追求自身利益最大化”命题的推广。

然而，这方面的开创性工作必然是与奥尔森名为《集体行动的逻辑》的杰作联系在一起的。在他看来，并不是所有的利益相关者都有同样的机会组成或进入一个集团，也并不是所有的利益相关者都能在维护利益方面采取影响公共政策的集体行动。那种认为从理性的和寻求自身利益的这一前提就可以合逻辑地推出集团会从自身利益出发采取行动的观念事实上是不正确的。因为如果由于某个成员的独立活动使得整个集团的状况有所改善，由此我们可以合理地假定成员个人付出的成本与集团获得的收益是等价的，但付出成本的成员事实上却只能获得其行动所带来收益的一个极小的份额。在一个集团范围内，集团收益是公共性的，即便有的成员并没有为此付出任何成本，也仍会分得一部分收益。集团收益的这种性质促使集团的每个成员都有“搭便车”而坐享其成的激励。集团越大，分享收益的人越多，则为实现集团利益而进行活动的成员分享到的收益份额就越小。所以，在严格坚持经济学关于人及其行为的假定条件下，理性的人并不会为了集团的共同利益而采取行动。多元主义的利益集团理论对理性经济人的逻辑前提做了完全错误的推广。奥尔森这种关于集体行动的“搭便车”困境为公共选择论者进一步理解影响立法需求的压力提供了很好的切入点。埃斯克里奇对此评论道：“乐观的多元主义论者以为在应对社会环境中的各种真实侵扰时，利益集团就会形成并因此表达出合理的不满，将各种各样的社会经济视角带入随后的政治辩论之中。然而，继奥尔森之后，公共选择理论认为利益集团的形成将更具选择性，因此，立法需求也表现

---

〔1〕 谭融：《美国的利益集团政治理论综述》，《天津大学学报（社会科学版）》2001年第1期，第10页。

出高度的偏颇。"[1]

奥尔森通过“搭便车”困境对利益集团形成过程中的选择性特征进行了解释。立法是一种“非排他性”的公共物品，社会的所有成员都可以毫无阻碍地获取立法收益中的一份，即便他并没有为法律的通过付出任何成本。正是由于利益集团的成员存在着“搭便车”的激励，都期待着他人付出成本为整个集团提供公共福利，到头来，能够改善集团状况的公共物品就因无人提供而处于供给不足的状态。但是，有时候也会存在一种例外，那就是在原则上，“搭便车”问题对规模较大的集团产生的困扰远多于对小规模集团的困扰。小集团之所以冠之以“小”的称呼，就是因为成员人数少，较之实现的集团总收益，集团的总成本更小。反之，“就大集团而言，其获得的任何集体物品的数量离最优水平越远，它就越不可能采取行动去获取哪怕是最小数量的这类物品。简而言之，集团越大，就越不可能去增进它的共同利益"[2]。可以说，在这一点上，小集团的成员拥有着与自身规模极不相称的集体行动组织力。另一方面，随着利益集团规模的增大，不仅组织成本，而且信息成本和监督成本也将随之增加。而小集团的优势就在于如果从集体行动中获得利益的个体为数很少，集体成员就有可能进行谈判，并取得一致同意从而开展集体行动。因为这种成员之间讨价还价的成本较低，成员之间的博弈是在一种近似完全信息条件下进行的，即大家都知道各自可能的行动以及该行动所带来的各种可能后果。这也就是说，规模小的集团“降低了交易成本增加了搭便车的成本（通过减少可搭便车的可能性——每个人对其集团的成功可能都是必不可少的），增加了重新分配的收益，而且通过减少每一反对者的成本而降低有组织反对的可能性"[3]。

但是，奥尔森通过研究也承认，通过对其成员进行选择性激励（如对那些为集团利益的增加作出贡献的个人，除了使他能获得正常的集体利益的一个份额之外，再给他一种额外的收益，如额外的奖金、红利或荣誉

---

〔1〕 William N. Eskridge, Jr. ,“Politics Without Romance: Implications of Public Choice Theory for Statutory”, 74 *Virginia Law Review* 275 (1988), pp. 285-286.

〔2〕［美］曼瑟尔·奥尔森:《集体行动的逻辑》，陈郁、郭宇峰、李崇新译，上海：上海三联书店、上海人民出版社，1995 年，第 30 页。

〔3〕［美］理查德·A. 波斯纳:《法律的经济分析》，蒋兆康译，林毅夫校，北京：中国大百科全书出版社，1997 年，第 685 页。

等)，或者成员被强制加入（如专业性或行业性协会)，大集团也能够有效组成并展开集体行动。即便如此，也正如埃斯克里奇所指出的那样，“奥尔森的主要观点，即不同规模的利益集团在克服搭便车难题方面拥有极为不同的能力，已经获得了某些经验性研究的支持，并且被公共选择理论界广为接受”〔1〕。

紧接着，奥尔森又在1985年出版了作为《集体行动的逻辑》的姊妹篇的《国家的兴衰：经济增长、滞胀和社会僵化》一书。他在这本书中对之前的理论进行了进一步的拓展，但事实上更像是以经济史上的各国兴衰历程对理论进行了经验验证。在这本书的开篇，他就提出了一个旨在用自己的利益集团理论重新加以解释的老问题——“许多曾经一度辉煌的庞大帝国或文明逐渐衰落或崩溃；而许多过去曾经是矇昧野蛮的民族却迅速崛起，获得了巨大的财富、权力，创造了灿烂的文明”〔2〕。

一般来说，任何利益集团在原则上都可以通过以下两条路径为其成员带来利益：第一，帮助形成生产率更高的社会，这样其成员即便按照原有份额也会得到更多产品；第二，在社会总产量不变的前提下为其组织成员获取更大的分配份额。也就是说，“一个组织可以通过将社会生产的‘馅饼’做大来使其成员受益，因为在分配份额不变的情况下可以得到的那一块更大，也可以在‘馅饼’大小不变的情况下通过分享更大的份额使其成员获益”。但不论采用哪一种途径，都需要付出一定的成本。为此，奥尔森举了一个例子。假定组织所代表的工人或企业，占有全国收入总额的1%。如果这个组织采取第一种途径，承担了推动社会以更高的生产率进行生产所需要的全部成本，但也只能得到由此给整个社会带来的全部收益的1%。那么，平均而言，当且仅当组织成员为使社会生产率更高所投入的资源所能产生的社会收益比为获得这些收益而支付的成本至少高出100倍的时候，组织成员才可能获得净收益。这实际上是说，为整个社会的收益而行动的组织支付了行动的全部成本，但却只能按照既定份额获取收益中的一小部分。但是，当我们假定这个组织采取第二种途径。尽管由于此

〔1〕 William N. Eskridge, Jr.,“Politics Without Romance: Implications of Public Choice Theory for Statutory”, 74 *Virginia Law Review* 275 (1988), p. 286.

〔2〕［美］曼瑟·奥尔森：《国家的兴衰：经济增长、滞胀和社会僵化》，李增刚译，上海：世纪出版集团、上海人民出版社，2007年，第1页。

种再分配带来的社会激励模式的变化将促使社会总体生产能力和产量下降，作为社会构成部分的组织成员本身也要承受这种损失，但除非社会产量的下降数至少是组织成员在再分配努力中获得的产量的100倍，否则他们仍会通过获取社会产品的更大份额而获取净收益。也就是说，这样的组织在努力攫取社会产品的更大份额时，根本不会考虑强加这种再分配可能给社会整体造成的任何损失。相比自己之前提出的分馅饼的比喻，此时奥尔森到觉得将这种情况视为一群强盗冲进一家瓷器店抢劫更符合问题的核心本质[1]——说白了就是，其中一些强盗比别人抢到更多，但同时在抢劫的过程中也打碎了不少原本大家可以分到的瓷器。

奥尔森把社会中都极力偏向于收入和财富的再分配而不是生产更多产品的组织称为“分配联盟”[2]。这种“分配联盟”是一种特殊利益集团，可能是卡特尔，也可能是立法游说团体，也可能兼有两者特征。他们为提高成员收入不惜降低社会整体效率和产量，为此经常采用的一种方式就是游说立法者提高某些产品的价格或劳动者的工资，或者对某些收入征收更低的税收。对分配问题的重视将使得政治生活中分配问题的意义相对更加重要，而政治生活中普遍共同利益的意义就相对不是那么重要了。在分配的争斗中，由于社会效率和产量的下降，没有人受损，就不可能有人受益，这就不可避免地导致集团间和阶层间产生怨恨，政治分歧就会加剧。同时，由于分配联盟的决策迟缓和繁忙复杂的议事日程会减缓社会采用新技术的能力，减缓为回应不断变化的条件而对资源的再分配，这导致从长期的角度看，社会产量的下降将比特殊利益集团得到收益高出很多倍[3]。到此，奥尔森为我们深入理解集体理性和个人理性的关系提供了锋利的理论解剖刀。通常，人们总是将基于理性人假设的个人选择和行为倾向不加反思地推广至群体、阶级，乃至一个国家，假定具有共同政治利益的人将会组织起来采取政治行动以实现这种利益。事实上，也正是基于此种带有机械论色彩的个人自由主义理念，近代以来传统启蒙思想家和政治家力倡

---

〔1〕［美］曼瑟·奥尔森：《国家的兴衰：经济增长、滞胀和社会僵化》，李增刚译，上海：世纪出版集团、上海人民出版社，2007年，第42—44页。

〔2〕塔洛克和克鲁格也将这些组织称为“寻租”的组织。See William C. Mitchell：“Review：Toward a Theory of the Rent-Seeking Society”，41（2）*Public Choice* 339（1983），p. 341.

〔3〕［美］曼瑟·奥尔森：《国家的兴衰：经济增长、滞胀和社会僵化》，李增刚译，上海：世纪出版集团、上海人民出版社，2007年，第44—63页。

人民主权学说，建立代议制和权力分立的民主政治形态，寄望这一套政治体制能在法律神圣权威下“无私”地提供各种公共物品，将个人偏好准确地聚合为社会公意，并使相互竞争的个人利益协同促进社会的整体福利。奥尔森的理论破解了这种启蒙理论中的神话部分，然而吊诡的是，这也正是源自他在方法论上彻底地坚持了个人主义的立场。

在理论上，利益集团问题与芝加哥学派的经济规制理论之间存在着异常紧密的联系。从源流上来说，芝加哥学派的经济规制理论可以追溯至经济学家施蒂格勒和佩尔兹曼的奠基性工作。施蒂格勒在1962年和1971年分别发表了著名论文《管制者能管制什么？——电力部门的实例》和《经济管制理论》，为这一新的理论流派拉开了大幕。根据他的观点，选举政治中规范供给方永远都时刻准备着以明确的利益索取为条件来满足那些处在最有利位置的人的需求，尤其当这些利益意味着政治支持、竞选捐赠、未来的政府合同，甚至是贿赂的时候。通过研究政府对自然垄断行业的管制，施蒂格勒发现，这些管制措施并不能取得预期效果。政府实质上将管制视作一种“商品”，用以满足利益集团对管制“商品”的需求，目的是实现利益的再分配。政府官员通过提供管制“商品”可以获取选票，以实现连任的目的，甚至获得其他形式的回报，而被管制者则可以通过游说或贿赂来左右政府的管制政策，以谋求自身利益。在《经济管制理论》一文中，他继续对政府管制的动机进行分析。在文中，他开宗明义地说道，“国家——国家机器和国家的权力——是一个社会中的每个产业潜在的援助力量和潜在的威胁”[1]。而人都是理性的，管制者能理性地选择可以使效用最大化的行动。同时，每一个利益集团也都会选择最大化自身利益的行为，设法利用国家权力来为本集团的利益服务。这就是他所谓的管制“商品”的需求——供给理论。

由于利用公共资源和国家权力可以提高利益集团的经济地位，于是就产生了对管制的需求。管制的供给则产生于民主政治过程。管制范围和形式也都是由关于管制的供需关系所决定的。因此，经济管制理论的前提性观点就是，认为管制在本质上是利益集团利用国家权力将社会资源从其他利益集团向本集团转移的一种工具。它既可能是某一产业积极寻求的东

〔1〕［美］施蒂格勒：《经济管制理论》，载［美］库尔特·勒布、托马斯·盖尔·穆尔编：《施蒂格勒论文精粹》，吴珠华译，北京：商务印书馆，1999年，第308页。

西，也可能是强加于其上的东西，但一般来讲，管制是产业争取来的，而且其设计和实施都主要是为了使该产业获得更大的利益[1]。管制限制了被管制行业的准入，提高了这个行业现有企业的价格和利润。所以，从管制中获益的利益集团为了阻止竞争者进入，并保持高利润，就产生了积极游说政府保持管制的强大激励。由于一个利益集团寻求国家权力的支持而获得垄断租金时，会损害其他利益集团的利益，这些利益集团为了保护自己的利益也会寻求国家权力的支持，以阻止前一个利益集团的寻租行为。如此一来，在寻求政府管制的过程中就会形成一个竞争性寻租市场。寻租竞争增加了社会的立法成本，造成无谓的社会公共资源浪费。寻租竞争的结果究竟会导致有利于哪个利益集团以及什么样的管制立法，取决于寻租竞争中利益相反的集团之间的力量对比，力量强大的利益集团往往会成功俘获立法者和管制机构。施蒂格勒的结论挑战了一个传统的直觉性认识，即政府的大多数行业管制都是为了促进诸如保护消费者这样的公共利益。真实的情况是，多数管制都是应利益集团的需求而生，是利益集团在购买"管制"，目的就是为了获取垄断租金。这样的管制或立法不会增加一般福利，与其说这样的管制是为了社会的公共利益，不如说是特殊利益集团寻租竞争的结果。

对施蒂格勒的理论，佩尔兹曼后来评论道，在某种意义上，施蒂格勒的学术工作为从"生产者保护"的视角看待管制提供了理论基础……他似乎已经认识到早期的"消费者保护"模型危险地拥抱了将管制视作免费物品的观点。根据这个模型，市场失灵的存在就足以产生对管制的需求，尽管它并没有提及促使需求有效的机制……由于公共物品、管制这些东西事实上并不是完全免费的，对管制的需求也不是自动合成的。因此，施蒂格

---

〔1〕［美］施蒂格勒：《经济管制理论》，载［美］库尔特·勒布、托马斯·盖尔·穆尔编：《施蒂格勒论文精粹》，吴珠华译，北京：商务印书馆，1999 年，第 308 页。施蒂格勒不仅阐明了为何会有管制的问题，同时还解释了行为理性的立法者会选择何时向寻求管制的行业提供管制利益的问题。根据早先时候奥尔森将有效的政治组织与组织（集团）的规模联系起来的洞见，施蒂格勒指出，组织化程度良好的小集团（尤其在没有重量级的对手时）——他们最能够给成员带来管制利益——将最有可能进行有效的寻租。与此相反，大集团和那些弥散型组织则没有这些能力。参见［美］施蒂格勒：《经济管制理论》，载［美］库尔特·勒布、托马斯·盖尔·穆尔编：《施蒂格勒论文精粹》，吴珠华译，北京：商务印书馆，1999 年，第 324—325 页。

勒就将实证管制经济学的任务界定为解释围绕管制的供求关系[1]。

这实际上是说施蒂格勒开创性地解释了公共管制为什么会持续存在的问题。此后，佩尔兹曼进一步完善了施蒂格勒的理论，在《迈向更一般化的管制理论》一文中研究了影响管制需求与供给的因素，讨论了在实行政府管制的情况下，由于利益集团之间的斗争，管制者对被管制的产品如何定价的问题。一般来说，在长期平均成本连续下降的行业必然会形成自然垄断的现象，这时只需要一家厂商就可以提供这个行业的全部产出。在这种自然垄断的情形下，根据利润最大化原则确定的产出总是低于社会所需要的最优水准。因此就需要通过管制来限制一个厂商利用这种垄断地位来谋取利益。传统的经济学观点认为，对垄断进行管制可以帮助消费者获得消费者剩余。事实上，这种观点的基础正是佩尔兹曼所批判的视管制为免费的公共物品的观念。

在施蒂格勒理论的基础上，佩尔兹曼不仅将管制与游说团体的的规模和组织化程度联系在一起，而且还将它与作为已实施的管制立法的后果的选票得失情况联系起来。对此，他解释道，"大体上，施蒂格勒提出了政治活动中的组织规模报酬递减规律，即超过某个点，人均转移资源就被稀释，结果反而适得其反。因为转移的资源总量是内生的，那么就可以推论报酬递减规律也适用于这种资源转移"[2]。这也就是说，他把管制看作是由追求选票最大化的政治家提供的，立法者的行为受到他自己保住职位欲望的驱动，其效用最大化行为将是寻求最广泛的政治支持。由于管制立法能在社会成员之间重新分配财富和资源，利益集团会以提供他们对立法者的政治支持作为获取有利于自己的管制立法的交换条件。由此，管制立法也将由立法者的政治支持最大化所决定。

通过将理论关注点集中于立法者的选票最大化，而不是之前多数理论家所关注的组织规模问题，佩尔兹曼就能将原本只是施蒂格勒初始模型中的一个小细节作为影响管制供需关系的重要因素带入这个模型之中。简单来说，这一点就是"运用政治过程的成本不仅限制了占主导地位的集团的

---

〔1〕 Sam Peltzman, "Towards a More General Theory of Regulation", 19 (2) *The Journal of Law and Economics* 211 (1976), p. 212.

〔2〕 Sam Peltzman, "Towards a More General Theory of Regulation", 19 (2) *The Journal of Law and Economics* 211 (1976), p. 212.

规模，而且还限制了其他的收益”[1]。对此，斯特恩斯解释道，后者意味着“管制不是一个简单最佳产业集群获胜的招投标过程。相反，它是一个十分复杂的过程。在其间，管制的供给方——也就是立法者——会对从未来资源转移中获取的收益和由此造成的丢失选票的成本进行权衡”[2]。这说明尽管在公共决策的过程中，真正作出决策的只是少数人，其决策也必将有利于某些阶层或集团的偏好和利益，但立法者被俘获也并不是必然的。即使最有力的生产者集团也不可能从政治过程中得到它所希图的一切。对此，麦考罗和曼德姆就评论道，佩尔兹曼认为，正如施蒂格勒所指出的那样，如果选举政治中的管制供给方认为生产者收益足够大，而且承担了大部分相关成本的消费者不太可能在下次选举中进行报复，那么为了自身的利益，他们很可能限制市场准入或者提高进入壁垒。然而，佩尔兹曼继续说道，如果这些条件都不满足，则管制者就可能选择不限制准入。结论不过就是一个简单的成本收益的故事：管制者拥有限制市场准入的激励，直到达到这样一个均衡点，即由管制所导致的最后1美元的价格上涨所获得的选票数量正好等于因此而失去的消费者选票的数量。这使得他得出结论，认为通过政治选举上台的管制者并不总是服务于企业和行业协会的利益。相反，根据与支持和反对的程度与强度相关的一系列变量，政治均衡定价可以偏向其中的任何一方[3]。

詹森和麦克林对奥尔森和佩尔兹曼的理论进行了补充。对于现实政治中确实存在的某些公益性游说，他认为应该从利他主义的角度予以解释。他们重述了马格里斯关于利他主义的分类——善行利他主义和参与利他主义。这种分类类似于社会心理学家巴特森提出的纯利他主义和自我利他主义。对于公益性的立法游说，比如环境保护游说，善行利他主义者认为其结果将惠及全体社会成员，具有重大价值，因而愿意加入游说的行列。但对于参与利他主义者来说，他认为参与公益性游说是应该的，能够从中获

[1] Sam Peltzman, “Towards a More General Theory of Regulation”, 19 (2) *The Journal of Law and Economics* 211 (1976), p. 212.

[2] Maxwell L. Stearns, *Public Choice and Public Law*, Cincinnati: Anderson, 1997, p. 125.

[3] [美] 尼古拉斯·麦考罗、斯蒂文·曼德姆：《经济学与法律——从波斯纳到后现代主义》，吴晓露、潘晓松、朱慧译，北京：法律出版社，2005年，第128—129页。

取满足感，是否能够影响到最终结果反而不重要[1]。对于游说权力的大小，麦克林认为应当考虑立法者的反应。由于利益集团和社会阶层之间的利益并不完全一致，甚至有时相互冲突。立法者的选票最大化逻辑必然意味着他要在选票和利益之间作出符合理性要求的选择。关心选票则应当关注全体选民而疏远利益集团，关心利益就要接近利益集团。但这两者也并非完全相互排斥，即便追求选票，立法者也会在一定程度上重视利益集团。对此，麦克林提出了三个方面的原因：第一，利益集团也有选票；第二，利益集团可以给立法者提供政治资金；第三，在某些特定的和专业性的政策领域，立法者需要借助利益集团的专门知识和技术[2]。然而，游说权力与选票权力往往还是相互矛盾、背道而驰的。那么，立法者究竟会受到哪一种力量的影响呢？麦克林认为结果不是一概而论的，否则就很难解释有时会通过像《谢尔曼反托拉斯法》（Sherman Antitrust Act）和《清洁空气法》（Clean Air Act）这样的有利于社会公共利益的法案，有时候又会制定像1824年《关税法》（Tariff Act）和1930年《斯莫特——哈雷关税法》（Smoot-Hawley Tariff Act）这样明显有利于生产者而不利于消费者的法律。

作为公共选择理论的主要流派之一，芝加哥法律经济学派也在利益集团理论方面颇有建树，这主要应归功于兰德斯和波斯纳的学术工作。他们认为，之所以设计联邦宪法的体制，就是为了促进利益集团对立法过程的统治，而作为强制执行这些集团间达成的各种交易的司法系统本身也是这项设计的构成部分。可以说，利益集团理论最好地解释了制宪者们为什么会制定联邦宪法第3条，而通过提供对利益集团政治在立法领域的有效展开所必要的稳定性和连续性，独立的司法系统也促进了他们的活动。“事实上，在采取合适的方法提高立法的持久性方面，立法机关本身有着强大的激励。正如我们所看到的，立法机关通常可用两种方法来达到这个目的：第一，建立复杂的立法程序，提高废除法律的成本；第二，建立独立的司法体系，以根据立法机关的意图实施立法。”[3] 似乎在兰德斯和波斯

---

〔1〕 See Michael C. Jensen, William H. Meckling, “The Nature of Man”, 7 (2) *The Journal of Applied Corporate Finance* 4 (1994).

〔2〕 参见许云霄编著《公共选择理论》，北京：北京大学出版社，2006年，第129页。

〔3〕 William M. Landes, Richard A. Posner, “The Independent Judiciary in an Interest-Group Perspective”, 18 *The Journal of Law and Economics* 875 (1975), pp. 878-894.

纳看来，独立的司法体系强化了立法的稳定性，同时这样的行为方式还增加了立法者和利益集团交易的净收益。如此一来，在有立法机关、利益集团、行政机构（官僚机构）和司法机关参与的合作博弈中，就会得到一个偏离社会福利曲线的均衡解[1]。然而，这种将司法机关视作中立的法律实施者的解释模式也受到了激烈的批评。杰里·马肖就说道，“即便立法机关的确需要建立一套独立的司法体系作为一种承诺机制，以向利益集团和全体选民保证立法承诺不会变。但这种观点也没有解释独立的司法体系为什么愿意做立法机关的忠实代理人。司法机关的行为逻辑这一问题本身应当获得解释”[2]。如果根据公共选择理论的基本假设，马肖的批评可谓正中要害。司法机关作为独立的政治行动者，即便选择与立法机关合作，也必然是基于某种独立的行为逻辑。对此，托里森提供了一种简单的解释：

如果某部保护性立法的寿命只是本届立法机关的任期，下届议会肯定会废除它，那么任何一个利益集团都不会为此费力太多。对于利益集团来说，一部立法必须是持久的才是有价值的。这也就是说，它必须具备效益现值，而且还要高于利益集团为此而付出的成本。因此，利益集团和立法机关都有一种激励来促进能够提高立法寿命的制度安排……但与此相关的另一问题还没有得到恰当的解释。法官为什么愿意作为立法者和利益集团之间长期协议的实施者？这个问题其实并不复杂，然而相关文献始终没有作出回应。事实上，司法部门也要从立法机关那里获得自己的预算。当它的行动有助于提高和强化立法的持久性时，它的部门预算和法官的薪水就会增加。这一理论命题是可以受到检验的，而来自各州法官薪水和司法预算的数据也没有推翻这种论点。因此，从根本上来说，法官行为之所以符合兰德斯——波斯纳模型，乃是因为这样做有利于他自身的利益[3]。

这种解释模型最早是由尼斯坎南（William A. Niskanen）的工作奠定的，他提出官僚机构的行为动机并非是为寻求公共利益而对法律进行不偏不倚的执行，而是有着内在的支配逻辑——预算最大化，这就促使它的行

〔1〕参见郑戈《法治的可能性及其限度——一个“公共选择理论”的分析模型》，载北京大学法学院人权研究中心编《司法公正与权利保障》，北京：中国法制出版社，2001年，第66页。

〔2〕Jerry Mashaw, “Public Law and Public Choice: Critique and Rapprochment”, *John M. Olin Center Studies in Law, Economics and Public Policy Research Paper* No. 366 (2009), p. 37.

〔3〕Robert D. Tollison, “Public Choice and Legislation”, 74 *Virginia Law Review* 339 (1988), p. 345.

为策略总是服从于这个目的。但邓利维对尼斯坎南的观点提出了批评——当然，这种高质量的学术批评最终修正了这一模型——他认为尼斯坎南没有对个人动机和集体动机作出合理的区分，作为自我利益最大化者，官僚个人的行为动机是获取边界清晰的利益，比如财富、晋升、各种便利条件等等，预算最大化只是解决集体行动难题的一项集体策略而已[1]。总体来看，尼斯坎南和邓利维的研究展现了官僚的自利本性，官僚可以从一系列合法的备选决策集合中选择最有利于自己而不是社会整体利益的方案，大多数被我们视为政府行为的活动，其实只是出自官僚理性选择的结果。从这个意义上说，如果不对官僚的行为进行有效制约，那么现代法律就与专制制度下作为纯粹统治工具的法律没有区别。

在很大程度上，实践中的司法部门的确尤为关注自己的经济利益。因为报酬问题使得更少的人有意愿谋取联邦法官的职位。汉密尔顿说司法部门既无强制，又无意志，而只有判断。这实际上是说司法部门在根本上是一种智识性因素，因此即便它的存在和运转需要借助一系列制度化的机制，但相较于立法和行政分支，司法部门显然更依赖于法官个人的智识性品质。如果不能保证良好的收益预期，司法部门就难以吸引到更优质的人力资源。首席大法官罗伯茨在2008年最高法院年终报告中就大篇幅地提到了司法预算和法官工资不足的问题[2]。同时，在第110届国会期间，整个

[1] 参见郑戈《法治的可能性及其限度——一个“公共选择理论”的分析模型》，载北京大学法学院人权研究中心编《司法公正与权利保障》，北京：中国法制出版社，2001年，第58页。

[2] 首席大法官罗伯茨在报告中用颇具感叹，但也不乏幽默的语气抱怨道，“在2008财政年度，包括最高法院、其他联邦法院、美国联邦法院管理署以及联邦司法中心在内的司法机构共获得大约62亿美元的财政支持。这个数字是美国3万亿财政预算中1%的十分之二。1%的十分之二！这就是作为政府三大分支机构之一的司法机构所获得的财政支持——而这个机构负有亚历山大·汉密尔顿在《联邦党人文集》第78篇中所主张的‘捍卫宪法和公民权利’的职责。”他还不厌其烦地再次强调提高法官收入问题：“我怀疑很多人已经听了无数遍，我知道我也喋喋不休地说了无数遍，不过我必须再次提出我的主张——国会提供的司法补贴必须与通货膨胀保持一致。法官清楚地知道在满足公众服务方面应支付的成本。但是，他们不清楚国会每年提供的补贴没有跟上生活成本的提高而逐渐销蚀了该项支付。去年，国会差一点通过了参议院和众议院司法委员会提交的议案，该议案本可以恢复法官过去多年遭否决的生活补贴调整方案。一年后，尽管有两党的强力支持、司法机构成本的总额在国家总预算中微乎其微、还有司法机构的重要地位，国会仍然没有通过该项关键的具有补救性的法案。为了使一个糟糕的局面变得更糟，国会今年再次没有通过联邦法官增加生活补贴的提案，尽管它为包括国会成员的其他联邦雇员涨了工资。国会今年的不作为生动地表明为什么在过去的二十年里法官的实际收入下降了。”参见［美］罗伯茨《美国联邦最高法院2008年年终报告》，黄斌译，《法制资讯》2009年第2期，第65—66页。

司法分支都曾努力争取增加报酬。这一努力还得到了参众两院领袖和时任总统的乔治·W. 布什的支持，只不过相关法案被国会中少数几个颇具权势的议员阻止了[1]。在托里森看来，除了建立独立的司法体系之外，兰德斯和波斯纳还为强化立法的持久性提供了另一套方案：

立法机关的组织规则（如关于委员会、投票、纪律等方面的规则）本身就内含着抑制后届立法机关废除当前立法的作用。此外，立法者通常不止一个任期。因此，作为后届立法机关的成员，他们可以确保立法的利益流向他们的利益集团。所以说，立法机关本身就能促进立法和与利益集团之间协议的持久性。兰德斯和波斯纳将宪法条款看作更高位阶的法律。对于利益集团来说，宪法条款的价值远高于普通立法，因为它们更具持久性（即更难以废除），但由于在制定通过的程序要求方面更加严格（如在投票时，要求更高的赞成比例，甚至要求全民公投），也使得它们的成本更高[2]。

在公共选择理论中，Schlozman 和蒂尔尼对利益集团在政治过程中的角色进行了独到的研究。在《组织化利益与美国的民主》一书中，他们不仅发现早先时候有关利益集团的组织和政治弱点的诸多结论都是缺乏经验支持的，同时还注意到许多利益集团拥有大量的资源，并且操作着复杂的政治策略。他们拒绝接受利益集团控制了国会立法的观点。相反，他们认为，当利益集团试图阻止而不是推动立法时；当利益集团的目标非常狭窄，只涉及眼前的问题时；当利益集团得到其他组织和那些本身很重要的人物，而不仅仅只是集团斗争的裁判的公共官员的强力支持时；当利益集团有能力将议题抛至诸如某个持赞同态度的国会委员会这样有利的场合时，它的影响力才可能是最大的[3]。由此，他们得出结论认为，“根据大量因素——如议题性质、需求性质、政治竞争的格局，以及资源配置——的不同组合，组织压力对国会的影响力的范围从微不足道直至决

---

〔1〕 参见［美］罗杰·H. 戴维森、沃尔特·J. 奥勒斯泽克、弗朗西斯·E. 李、埃里克·希克勒《美国国会：代议政治与议员行为》，刁大明译，北京：社会科学文献出版社，2016 年，第 432 页。

〔2〕 Robert D. Tollison, "Public Choice and Legislation", 74 *Virginia Law Review* 339 (1988), p. 345.

〔3〕 Kay L. Schlozman, John T. Tierney, *Organized Interests and American Democracy*, New York: Harper & Row, 1986, pp. 89-90.

定性的”[1]。

利益集团理论是公共选择学派中与法律研究联系最密切的理论分支，是我们更深入地洞察法律的制定和运作逻辑的理论资源。本节对该理论的发展脉络进行了比较详细的梳理和介绍。在当下的美国法学界，以后利益集团理论为代表的公共选择的理论进路已经日益介入有关制定法的制定和解释、遵循先例、行政行为和授权规则，以及否决权等议题的法律争议当中。然而，问题是仅有理论观点尚不能“庖丁解牛”——庖丁对牛的身体构造了如指掌固然重要，但他仍然需要一把锋利的牛刀——立法等具体的法律议题还需要我们拥有一套能将这些理论学说加以运用的称手的工具，而立法的交易模式就是这个从理论到工具的飞越过程中的重要一环。

四、从理论到工具：作为市场的政治——立法的交易模式

在公共选择理论的视野下，立法环境类似于市场环境，只不过是一个政治市场而已。立法过程的所有参与者都被假定为追求自身利益最大化的理性人，因此可在这个意义上将司职立法的国会类比为一个市场。在这个市场中，各种利益集团和游说者都试图推动有利于他们所代表的选民群体利益的立法。事实上，根据这种理论模型，国会议员被视为立法的供应者，各种利益集团则在较小的意义上被视为公众的替代角色，并成为立法的需求方。“哪些立法者慷慨地在政治上向他们提供服务，他们就为哪些立法者输送利益。立法者可以通过诸如拒绝通过一部法案、将广泛的决策权委托给行政分支以避免作出明确选择，以及明确分配有形利益等方式来回应对立法的需求。”需要特别关注的是，公共选择理论家普遍认为，“只有在追求的立法所带来的利益超过为此而付出的成本时，个人才会选择寻求推动这样的立法。同样的，就立法供给方而言，他们提供立法的前提也必然是如此行动能最有效地服务于自身目的，而其中最主要的毫无疑问是

[1] Kay L. Schlozman, John T. Tierney, *Organized Interests and American Democracy*, New York: Harper & Row, 1986, p. 123.

成功连任"[1]。然而，立法者也并不是终极意义上的法律"供给方"。由于将立法过程在本质上视为一种交易，立法便具有了再分配的性质，某些人将从中受益，而另有一些人的利益就会遭受损害。因此，在公共选择论者看来，立法就是财富转移的过程。只有那些必须付出更高的组织成本才能保卫自身一个较小利益不被夺走的分散的利益集团或者个人才是终极意义上的"供给方"。但这种供需过程并不是传统经济学教科书中的自愿供给，二是由于组织成本太高和国家作为一种强制机制而被迫屈从的供给。操纵这种立法供需过程的就是那些实际监控立法过程的政治家、官僚和其他政治代理人，这些人就是公共选择理论家所谓的"政治经纪人"（political brokers）。他们"将集中关注那些有利于组织良好和集中的利益集团的利益的法律安排，而代价就是那些分散的利益。通过有效地配对立法和需求方和供给方，这些人在立法市场中建立了一种均衡（equilibrium）关系"[2]。

在公共选择理论领域，继詹姆斯·布坎南和戈登·塔洛克区分了制宪时期和非制宪时期的决定集体决策的选择后，麦考罗和曼德姆指出："这种作为交易的政治是制度层面的，而非宪法层面的。它在立法投票中的作用比在直接民主中的作用更为突出，这一点突出地体现为在立法的语境下——此时相比直接民主，交易数量小得多，立法者也更集中，并且互动也更有秩序，更加广泛——它为组织这些交易而付出的成本更小。"[3] 在这一背景下，本节将致力于对政治市场的分析，尤其关注利益集团、选民和国会议员在立法供需过程中的互动。为此，本文将借助公共选择理论中的交易模型理论，并对其中由法律学者作出的理论贡献给予特别关注。因此，如果我们试图深入理解美国法的制定和运作背后的理论逻辑，就应当认真对待这一领域的游戏规则，并对它们到底如何影响到议员、利益集团和选民的动机、决策和利益约束给出尽可能精细的理论分析。

---

〔1〕 William Eskridge Jr. , Philip P. Frickey, Elizabeth Garret, *Legislation: Statutes and the Creation of Public Policy*, Minessota: Thomson-West, 2002, p. 54.

〔2〕 Robert D. Tollison, "Public Choice and Legislation", 74 *Virginia Law Review* 339 (1988), p. 343.

〔3〕 ［美］尼古拉斯·麦考罗、斯蒂文·G. 曼德姆：《经济学与法律——从波斯纳到后现代主义》，吴晓露、潘晓松、朱慧译，史晋川审校，北京：法律出版社，2005年，第126—127页。

在利益集团理论的发展过程中，詹姆斯·威尔森（James Q. Wilson）曾提出一种有关立法的交易模型，并得到迈克尔·海耶斯（Michael T. Hayes）的进一步发展。根据政治市场与经济市场相类似观念的启发，海耶斯分别针对几种不同类别的政治问题勾勒了立法供需模型，这构成了所谓的“威尔森——海耶斯立法交易模型”。他们将与公共物品相关的利益划分为广大公众共享的一般利益（如国防）和特殊利益（如工业补贴）。同样的，与公共物品相关的成本也被区分为广泛分布的成本（如高速公路限速）和分布狭窄的成本（如租金控制）。正如斯特恩斯所说的那样，“当大多数公共物品的成本和收益都在这些极端之间时，就建立分析范式来说，这几种模型就是有用的”[1]。随着理论研究的深入，威尔森——海耶斯模型又被后来的学者加以拓展，具体包括静态模型和动态模型。其中，后者是在前者的基础上衍生而来。基本上，本文只会涉及静态的威尔森——海耶斯交易模型，因为就说明在政治市场如何进行公共选择这一问题而言，它通过一个“2×2”的四边矩阵很好地解释了为什么在立法的需求方和供给方均行为理性时，最后的结果反而是出现了大量总体上由所有社会成员负担成本，却并没有产生相应收益的特殊利益立法。因此，就利益集团对立法过程的影响这一本文主题而言，这一模型已经提供了足够的解释和洞见。从研究路径上说，本文以下的分析将从需求方和供给方两个方面分别展开。

先来看立法需求方。通常来说，在任何给定的政治议题上，立法者都面对着无数的利益集团。这些利益集团要么彼此达成一致意见——合意模式——要么发生冲突——冲突模式。那种在立法需求方面达成合意的模式类似于非零和博弈的情况，而冲突模式基本上就是零和博弈。在这种情况下，如果相关各方就某议题达成共识，则各方都是赢家。反之，如果面对一个意见冲突的议题，那么最终解决方案必然直接导致可识别的赢家和输

〔1〕 Maxwell L. Stearns, “The Public Choice Case Against the Item Veto”, 49 *Washington and Lee Law Review* 385 (1992), p. 403.

家[1]。对利益集团来说，正式组织化的程度是其在要求立法时有效进行活动的关键因素。组织化的利益集团将为政治行动者提供有效信息，并能更加清晰和准确地为立法者界定相关议题。换言之，只有那些能够有效地组织起来进行集体行动，用不到1美元的组织成本从立法中获取1美元收益的利益集团才是有效的法律需求者。根据利益集团理论，一个社团为其成员提供了完全无法从其他地方获取的私人化的服务。通过对服务进行垄断定价，社团能够筹集用于游说的资金。由于启动成本在出于其他目的而组建社团时就已经沉淀，政治行动就成为组织化带来的有成本效益（cost-effective）的副产品[2]。

如此一来，越来越多的利益集团采取相互联盟，共同开展工作的方式，这也日渐成为立法市场中需求方的典型特征。在这种联盟当中，具有共同利益的多个群体通常会在有限的时间内共同活动。正如有些学者所指出的那样，有一些联盟是相对永久的，然而，不同的联盟是更小的群体间的真正联合。这些群体间的协调可以向立法者表明政策的支持者横跨多个国会选区。同时，这些联盟通常也是不分党派的，这就使得他们具有跨党派支持的优势。当然，联盟也并非不可战胜。联盟的规模越大，范围越广，就对能够导致其分裂和削弱其力量的策略越敏感。因此就面临着难以克服的内部张力。一方面，更大的联盟由于能够调动更多的资源，并维护与更多立法者的关系而具备更大的影响力。但另一方面，大联盟内部的各种群体虽然利益一致，但也不是完全相同。因此，它们往往面临着集体行动的困境，或者在立法过程中达成妥协的时候开始走向分裂[3]。

除开上述，或许与立法需求相关的基本问题还有如何解释法律随着时间的流逝而始终保有自身的规范效力，也即下一届立法机关为什么不推翻上一届立法机关制定的法律呢？对此，波斯纳曾试图通过司法独立来回应

---

〔1〕 事实上，在某种程度上，这种二分法是不现实的。在一个资源有限的现实世界里，从长远看所有的政策都是零和博弈，因为总有人要为此支付成本。但从短期来看，如果政府将某项决策的成本加诸一个不太起眼或者没有投票权的群体，那么它就相对可以不受资源的限制。例如，政府通过财政赤字提高社会福利实际上是将成本转嫁于未来的，乃至还没出生的纳税人。

〔2〕 Robert D. Tollison, "Public Choice and Legislation", 74 *Virginia Law Review* 339 (1988), p. 344.

〔3〕 William Eskridge Jr., Philip P. Frickey, Elizabeth Garret, *Legislation: Statutes and the Creation of Public Policy*, Minessota: Thomson-West, 2002, p. 55.

这个问题。他指出，之所以设计联邦宪法的体制，就是为了促进利益集团对立法过程的统治，而作为强制执行这些集团间达成的各种交易的司法系统本身也是这项设计的构成部分。可以说，利益集团理论最好地解释了制宪者们为什么会制定联邦宪法第3条，而通过提供对利益集团政治在立法领域的有效展开所必要的稳定性和连续性，独立的司法系统也促进了他们的活动[1]。

对于供给方，威尔森—海耶斯交易模型假定那些有志于担任公共职务者和在任官员的首要行为动机在于谋求当选和连任。当然，这种假定也并不完全意味着这些立法者不会为自身设定其他的，更值得赞赏的目标。比如说希望利用自身的职位和权力促进公共利益。因为公共选择理论始终坚持个人主义的方法论，以个人利益或偏好作为基本的分析单位，行为人在政治市场中的行为目的依然是有效率地满足个人偏好。但个人主义的方法论并不意味着排斥那些将道德和公益作为个人偏好的政治行动者。但作为一名立法者，通常必须要考虑到的事情之一就是，一个理性的选民通常不会费时费力地去了解有关自己那张选票的所有信息。原因很简单——对他的日常生活而言，他手中的那一张选票的影响力微乎其微，这使得他缺乏强烈的激励去收集和了解这些信息。而且，在政治市场中，选民的这种普遍的"无知"也是不均衡的。因此，只有当立法者更可能因为立法成功发挥效益而从他的选民那里得到肯定和赞许时，他们才会愿意供给更多的法律规则。正如斯特恩斯等人所指出的，"对于某个议员说自己一手成功促成某项重大立法的说法，选民通常不太会相信。对此，议员们自己也十分清楚。而且议员也知道选民更愿意出于一项仅对所在选区有助益的立法而褒奖他"[2]。事实也的确如此。国会议员们不仅认为相较于他们在立法程序根据选民意愿投下的票，选民对那些没有根据他们的利益进行的投票会耿耿于怀更长时间[3]，而且事实上他们也更可能因为推动了一项仅为当地社区带来利益的立法——比如为桥梁维修争取到资金，又比如为当地产业

---

〔1〕 William M. Landes, Richard A. Posner, "The Independent Judiciary in an Interest-Group Perspective", 18 *The Journal of Law and Economics* 875 (1975), pp. 877-892.

〔2〕 Maxwell L. Stearns, Todd Zywicki, *Public Choice Concepts and Applications in Law*, Minnesota: West, 2009, pp. 71-72.

〔3〕 See Morris P. Fiorna, *Representatives*, *Roll Calls*, *and Constituencies*, Massachusetts: Lexington, 1974, pp. 38-39.

争取到税收补贴等——而受到选民欢迎。

此外，我们还应当考虑到立法者们所经常使用的一项策略——立法语言。与此相关的一个问题就是，一项单独赋予某些群体以利益的立法通常是以明确的语言，还是含糊的措辞起草的？对此，杰里·马肖指出公共选择理论家并未给出清晰明确的说法——有些论者认为利益集团的讨价还价会通过相当明确的语词进行，这是为了确保它不论是通过金钱还是选票作出的贡献的价值得到利益集团的实际接受。然而，另一些人则指出，利益集团立法在表达方式上将是含糊不清的，并且还包含着对行政人员的广泛授权。据估计，在后者这一情形当中，未来被监管的组织和行政部门之间的合作将确保俘获的收益，同时也将使得立法政客免遭促进特定利益集团的私人目的的责任分配[1]。

根据威尔森——海耶斯立法交易模型，立法的供需两方在政治市场中会面临各种不同的成本——效益约束条件，当他们据此行动时便衍生出多种不同的互动关系，这就进一步导致分属不同类型的立法出现。如果用简化点的语言表述，威尔森——海耶斯模型可以被分解为收益分担/成本分担、收益分担/成本集中、收益集中/成本分担和收益集中/成本集中四种立法类型。在理论上，可以将它们看作一组“2×2”的四边矩阵。

首先，我们来看收益分担/成本分担型立法。从传统观点看，作为立法机关的国会被期望提供的就是这一类型的立法，因此也可以被视为立法的理想类型。然而，在公共选择理论家看来，由于这种类型的立法意味着所有选民在都付出微小成本的同时，也都只能获取极其微小的收益，供需中的任何一方都缺乏适当的激励进行立法游说，立法者通常以不作为或者象征性行动作为回应。尽管这是一种立法的理想类型，但讽刺的是，在现实中它基本上只能属于看起来很美的“乌托邦”。如果假定社会的每个成员都是理性的，那么他们就最不可能组成群体去追求分担化程度很高的利益，而只会组成小规模的群体去追求仅限于成员分享的利益。因为就国防、灯塔等收益分担化程度很高的公共物品来说，很难将任何人排除出利益分享的范围。如此一来，“尽管所有人在分享收益方面存在共同利益，但却在为生产这种收益而支付成本方面缺乏共同利益。每个人都希

〔1〕 Jerry Mashaw, “Public Law and Public Choice: Critique and Rapprochment”, *John M. Olin Center Studies in Law, Economics and Public Policy Research Paper* No. 366 (2009), pp. 25-26.

望由别人承担全部成本，而自己只享有利益"[1]。正是因为这种集体行动中的囚徒困境和搭便车难题使得这种理想型立法很可能存在供给不足的问题。

第二种立法是收益分担/成本集中型立法。这种类型的特征表现在立法游说方面就是弱支持和强反对之间的冲突。对于这种冲突，立法者通常会采取两种策略——要么不立法，要么对行政部门进行授权委托。在马肖看来，由于美国的政府体制内存在着复杂的制衡关系，利益集团通常只需要控制其中的一个部门（众议院、参议院或者总统）就可以阻止立法。即便失败，司法审查仍然提供了另一个备选方案，"因此，可以合理地推测，相较于促进特殊利益的立法，或许更多符合公共利益的立法会遭到阻碍"。这种立法类型也体现了在宪法层面（例如两院制、违宪审查制度）对立法程序的结构进行设计，并设置"否决"机制的根本重要性[2]。事实上，这些消极的立法审查机制的目的就是为了扩大就成功促进所欲的立法而言所必要的联盟规模，并因此降低对被立法程序阻挠的少数群体的威胁[3]。

---

〔1〕 参见［美］曼瑟尔·奥尔森《集体行动的逻辑》，陈郁、郭宇峰、李崇新译，上海：上海三联书店、上海人民出版社，1995年，第19—30页。

〔2〕 See Maxwell L. Stearns, Todd Zywicki, *Public Choice Concepts and Applications in Law*, Minnesota: West, 2009, pp. 72-73. 例如麦迪逊就相信立法机关自身的结构性特征就有助于防止议员们受制于党派。作为一个大的共和国，美国有许多议员，他们每一个人都代表很广泛的选民。这就使得许多议员免于受制于一个党派。此外更重要的保障机制是两院制和行政部门的立法否决权。两院制不仅意味着议案要受到双重审议，而且还确保了这些审议来自不同的视角。"在共和政体中，立法权必然处于支配地位。补救这个不便的方法是把立法机关分为不同单位，并且用不同的选举方式和不同的行动原则使它们在共同作用的性质以及对社会的共同依赖方面所容许的范围内彼此尽可能少发生联系。"参见［美］汉密尔顿等《联邦党人文集》，程逢如等译，北京：商务印书馆，1980年，第264—267页。

〔3〕 See William H. Riker, *The Theory of Political Coalitions*, New Haven: Yale University Press, 1962, pp. 89-101. 瑞克在《政治联盟理论》一书中提出了"最小获胜联盟假说"。他认为政党竞争是一种零和博弈，一方所得是另一方所失。在这种博弈中，任何一个政党的最优策略是让竞争对手的联盟尽可能大，而自己保持一个最小获胜联盟以及另一个与自己只有一票之差的更小的政党联盟。所谓的最小获胜联盟是指这种党派联盟中缺少任何一方都无法在竞选中获胜，这种联盟是由最少成员构成的。赖克是运用成本—收益分析方法来讨论党派联盟的。他认为，党派联盟之所以需要保持一个最小获胜规模，是因为党派联盟越大，每个成员获得的利益份额就越少，而维持联盟的成本就越高；另一方面，联盟规模越大，即便减少一部分成员也不会降低联盟获胜的概率。也就是说，联盟规模越大，在经济上既不合算，也没有必要。参见许云霄编著《公共选择理论》，北京：北京大学出版社，2006年，第189页。

与收益分担/成本集中型立法的特征正相反，收益集中/成本分担型立法在受到强有力的游说支持的同时，却鲜少遭遇成气候的反对。因为这种类型的立法不仅有利于积极游说的团体的利益，也符合立法实践中互投赞成票（legislative logrolling）和大量猪肉桶立法（pork-barrel legislation）的运作逻辑[1]。因此在现实政治中是一种较普遍的立法类型。从理论上来讲，互投赞成票还是一种可用来解决选民无法准确表达自身偏好强度问题的路径。因为对于决策表决程序中最常用的多数决规则来说，虽然它具有简单明了、操作性强的特征，并且是唯一满足雷·泰勒定理的投票规则，但它的缺陷也是明显的。其中之一就是不能体现偏好的强度。如果少数人对一个方案的偏好强度远远超过多数人的另一个相反的方案时，多数决规则还是不是最优呢？多数决规则的实质是数人头，这就使得它将不平等的偏好强度平等化了。因此多数决规则是建立在一种虚构上，即十分软弱和不现实的约定上：假设各种选择的偏好强度是一样的。因此这一规则不能反应投票人的偏好强度，而且很可能忽视了少数人的利益。当投票程序中不能显示选民的偏好强度时，选民就会通过一些别的办法来解决，他们会通过某些策略行为将自己的偏好强度表达出来。其中选票交易是最典型的策略行为。由于在代议民主制国家，买卖选票受到法律的明确禁止，互投赞成票就成为唯一的交易形式。投票者在投票赞成自己强烈偏好法案的同

---

〔1〕 互投赞成票是代议民主制立法程序中经常出现的政治实践。在这种立法投票实践中，比如议员甲同意对议员乙力主通过的法案投下赞成票，那么反过来当甲所青睐的法案进入投票表决程序时，乙则会投桃报李也投赞成票。那些在自身十分关注的议题上处于少数派的议员通常愿意用他们在自己不大关注的议题上的投票权与其他议员进行交易，以期望通过这一过程在他们关注的议题上达成一个多数派。参见［美］尼古拉斯·麦考罗、斯蒂文·曼德姆《经济学与法律——从波斯纳到后现代主义》，吴晓露、潘晓松、朱慧译，史晋川审校，北京：法律出版社，2005 年，第 127 页。马肖也指出，由于立法者们代表着不同选民的不同利益，他们所有人都会发现彼此交易（互投赞成票）以使大范围的选民得到满足是有益的。最后，即使在立法成本同样影响所有选民的情形下，只要立法的收益超过其成本的一半，立法受益者就有可能结成相对多数的联盟。参见［美］杰里·马肖《贪婪、混沌和治理——利用公共选择改良公法》，宋功德译，毕洪海校，北京：商务印书馆，2009 年，第 225—226 页。猪肉桶是美国政治中经常使用的一个词语。南北战争前，南方种植园主家里都有几个大木桶，把日后要分给奴隶的一块块猪肉腌在里面，后来就用它来喻指人人都有一块。猪肉桶立法，又称政治分肥法，指立法机关通过的对某一地区拨款或进行基础建设的法案，这种法案并非出于对国家整体利益的考量，而是通过争取当地的选票来帮助提出议案的议员获取政治利益。参见王骞《法律英语中的隐喻研究及其汉译》，《上海翻译》2015 年第 1 期，第 38 页。

时，也会赞成对自己有一定损害的法案，以换取其他投票者赞成自己偏好的法案[1]。

最后一种类型的立法是成本集中/收益集中型。与第一种收益分担/成本分担型立法相类似，它也将引起激烈的冲突。但有之不同的是，冲突双方进行立法游说的激励和力度都很强烈。这也是一种典型的立法类型。在这种情形下，立法者更愿意采取敬而远之的态度，往往通过要么授权行政部门，要么"授权"法院的方式回避立法。这种授权使得立法者在指责行政部门或法院强赋成本的同时，又能因为产生了立法上收益而获得利益集团和选民的回报[2]。同时也可以预料到，立法者要么什么也不做，要么只会制定通过语词含糊的法律。这种类型的立法往往也将导致对更多监管的系统性偏向。

图表：立法的交易模型[3]

收益分担/成本分担	收益分担/成本集中
除非就议题达成共识，否则的结果是不立法或象征性立法行为。即便立法，立法机关通常也很难监督法律的有效实施，或很难修订。	反对的力量强于支持的力量。 冲突需求模式：不立法或授权行政部门。如果是后者，监管机构往往逐渐被俘获。
收益集中/成本分担	成本集中/收益集中
存在支持进行立法的强大的利益集团活动。合意需求模式：如果公众信息短缺，则向有组织的利益集团分配利益，或者是有组织的利益集团的自我监管。典型的寻租立法。	冲突需求模式：不立法或授权行政部门。 受权监管部门将成为有组织的利益集团继续冲突的战场。

〔1〕 许云霄编著：《公共选择理论》，北京：北京大学出版社，2006年，第217—218页。然而，也有学者对互投赞成票发挥偏好强度表达和满足的功能并不完全赞同。例如，莱弗摩尔认为，由于参与者能够投标竞买他们非常希望拥有的东西，或者用其他东西代替它们，传统市场能够满足不同的偏好强度。对他来说，在投票权的情形下，明显的问题是如果巨大的权力不能转移至富有的公民，不同的偏好强度是否还能得到满足。See Einer Elhauge, "Does Interest Group Theory Justify More Instrusive Judicial Review?", 101 *Yale Law Journal* 31 (1991), p. 64.

〔2〕 See Maxwell L. Stearns, Todd Zywicki, *Public Choice Concepts and Applications in Law*, Minnesota: West, 2009, p. 74.

〔3〕 William N. Eskridge Jr., "Politics Without Romance: Implications of Public Choice Theory for Statutory Interpretation", 74 *Virginia Law Review* 275 (1988), p. 290.

五、小结与评析：从域外到本土

本文对利益集团理论——它是公共选择理论的一个分支——在美国学术界的发展脉络进行了初步的梳理，同时介绍了这一理论在应用中最重要的分析工具——立法的交易模式。总体来看，公共选择理论为我们分析法律问题提供了独特的视角和良好的工具。在当下的美国法学界，公共选择的理论进路已经日益介入有关制定法解释、遵循先例、行政行为和授权规则，以及否决权等议题的法律争议当中。尽管在这一过程中，公共选择理论的进路也遭到某些法律学者的批评，认为它对政治过程的理论阐释过于简约化，没有认识到制度的丰富性[1]。然而问题是，本身就可不能存在面面俱到的理论进路。公共选择分析最基本的前提只不过是提醒了我们，人们至少在有些时候是追求他们自己或所在团体的利益的，而那些试图实现私人或团体利益的努力通常是凭借对民主政治过程的俘获进行的，人们往往被蛊惑或者自欺欺人地以为牺牲宪法上的政治自由才是通过另一种美好目标的必经之路。如果我们忘记了那些一般性前提，无论我们的目标多么崇高多么值得赞美，也无论我们多么谙熟自由民主宪政的规范理念，我们也只会沦为最糟糕的制度设计者[2]。更特别的是，公共选择理论所进行的分析经常会与主要公法领域流行的以直觉为基础的分析存在矛盾，它们往往告诉我们那些直觉上看来会改善社会境况的措施却实际上让事情变得更糟了，正如竞选资金限制并没有如约地让选举更加开放和公正一样。因此，尽管存在一些批评意见，但出于对更加合理的制度设计的追求，公法学界仍然可能对公共选择的理论发现充满兴趣，尽管他们也知道政治生活并不完全是公共选择理论所描绘的那样。

就立法的交易模式这一分析模型来说，它表明政治市场的结果是相当悲观的。因此，这种静态的交易模型分析“暴露了那种特定的，刺激立法机关最初的创造的立法类型供给不足”。相反，“在鼓励游说那种以更大人

---

〔1〕 See Farber, Frickey, “The Jurisprudence of the Public Choice”, 65 *Texas Law Review* 873 (1987), p. 902; Michael DeBow, Dwight Lee, “Understanding (and Misunderstanding) Public Choice: A Response to Farber and Frickey”, 66 *Texas Law Review* 993 (1987).

〔2〕 参见［美］杰里·马肖《贪婪、混沌和治理——利用公共选择改良公法》，宋功德译，毕洪海校，北京：商务印书馆，2009年，第316页。

群为代价的狭隘的、个别的利益方面，立法机关在一定程度上倾向于模拟私人市场的激励”[1]。从对这种类型立法的司法审查的视角来看，尤其当我们像波斯纳那样考虑到在美国对竞选资金、核能开发，以及法律、会计等专业服务市场的监管是较为典型的特殊利益立法时，这就可能蕴涵着十分重要的意义。

这一模型解释了政治市场中作为一种变形的帕累托更劣解的立法类型的动力机制：尽管收益分担/成本分担型立法对社会整体而言是一种理想型立法，但它却因为“搭便车”问题的存在而面临供给不足的现实问题。与此相对，对于那种直接为特定群体提供褊狭利益的公共物品，却存在着强大的激励进行支持性游说。“搭便车”问题中的潜在收益人消极不作为的现象不会完全消失，但就这些人可能被排除在立法所带来的收益方面而言，这一现象会变少。这里面的问题类似于卡特尔中的“欺骗”问题。为了避免“骗子”通过在游说过程中的“出工不出力”但却能跻身于特殊利益立法的潜在受益群体，这一群体的说客将在可能的情况下使立法收益处于可分割和排他性的状态。公共物品的成本方面的游说激励问题实际上与它在收益方面的游说激励问题是一体两面的关系。对于成本分担程度很高的公共物品，某些人希望游说反对的声音最小化，这正如某些人希望游说支持那种收益分担程度很高的公共物品的声音最小化一样。同样的，对于成本集中程度高的公共物品，也会出现类似的游说现象。然而，当我们对这些问题展开具体分析时，“搭便车”或者说“欺骗”问题便是我们必须考量的重要因素。但无论如何，总体来看，针对某项立法的游说支持或反对的声音都会成比例地随着该项立法收益或者成本的集中化程度而增大[2]。

然而，斯特恩斯和茨维基指出，当我们讨论某些类型的立法存在供过于求或供给不足的问题时，很重要的一点是要强调这些论断预设了一套有关我们希望理想化的立法机关应该提供的那些立法的背景假设。在这个意义上，“任何人所能提出来以供加以比较的立法基础或者设置这种基础的

---

〔1〕 Maxwell L. Stearns, Todd Zywicki, *Public Choice Concepts and Applications in Law*, Minnesota: West, 2009, p. 259.

〔2〕 Maxwell L. Stearns, “The Public Choice Case Against the Item Veto”, 49 *Washington and Lee Law Review* 385 (1992), p. 406.

标准——比如多数主义、效率、福利最大化、功利主义、减少特殊利益群体的收益，抑或是什么其他准则——必然都是可以争论的，但这种争论最终也并不能解决立法基础的问题”。在这两位学者看来，立法机关的首要目的是“提供那些由于‘搭便车’问题和‘出工不出力’现象所造成的私人基于他们个人的意志而不可能提供的物品和服务。与这种假定相一致，威尔森——海耶斯交易模型有力地证明了那些在传统公共物品的供给过程中困扰私人参与者的倾向也会在立法程序中展现自己，以至于‘搭便车’问题和‘出工不出力’现象破坏了对公共利益立法的游说支持”[1]。

即便如此，在这一理论的批评者看来，就对某项立法为何会被制定和颁布问题的理解而言，立法对特定群体有利或者似乎旨在惠及广大公众的说法简直是毫无意义的，并不能为我们理解这一问题贡献多少智慧。

我们可以提出一连串有关公共利益的故事，以作为私人利益预言的反证，但这也并不意味着立法活动就是普遍倾向于公共利益的。事实上，如果对任何一部立法进行细致观察，几乎总会感觉既能作出貌似合理的私人利益倾向的解释，也能作出貌似符合公共利益的解释。难道职业许可证不是用以保障消费者免受欺诈和技艺不精伤害的手段吗？但从另一个角度看，它难道不又是一种限制竞争，并且提高持证人收入的工具吗[2]？

在法律经济学的代表性人物波斯纳看来，有一种观点有助于我们正确、全面地看待利益集团问题，即许多法律（例如，大部分的刑事法律）并不是狭隘的利益集团的产物。尽管利益集团的规模越大，内部的凝聚力就会越小，但是如果它寻求的利益足够大，那么它依然有可能克服“搭便车”难题，尤其是当反对意见自我扩散时就更是如此。但是，波斯纳同时提醒我们注意的是，一旦一部保障公共利益的法律得到实施，那么利益集团就将成为那种非常可能超越效率界限而在扩大其影响过程中带有私利的组织。这也是应当引起我们注意的问题。

当我们完成有关美国的利益集团理论这一段思想航行，不免会生发出一种疑问——它适用于中国吗？抑或是说它对中国的法律理论和实践有价

---

〔1〕 Maxwell L. Stearns, Todd Zywicki, *Public Choice Concepts and Applications in Law*, Minnesota: West, 2009, p. 258.

〔2〕 Jerry Mashaw, “Public Law and Public Choice: Critique and Rapprochment”, *John M. Olin Center Studies in Law, Economics and Public Policy Research Paper* No. 366 (2009), pp. 29-30.

值吗？提出这个问题并不是无的放矢。事实上，的确有中国学者针对公共选择理论的普遍主义倾向提出了质疑，认为这一理论路径不适用于文化和政治上不同于西方的中国[1]。但正如有学者对此回应道，“文化上的差异完全可以放入‘偏好’这一变量中被处理”，而且“即使处于不同文化环境中的人的偏好并不相同，我们依然可以假定他们都会用最小的成本来追求自己的偏好”[2]，因此，文化和政治制度的差异并不足以否定公共选择理论对中国研究的适用性。但从另一个角度来看，那些在公共选择理论领域作出了学术贡献的美国学者在建构自己的理论观点时大脑中所对应的显然不可能是中国的社会实践。理论是用来解决实际问题的，而问题即便带有普遍性，也必然是产生于特定时空背景下的。从这个意义上说，即便设定了普遍主义倾向的理论假设，但任何具体的理论必然都是一种语境化的“地方性知识”。因此，对中国法律实践进行理论化阐释的独特性并不在于需要，抑或是能够提出一种看似更具文化本土性的人性假设，而是利用这套理论建构出能够解释中国问题的具体模型。正如研究中国行政立法问题的学者所指出的那样，“中西官员的差别不是行为动机，而是通过立法追求自身权力和利益最大化时所面临的激励约束机制不同”[3]。这无疑是说，中国问题既不独特，也很独特。正是在这种独特和不独特间的微妙处，中国学人的创造性将得到极大的释放。

事实上，不论是公共选择理论，还是作为其中一个分支的利益集团理论，中国学人并不陌生。尽管公共选择理论在中国也面临着经验研究的相对死亡的困境，但中国的经济学者和政治学者仍然进行了大量的理论介绍，而且还有一些青年学者展现出了深厚的理论功底和对国际学术动态的把握，较为完整地介绍了一些国际学界的相关理论发展动态。但当我们将观察透视镜转向中国的法学界时，则不免发觉相关的论述和研究严重不足，仅有零星的一些学者试图运用公共选择的理论和方法来解释中国的法

---

〔1〕 这一类的观点可参见杨龙《新制度主义在中国的局限性分析》，《学习与探索》2005 年第 6 期，第 56—60 页；曹芳《理性选择制度主义方法论评述——兼论其在中国政治学中的适用性》，《学术论坛》2009 年第 11 期，第 48—53 页；张晒《理性选择理论：优势、局限性与可能出路》，《湖北经济学院学报》2015 年第 3 期，第 106—112 页。

〔2〕 刘伟、苗岭：《国内学界对理性选择理论的误解：一个初步反思》，《社会科学动态》2017 年第 2 期，第 7 页。

〔3〕 包万超：《平衡立法与公共选择》，《学习与探索》2013 年第 3 期，第 64 页。

律实践问题。其中具有代表性的是行政法学者包万超先生。他是国内较为系统地以公共选择理论分析中国行政法问题的学者。在他看来，"实证行政法学的目标既然是要在行政法的经验世界里建立一种人类的行为理论，那么，作为公共选择理论核心基础的方法上的个人主义、经济人假设和被视作交易的政治，同样可以，并且应当适用于重建实证行政法学的分析基础"，因此，对于失衡的中国行政法体系来说，首先需要改变的就是这个体系的游戏规则——以行政部门为主导的立法体制和立法程序，使行政立法成为真正开放的"公共"选择过程，而这就要求立法选择机制和以建立"充分的激励和有效的约束机制"为目标的立法技术的双重改进[1]。除此之外，沈启帆和徐向华也以公共选择理论的视角，从理论和实践两个层面剖析了我国立法多数决制度，并提出了改应到基数制为实到基数制、完善表决顺序和增加保护少数的规定等对策建议[2]。这项研究再一次证明，公共选择理论并不仅仅只能利用来分析两党制或多党制下的民主竞选，对与议会民主制不同的选举体制也有启发意义。值得一提的是，一贯主张法院独立进行司法审查的张千帆教授一改以往比较法的分析路数，在《让"危险最小"的分支发挥最大的作用——论司法独立对市场经济的意义》一文中采用统计学中回归分析的实证进路，尝试通过司法改革的公共选择模型的探讨，理清中国司法改革的思路[3]。以上这些研究是为数不多的利用公共选择理论探讨中国法律实践的经典作品。从某种意义上说，它们本身除了推进所涉具体问题的研究的价值以外，尚具有一种示范意义，标志着社科法学中一种既不同于法律社会学，也不同于借助微观经济学的传统法律经济学的本土化研究进路。然而在推进这一进路的过程中，中国的法律学人需要足够的理论自觉，这种自觉当然一方面表现为对本土的法律实践的独特问题保持敏感，不要迷信西方人的具体结论，但也必然意味着警惕盲目的理论前提创新，紧紧盯住公共选择理论的方法论意义，找到本土法律实践中的行为人——那个理性的人——并利用方法论的个人主义去建立有

〔1〕 包万超：《公共选择理论与实证行政法学的分析基础》，《比较法研究》2011 年第 3 期，第 35 页；包万超：《平衡立法与公共选择》，《学习与探索》2013 年第 3 期，第 64 页。

〔2〕 参见沈启帆、徐向华《论立法多数决制——一个公共选择理论的视角》，《法学》2005 年第 12 期，第 75—82 页。

〔3〕 参见张千帆《让"危险最小"的分支发挥最大的作用——论司法独立对市场经济的意义》，《浙江学刊》2004 年第 6 期，第 106—110 页。

因果机制的理论解释。对那些文化和政治上的批评者来说，坚持这一进路的中国法律学人所能给出的最强有力的回应就是——我们和你们一样，只提供了一种有效的理论解释。

（初审：丁建峰）

稿约

孙中山先生创办中山大学，以博学、审问、慎思、明辨、笃行为训，立灌输及研究高深学理与技术并因应国情力图推广其应用为旨，勉励学者诸君立志要做大事，不可要做大官，肩责之道，勉术学问，琢磨道德，爱惜光阴，发奋读书，研究为人类服务之各种学问，非学问无以建设。《中山大学法律评论》学术集刊为中山大学法学院创刊自1999年，秉承学术乃天下公器，谨遵孙逸仙先生之激励，倡导学术自觉，追求学术品质，提倡关怀世界、著立经典，立志为学问，力求为法学学术及法治进步贡献点滴。本刊设主题研讨、论文、评论、争鸣、阅读经典等固定栏目及笔谈、论坛、判例等机动栏目，实行匿名投稿制、初审编辑与同行专家匿名审稿制和一票否决制，对来稿不限体裁和篇幅，不考虑作者身份和背景，特别看重思想原创、关注现实、观点独到、论证严密、问题意识强烈，重视学术水准和学术规范，一切从学术出发。

本刊竭诚欢迎持续赐稿。为贯彻学术标准及学术质量至上，公正对待每一篇来稿，为作者和读者奉献经严格审查的高质量文稿，本刊倡导匿名投稿制。所有来稿请一律隐去作者信息，确保不出现姓名、单位、学历、职称、职务、地址、基金项目和注释中的“拙著”“拙文”等任何表明作者身份与背景的信息，且请勿以投稿程序以外的任何方式影响审稿。来稿请以文稿标题为主题的电子邮件，发送至 sysulawreview@126. com 抄送 lawrev@ mail. sysu. edu. cn，并附有内容提要、关键词和英文标题。编辑部将对每一篇来稿组织匿名评审程序以后，按照您投稿的电子邮箱回复审稿意见及是否用稿的通知，并在通知决定用稿时方才请您补充刊发文稿所必要的作者信息与通讯方式。我们坚信，这是我们刊物对任何一篇来稿、对广大作者和读者最为真诚的负责和崇敬，恳请每一位投稿作者鼎力支持，敬请广大作者和读者对所刊发的文稿进行关注。

本刊发表的著述观点均属作者本人，不代表本刊立场，作者应保证对其来稿享有著作权且尚未发表，译者应保证译本获得授权许可且未侵犯原作者或出版者权利。除来稿声明保留外，视为同意本刊拥有以非专有方式向第三人授予所发表作品电子出版权、信息网络传播权和数字化汇编、复制权，以及向各种文摘类刊物推荐转载的权利。欢迎对所刊文章的转载、摘登、翻译和结集出版，但应尊重原作者著作权利，且注明系转自本刊及原作者、译校者署名并进行通知。

《中山大学法律评论》注释体例

一、一般规定

1. 全文采用脚注，注释序号以阿拉伯数字上标；标题及作者简介信息注以星号上标。

2. 引用文献的必备要素及一般格式为“［国籍］责任者与责任方式：《文献标题》（版本与卷册），出版地：出版者，出版时间，起止页码。”

3. 所引文献若为撰著，不必说明责任方式，否则，应注明“编”“主编”“编著”“整理”“编译”“译”“校注”“校订”等责任方式。

4. 非引用原文者，注释前应以“参见”引领；非引自原始资料者，应先注明原始作品相关信息，再以“转引自”引领注明转引文献详细信息；凡有“参见”“转引自”“摘自”等引领词者，作者与书名之间不用“：”隔开。

5. 引证信札、访谈、演讲、电影、电视、广播、录音、馆藏资料、未刊稿等文献资料，应尽可能明确详尽，注明其形成、存在或出品的时间、地点、机构等能显示其独立存在的特征。

6. 外文文献遵循该语种通常注释习惯。

二、注释范例

1. 著作

季卫东：《法治构图》，北京：法律出版社，2012 年，第 56 页。

参见季卫东《法治构图》，北京：法律出版社，2012 年，第 56 页。

2. 论文

王利明：《惩罚性赔偿》，《中国社会科学》2000 年第 4 期，第 116 页。

3. 集刊

贺卫方、苏彦新、徐忠明、任强：《法治及其西方资源》，载谢进杰主编《中山大学法律评论》第 9 卷第 1 辑，北京：法律出版社，2011 年，第 56 页。

4. 文集

陈光中：《中国刑事诉讼法的特点》，载陈光中《陈光中法学文集》，北京：中国法制出版社，2000 年，第 258 页。

5. 教材

江平主编：《民法学》（第二版），北京：中国政法大学出版社，2011 年，第 96 页。

6. 译作

［美］贝勒斯：《法律的原则——一个规范的分析》，张文显等译，北京：中国大

百科全书出版社，2002 年，第 156 页。

7. 报纸

徐忠明：《学术训练与大学时光——2011 届新生开学典礼致辞》，载《中山大学法学院院报》2011 年 9 月 25 日，第 8 版。

8. 古籍

沈家本：《沈寄簃先生遗书》（甲编），第 43 卷，第 123 页。

9. 学位论文

吴洪淇：《证据法的运行环境与内部结构》，北京：中国政法大学博士学位论文，2010 年，第 26 页。

10. 会议论文

黄瑶：《military intervention under the doctrine of the Responsibility To Protect（R2P）》，发表于“亚洲国际法学会第三届双年会”，北京，2011 年 8 月 27—28 日。

11. 学术报告

陈弘毅：《香港特别行政区与台湾地区的法治和民主：比较与反思》，发表于中山大学法学院“方圆大视野”系列高端公益论坛第十九期，广州，2013 年 1 月 8 日。

12. 研究报告

丁利：《理性、进化与均衡：博弈论解概念及其基础》，中国社会科学院经济研究所博士后工作报告，北京，2002 年 9 月，第 23 页。

13. 网络文献

《中国法学会国际经济法学研究会 2011 年年会在中山大学隆重召开》，登载于“国际经济法网”，网址：http：//ielaw. uibe. edu. cn/html/vanjiuhuizhichuang/20111120/17079. html，访问时间：2011 年 12 月 21 日。

14. 外文文献

D. James Greiner, Cassandra Wolos Pattanayak and Jonathan Hennessy, The Limits of Unbundled Legal Assistance: A Randomized Study in a Massachusetts District Court and Prospects for the Future, 126 *Harvard Law Review* 901 (2013).

Larissa van den Herik and Nico Schrijver (eds.), *Counter – Terrorism Strategies in a Fragmented International Legal Order: Meeting the Challenges*, Cambridge: Cambridge University Press, 2013, p. 156.